AI 시대
우리 아이

● 일러두기

- 이 책은 국립국어원 표기법을 준수했습니다.
- 외국 인명이나 지명, 작품명은 될 수 있는 한 국립국어원의 외래어 표기법을 따르되, 굳어진 용례는 관행을 따라 표기했습니다.
- 문장부호의 경우, 도서명은 겹화살괄호(≪ ≫), 법률명과 규정은 홑낫표(「」), 기타는 홑화살괄호(< >)를 사용했습니다.
- 출처 인용 및 참고문헌 표기는 <한국언론학보 논문 작성 규정>을 준수했습니다.

본 저서는 '2023년 한국방송학회-GS리테일 방송/영상 분야 저술 출판 지원'에 의해 출간되었습니다.

AI 시대 우리 아이

내일의 삶과 오늘의 교육

AI 시대 우리 아이

지은이   신삼수
펴낸이   김지연

초판 1쇄 펴낸 날 2024년 7월 5일

(주)도서출판 지금
출판 등록 제319-2011-41호
06924 서울특별시 동작구 장승배기로 128, 305호(노량진동, 동창빌딩)
전화 (02)814-0022 FAX (02)872-1656
홈페이지 www.papergold.net
ISBN 979-11-6018-390-0   93320

본서는 (주)도서출판 지금이 저작권자와 계약하여 발행했습니다.
본사의 서면 허락 없이 이 책의 내용의 일부 또는 전부를 무단 인용·전재·복제하면 저작권 침해로서 5년 이하의 징역 또는 5천만원 이하의 벌금에 처하거나 이를 병과할 수 있습니다.

• 책값은 책표지에 표시되어 있습니다.

머리말

자세히 보아야 / 예쁘다 // 오래 보아야 / 사랑스럽다

　나태주 시인의 시집 《꽃을 보듯 너를 본다》(2015)에 실린 〈풀꽃〉에 나오는 구절이다. 마음을 열어 풀꽃을 보듯, 자녀를 바라보는 모든 부모의 시선이 이렇지 않은가. 눈에 넣어도 아프지 않을 아이, 그 누구보다 가까이에서 사랑으로 보듬는다. 그러면 다 될 줄 알았다. 그런데 이게 웬일인가. 불안이 엄습한다. 멀미가 날 지경이다. 세상이 빠르게 돌아간다. 인터넷과 모바일을 넘어 인공지능이다. 자칫하면 지구 멸망으로 이끌 만큼 위협적인 인공지능 세상이 펼쳐질 것이란다. 사람을 쏙 빼닮은 로봇이 무거운 짐을 옮기고, 날달걀을 깨트리지 않을 만큼 정교한 손놀림을 자랑한다.

　혼돈의 연속이다. 바깥세상에 머물던 시선을 품 안의 아이에게 돌려본다. 기대보다 불안이 부모의 어깨를 짓누른다. 무엇을 해야 할까? 부모로서 세상을 어떻게 읽어야 할까? EBS의 중등교육을 지원하는 부서에서 여러 해 동안 일했다. 중·고등학교 자녀를 둔 학부모를 대상으로 여러 차례 입시 설명회를 열었다. 마이크를 잡고 대학 입시 제도를 풀어 설명하고, 학습법을 강의했다. 잊을 수 없는 분들은 단연 학부모님들이다. 설명회에 참석한 학부모의 눈빛은 해가 지나도 잊히지 않는다. 정작 들어야 할 학생들은 딴전을 피울지언정 학부모님들은 그렇지 않았다. 방방곡곡 가는 곳마다 초집중의 연속이었다. 자녀가 중학생인지, 고등학생인지에 따라 작은 차이가 발견되었다. 대학 입시를 목전에 둔 고등학생 학부모는 당장 입시 정보 수집에 열을 올렸다. 이에 비해, 중학생 자녀를 둔 학부모는 왠지 모를 불안과 초조를 감추지 못했다.

머리말

두 아이를 키워낸 나의 경험에 비추어 볼 때, 굳이 그렇게까지 안 해도 될 듯한데 차마 그 생각을 말로 할 수는 없다. 상황이 다르고, 지나온 길이 다르기 때문이다. 자녀 교육이야말로 정답은 없다. 중·고등학생 자녀를 둔 부모들이 내 눈에는 산에 오르기 위해 이제 막 등산로 입구에 들어선 사람들로 보인다. 산을 올라 본 경험이 그리 많지 않음을 한눈에 알 수 있다. 그들은 등산 길, 나는 하산 길이다. 한발 먼저 꼭대기에 올라 산 밑 풍경을 바라본 나로서는 소소한 정보라도 알려 주고 싶은 마음이다. 이 산을 오르면서 무엇을 느낄 수 있으며, 정상에서는 또 무엇을 볼 수 있는지, 내려올 때는 무엇을 조심해야 하는지 말해 주고 싶다. 그래서 시작했다. 이것이 이 책을 쓴 이유다.

사랑하는 우리 아이가 행복한 삶을 영위할 수 있도록 부모가 길잡이로 나서 보자는 얘기다. 올바른 길잡이가 되기 위해 아이들에게 더 관심을 기울이고, 부모가 먼저 더 공부하자는 권유다. 20세기보다 21세기, 스마트폰이 없을 때보다 스마트폰 등장 이후 부모가 아이들에게 미치는 영향은 더 커졌다. 이에 비해 학교에 대한 기대와 의존은 상대적으로 낮아졌다. 이른바 공장식 인력 양성 체계로 불리는 학교가 다종다양한 진로와 꿈을 향하는 우리 아이 세대를 감당하기에는 뚜렷한 한계를 안고 있다. 개개인의 최적화된 경로를 찾아주기에 과거 교육체계로는 역부족이다. 더 많은 시간, 더 깊은 얘기를 할 수 있는 부모야말로 어느 때보다 강력한 자녀 교육의 길잡이가 될 수 있다.

세상은 빠르게 변하고, 인공지능을 필두로 기술 혁명이 변화를 주도한다. 좋은 대학에 보내면 끝일 줄 알았는데 앞으로 일자리가 어떻게 달라질지 아무도 모른다. 의대가 능사가 아니라는 말도, 변호사라는 직업이 언제 사라질지 모른다는 말도 자주 들려온다. 그렇다면 우리 아이는 어떻게 키워야 하지? 미래는 너무 멀다. 그래서 해 오던 대로 오늘에 집중한다. 남들처럼 학원에 보내면서 불안을 달랜다. 학교에서 배우는 것으로 충분하지 않겠느냐며 위안을 삼는다. 그러면서도 마음 한편에 불안이 가시지 않는다. 내가 선택한 자녀 교육의 길이 옳은지 끊임없이 의구심을 품는다.

설상가상이다. 인공지능 세상이 펼쳐지면서 세상이 금방이라도 바뀌고, 교육 혁명이 일어날 것이라고 난리들이다. 당장 중·고등학교를 잘 마쳐 대학에 진학하는 일만으로도 머리가 지끈거리는데 미래를 내다보고, 어느 길로 인도해야 하는지까지 부모가 떠맡아야 한단 말인가? 우리 아이에 관한 얘기다. 내가 모른다고 마냥 고개 돌릴 수는 없다. 한 번쯤 좀 더 멀리 내다보자. 지금보다 훨씬 높은 곳에서 우리 아이가 나아갈 길을 가늠해 보자. 동시에 우리 아이에게 더욱 가까이 다가가 눈을 맞춰 보자. 좀 더 가까이에서 우리 아이를 자세히 들여다보자.

이 책은 청소년 자녀를 둔 학부모를 위한 안내서다. 우리와 다른 세상에서, 우리보다 훨씬 더 긴 세월을 살아갈 아이들의 오늘과 내일을 살펴보고, 눈부신 정보 기술의 발달로 지금과는 확연히 다른 세상에서 살아갈 우리 아이들이 갖춰야 할 역량은 무엇인지 짚어 본다. 물과 공기처럼 없어서는 안 될, 언제나 내 눈과 귀를 사로잡는 미디어의 영향을 파악하고, 현명한 미디어 이용 방법을 함께 찾는다. 그리고 어떤 부모가 스마트 혁명 시대를 살아가는 아이와 불편 없이 소통하는 똑똑한 부모인지 생각해 본다.

다소 어렵게 읽힐 수 있다. 학술적인 내용이 곁들여져 서술 방식이 까다롭다. 그럼에도 손에 잡히지 않는 뜬구름 잡는 얘기를 피하고자 애썼다. 이론을 파고드는 방식보다는 학부모들이 흥미를 가질 만한 이야기와 사례를 중심으로 풀었다. 좀 더 쉽게 설명하지 못한 한계를 고백한다. 분명 쉬운 길은 없다.

머리말

자녀 교육에 지름길이나 왕도는 애초부터 존재하지 않는다. 모두에게 맞는 옷이 있을 수 없듯이 모든 아이에게 딱 맞는 비법은 없다. 어떤 사람에게는 아무런 효과가 없을지라도 다른 사람에게는 특효약일 수 있다. 참고문헌 표기나 영문과 한자를 병기한 방식이 읽는 흐름을 방해할 수 있다. 그럼에도 고집한 이유가 있다. 참고문헌을 직접 찾아 읽기를 권하고자 함이다. 누가 무슨 얘기를 했는지는 중요한 요소다. 인용하거나 해석하는 과정에서 뉘앙스가 달라질 수도 있다. 참고문헌에 나열된 원전을 들여다보면 책의 내용을 더욱 자세하고 분명하게 이해할 수 있다. 해당 분야에서 그토록 깊이 천착하고, 전문가의 영역에 오른 사람에게는 무언가 특별한 게 있다. 그 특별함을 모아 재구성한 다음, 우리 아이에게 적용하면 금상첨화가 될 것이다.

아이를 어른으로 키우는 데 학부모의 역할은 어디까지일까? 언제까지 얼마나 부담을 짊어져야 할까? 부모라는 이유로, 자녀에 대한 사랑만으로 감당해야 할 일인가? 부모가 처한 상황을 '부모의 함정'이라는 말로 표현하기도 한다. 모든 부담을 부모가 짊어져야 하는 상황을 빗댄 말이다. 각종 사회보장제도가 마련되어 있어 사람들은 필요할 때 혜택을 얻을 수 있다. 하지만 자녀의 행복한 삶을 위한 부담은 오롯이 부모 몫이다. 온전히 공교육에 기댈 수 없고, 그렇다고 전적으로 사교육에 의지할 수도 없다. 부모만큼 가까이서 오랫동안, 무한한 사랑으로 우리 아이를 대해 줄 사람은 없다. 당장 오늘의 현실이 급한데, 내일을 생각하고 먼 미래를 대비하자는 얘기는 와닿지 않을 수 있다. 예전에는 먼 미래였을지 모르지만, 현실이 되었거나 코앞에 닥친 아주 가까운 미래다. 부디 인공지능 시대를 살아가는 대한민국 모든 학부모가 불안과 불확실성에서 벗어날 수 있기를 소망한다. 이 책이 실타래를 푸는 희망의 실마리가 되었으면 좋겠다.

책이 나오기까지 도움 주신 많은 분들에게 감사드린다. 도서출판 지금의 김지연 대표와 김민기 과장은 거친 원고를 꼼꼼하게 다듬어 주셨다. 학문 탐구의 길로 인도해 주신 분 모든 분들과 무턱대고 그들의 어깨 위에 올라타는 기회를 주신 참고문헌에 적힌 연구자들에게 항상 존경과 감사의 마음을 갖는다. 평생 일할 기회를 주고, 이만큼 키워 준 EBS, 그리고 함께 일하며 일상의 스승이 되어 준 모든 선·후배 동료들, 그리고 우리 가족에게 고마움을 표시한다. 받기만 했던 시간을 마감하고 돌려드리는 방법을 찾겠노라 다짐한다.

2024년 6월
저자 신삼수

싣는 순서

머리말

서론

PART 01 장수 시대, 인공지능과 일자리

Chapter 01 축복인가 저주인가, 장수 시대   22

우리와 다른 인생   23
AI와 함께하는 장수 시대   23
벌거숭이두더지 쥐와 인간 500세 프로젝트   25
20년 전으로 시계 거꾸로 돌리기   28
노화에 관한 새로운 접근: 노령 담론 탈출   29
네오테니로 젊음을 유지하는 세대   34

110세까지 살아가는 삶   36
3단계에서 N단계 삶으로   37
온딘의 저주 vs 장수라는 선물   39
풍요의 엔진인가 불평등의 늪인가   41

Chapter 02 적자생존의 AI 세상   45

네 차례의 인공지능 열풍   46
영리한 말, 한스 이야기   56
미아즈마에서 세균 이론으로   59
테우트의 문자 발명과 타무스 왕   61
인간은 쉬운데 컴퓨터는 어려운 일: 모라벡의 역설   63
대체할 수 없는 인간: 폴라니의 역설   64
인공지능과 사랑 나누기: 영화 〈그녀〉   67
AI 시대, 인간의 본질: 영화 〈트랜센던스〉   68

Chapter 03 유망한 직업, 위태로운 직업   70

일자리 변동   71
사라진 일자리, 밀려나는 인간   71
찰스 배비지와 시카고 도축장   74
마찰적 기술 실업과 탄탈로스 형벌   77

사회 불안 부르는 불안정 계층 '프레카리아트'	81
러다이트 운동과 숙련 기술자	83
모래시계형 일자리 변화와 ALM 가설	86

인간과 노동   88

오스트리아 작은 마을 마리엔탈 연구	88
텔레마케터와 레크리에이션 치료사	91
미국의 전설 '존 헨리'의 승리 아닌 승리	94
AI 의학 기술과 의사의 미래	96

PART 02 교육, 핵심 역량, 커뮤니케이션

Chapter 04 뜨거운 교육 혁명   104

공장형 교육   105

평균의 함정	105
검치호랑이 교육과정 우화	108
존 듀이의 7년 간 교육 실험	110

맞춤형 학습   112

로보칼립스 시대의 생존법, 교육	112
AI 시대 적응형 학습 시스템	114
우리 아이 학습 유형은?	118
AI 기반 영어 말하기 시스템	121
AI 사설 학원, 일본 큐비나	123

Chapter 05 AI 시대 인재의 요건   127

개인의 핵심 역량   128

미래 인재상과 핵심 역량에 관한 다양한 접근	128
교육과정 변천으로 보는 핵심 역량	134
아인슈타인의 두뇌는 다를까?	137
양말 짜는 기계를 발명한 윌리엄 리	138
태양의 서커스의 다니엘 라마르	140
노력과 끈기 '그릿'	143

싣는 순서

미래 인재의 요건   145
인공지능이 가질 수 없는 것, 공감   145
연민을 넘어 공감으로: '타인의 고통'   146
가슴 없는 인간의 이중성   149
여우이면서 고슴도치인 사람   150
"교양 없는 도쿄대 졸업생"   153
차별 철폐에 나선 로자 팍스   155
EBS 대표 강사 윤혜정 연구   159

Chapter 06   미디어 바로 읽기와 커뮤니케이션   162

알고 보는 미디어   164
간략한 미디어 발달사   164
도구가 사회에 미치는 영향: 돌도끼와 쇠도끼   167
AI가 바꾼 저널리즘   170
니체의 타자기와 그의 글   179
구텐베르크의 인쇄기 발명   183
영아기 TV시청과 주의력 결핍 장애   185
"스마트폰 그만해라"   188

크게 보는 미디어   191
라이어손 미디어 실험   191
나쁜 것들의 재평가: 슬리퍼 커브   194
〈새서미 스트리트〉 연구와 지식 격차 가설   197
미디어 속 세상은 구성된 현실   200

미디어 리터러시   202
인공지능 시대, 왜 미디어인가   202
많이 알수록 많이 본다   207
위대한 심장박동을 들려 주는 미디어   208

PART 03 부모

Chapter 07 똑똑한 부모   214

전략과 실천   215
"다 때가 있다": 고양이 눈 실험   215
성격 파악부터: 갤런의 예언   218
두 가지를 동시에 한다는 착각: 멀티태스킹   221

포지셔닝   224
대학가는 로봇이 일러 주는 교육 방향   224
부모는 마리오네트 연출가   227
키티호크 모먼트는 반드시 온다   229
《작은 아씨들》의 루이자 메이 올콧   232

솔선수범   236
보는 대로 따라 한다: 거울 뉴런   236
더그 렌과 마이클 조던에서 읽는 교훈   237
슈스왑 인디언 이야기   241
가까운 성공 모델 제시 효과   243

결어 우리의 내일   248

아군인가 적군인가: 피아 식별 장치 IFF   249
정지궤도에 안착할 때까지   251
미디어가 바꾼 성공 방정식   252
부모의 햇살을 받아 크는 나무   255

에필로그 나와 미디어   256

참고문헌   264

찾아보기   274

서론

그동안 공상과학 영화는 말 그대로 상상에 지나지 않았다. 〈스타워즈〉, 〈스타트렉〉, 〈터미네이터〉 등이 과학기술을 모티브로 만들었다지만 현실과는 상당한 괴리감이 있는 게 사실이다. 하지만 최근에 나오는 시나리오는 다르다. 이미 7년 전에 인공지능 기술로 펼쳐지는 미래를 실감나게 풀어낸 사람이 있다. 바로 맥스 테그마크 Max Tegmark다. 그는 미국 MIT에서 물리학과 우주론을 연구하는 교수로, 저서 《라이프 3.0 Life 3.0》의 도입부에서 '오메가 팀 Omega Team' 이야기를 펼친다(Tegmark, 2017). 내용을 간략히 요약하면 이렇다.

오메가 팀은 범용 인공지능을 개발하기 위해 조직되었다. 인공지능을 만들어 돈을 벌고, 권력을 차지하겠다는 야심을 품고 인공지능 프로그램 '프로메테우스 Prometheus'를 개발했다. 오메가 팀은 어떤 과정을 거쳐 목적을 달성할 수 있을까? 우선 주식시장에서 작은 돈을 벌어들이고, 아마존 웹서비스에 특정 영역 업무를 처리하는 인공지능(Artificial Intelligence, 이하 'AI') 소프트웨어를 만들어 업로드함으로써 하루에 11억 원(100만 달러)을 금세 손에 쥔다. 오메가 팀은 그 존재가 세상에 알려지는 것을 우려해 더 이상 큰돈을 탐내지 않는다. 다음 단계로 미디어 회사를 차려 애니메이션을 발표하기로 한다. '프로메테우스'는 디즈니의 〈겨울왕국〉 풍의 판타지 코미디를 만들었다. 인공지능이 애니메이션 줄거리를 구성하고, 한 달 만에 45분짜리 10개 시리즈를 출시했다. 여러 나라 언어로 제작했고, 입 모양과 제스처도 해당 언어에 맞췄다. 인공지능 기술을 활용했기 때문에 제작비는 거의 들지 않았다. 다만 공격적으로 마케팅을 실시했다. 미디어 회사를 창립한 지 한 달 만에 하루 매출 110억 원(1,000만 달러)을 달성하고, 두 달 뒤에는 넷플릭스Netflix를 따라잡는다. 그리고 세 달 만에 세계 최대 미디어 제국의 반열에 오른다.

이제는 정치 권력을 노릴 때다. 오메가 팀은 애니메이션을 제작한 미디어 회사를 통해 전 세계 뉴스 채널을 구축한다. 광고 없이 누구나 무료로 뉴스를 볼 수 있다. 이미 다른 사업에서 현금을 충분히 확보했기 때문에 뉴스 서비스에서는 매출을 올리지 않아도 된다. 고액 연봉을 제시해 탐사보도 기자를 뽑았다. 지역 부패나 미담을 특종 보도했다. 시청자는 시민의 제보로 작성한 줄 알지만 사실은 '프로메테우스'가 인터넷을 실시간으로 모니터하여 찾아낸 뉴스들이다. 뉴스 채널은 "진실, 오로지 진실. 모든 진실은 아닐지라도"라는 슬로건을 내세워 사람들의 신뢰를 얻은 다음, '정치적 이슈'로 확장했다. 핵전쟁 위험, 기후변화 등의 어젠다를 이끌었다.

미디어를 장악한 오메가 팀이 그 다음 손을 댄 곳은 교육이다. 인공지능 '프로메테우스'는 개인별로 지식과 역량을 파악하고, 언어, 문화적 배경, 수준에 맞춰 최적화된 자료로 학습을 지원한다. '프로메테우스'는 영화 제작 기술로 학습용 비디오 자료를 만들어 수강생들의 몰입을 유도했다. 교사들도 교실 수업에서 이 자료를 무료로 활용했다. 오메가 팀은 교육이 정치적 목적을 달성하는 데 효과적이라는 사실을 알기에 민주주의, 세금 감축, 자유무역, 기업의 사회적 책임 등을 강조하는 자료를 제작한다. 여론조사를 할 때마다 유권자들은 삶의 질이 개선됐다고 답했다. 여전히 소득 불평등이 있을지라도 이전처럼 하위소득 절반이 4%밖에 못 벌던 때에 비하면 낫다고 생각하기 때문이다. 오메가 팀은 오메가가 통제하는 업체들로 하여금 시민들과 이익을 나누도록 함으로써 유권자의 마음과 표심을 얻어갔다. 마침내 지구 행성은 사상 처음으로 단일 권력의 손아귀에 들어간다.

'오메가 팀 이야기'는 비록 짧은 시나리오에 지나지 않지만 미래 세상을 꽤나 현실감 있게 그려 내고 있다. 인공지능 기술로 미디어 산업이 톡톡한 돈벌이 수단이 된다. 뉴스 채널을 통해 사회적 영향력을 얻어 정치에 발을 내딛는다. 고도화된 맞춤형 교육으로 시민들의 의식을 사로잡는다. 마침내 전 세계 유일무이한 무소불위 권력을 차지한다. 그냥 재미 삼아 읽고 넘어갈 상상이 아니다. 실제로 그렇게 펼쳐지지 말라는 법은 없다. 그래서 테그마크의 시나리오는 새로운 생각거리를 제공한다. 인간이 앞으로 무엇을 경계하고, 무엇을 준비해야 하는지에 대한 고민을 요구한다. 미디어와 교육이 왜 중요한지, 미디어와 교육이 우리 사회에 미치는 심대한 영향력을 에둘러 설명하며, 이것이 단지 여러 산업 가운데 하나, 여느 소비상품처럼 기호에 따라 소비하고 마는 제품이 아니라는 사실을 알려 준다. 미디어와 교육은 사회체제 전반은 물론, 개인의 권리까지 우리 삶에 직접적인 영향을 미치는 중차대한 영역임에 틀림없다.

테그마크의 '오메가 팀 이야기'가 100% 상상으로 만들어진 이야기라면, 대학 가는 로봇 '도로보군 이야기'는 현실이다. 일본의 한 인공지능 연구팀이 개발한 인공지능 기술이 탑재된 로봇이 일본 대학 입시 센터 시험에서 상위권 성적을 거둔 실제 이야기다. 로봇이 인간과 똑같이 시험지를 받아 들고, 그 시험지의 문제를 읽고, 팔에 쥐어진 펜으로 답을 써 내려가는 방식이었다. 2011년 프로젝트 첫 해에는 성과가 그다지 눈에 띄지 않았으나, 2019년도 시험에서는 언어 영역은 물론 수학, 과학 문제도 너끈히 풀어내고, 채점해 보니 대학 입시를 준비해 온 어지간한 고등학생의 실력을 능가했다. 비록 도쿄대학교에 합격할 수준은 아니었지만, 도쿄 상위 5개 명문 사립대에 들어갈 수준으로 성장했다. '도로보군 이야기'는 인공지능과 로봇 기술이 어디까지 발전했는지를 보여 주는 실감나는 사례다(新井紀子, 2018).

이 책은 총 3부로 구성했다. 1부에서는 장수 시대와 인공지능, 일자리 변화를 다룬다. 인공지능 시대 자녀 교육은 더욱 다양한 관점에서 접근해야 한다. 우리와 다른 인생을 살아갈 아이들이기에 새로운 관점에서 살펴야 한다. 제1장은 장수 시대의 도래와 그에 따른 우리 삶의 재설계 필요성, 새로운 관점과 패러다임paradigm으로 자녀 교육을 바라봐야 하는 당위성을 일깨운다. 배우고 일하고 은퇴하는 삶이 아니다. 배우고 일하는 과정을 수차례 반복해야 하는 장수 시대를 살아갈 아이들이다. 인생 설계도 우리 세대와 전략부터 다를 수밖에 없다. 제2장은 인공지능 기술의 발달과 의미를 살펴본다. 정보기술 혁명이 무엇인지, 어디까지 왔는지 둘러보고, 앞으로 어떻게 더 발전할지 들여다본다. 다소 생소할 수 있지만 우리 아이가 살아갈 미래를 가늠하고, 이해하는 데 도움이 되는 기초 지식이다. 기술적 관점이 아닌, 인간에게 미치는 영향에 대해 생각해 볼 것을 제안하는 내용으로 채웠다. 제3장은 보다 현실적인 이야기다. 자동화와 인공지능이 가져온 일자리 변화를 살피고, 앞으로 달라질 일자리의 미래, 노동의 의미 변화를 얘기한다. 낙관과 비관이 엇갈리는 영역이다. 불편하다고 외면할 수 없는 대목이다. 여전히 불확실하고, 어떤 상황이 전개될지 아무도 모르지만 변화의 흐름을 좇으려고 노력할 때 헛수고를 줄인다. 나의 일자리 탐색은 물론, 우리 모두에게 가져오는 변화를 살핀다.

2부에서는 교육의 변화, 인공지능 시대의 핵심 역량과 미디어 이용 및 커뮤니케이션을 다룬다. 제4장은 오늘의 교육을 돌아보고, 인공지능 시대에 다양한 곳에서 여러 형태로 진행되는 교육 실험을 소개한다. 개인 맞춤형 학습으로 요약되는 미래 교육의 변화, 인공지능 기술이 가져오는 뜨거운 교육 혁명을 다룬다. 기존 공장형 교육을 성찰하고, 인공지능 시대에 교육으로 살아남는 법을 생각한다. 제5장은 인공지능 시대의 소용돌이 속에서도 우리 아이가 현명하게 자라나고, 자신의 삶을 행복하게 설계하기 위한 역량을 탐구한다. 전문가들이 내다보는 디지털 인재가 갖춰야 할 요건, 핵심 역량은 무엇일까? 다양한 분야의 전문가들이 미래 인재상을 제시한다. 부모님들이 바라는 우리 아이의 모습이다. 모든 역량을 갖춘 완벽한 인재란 없다. 그렇다고 안 되는 일도 아니다. 창의력, 도전 정신, 끈기, 공감, 인류애 가득한 아이로 키울 수 있다. 인공지능 시대에 부모가 반드시 귀 기울이고 고민해야 할 영역 가운데 하나다. 제6장은 미디어와 커뮤니케이션이다. 미디어는 이미 물과 공기처럼 우리 주위를 감싸고 휘돈다. 미디어 없는 삶은 이제 상상조차 힘들다. 스마트폰 없이 살아갈 수 있는가? 디지털 시대에 미디어는 가장 보편적이고 강력한 지식 확장 수단이다. 또한 커뮤니케이션은 의사소통이다. 혼자 살아갈 수 없는 세상에서 미디어라는 도구를 통해 소통할 줄 알고, 사람을 직접 마주하면서 눈을 맞추고 가슴으로 통할 줄 아는 사람은 누구일까? 인공지능 시대 커뮤니케이션의 중요성과 커뮤니케이션의 새로운 양상을 내다본다.

3부는 인공지능 시대에 똑똑한 부모가 되기 위한 역할에 대해 생각한다. 제7장은 자녀 교육을 위한 전략과 실천, 달라진 세상에서 부모의 역할 변화, 포지셔닝positioning을 생각한다. 아이 바라기만으로 살아갈 수 없는 디지털 시대 부모의 새로운 역할을 조명한다. 변화된 패러다임으로, 이전과 완전히 다른 시선으로 자녀를 바라볼 필요성을 제안한다. 인공지능 시대 부모의 역할은 과거와 비교할 때 크게 달라질 것이다. 삶의 지혜를 나누고, 방향을 함께 잡아가는 코치 역할을 해낼 수 있다. 우리 아이에게도 라이트 형제의 첫 비행처럼 힘차게 날아오르는 순간은 반드시 찾아온다. 의구심을 버리자. 그리고 더욱 똑똑한 부모로 거듭나자. 부모부터 주체적인 삶, 자신부터 행복한 인생 설계에 나설 때다. 디지털 시대 인생 설계의 본보기, 행복을 향한 항해의 이정표는 부모다. 보다 적극적으로 자신의 삶을 일구고, 자녀의 내일에 대해서도 얼마든지 지능적인 방식으로 개입할 수 있다.

부모가 먼저 주체적인 삶을 일궈 나가고, 행복을 찾아가는 것보다 더 좋은 자녀 교육이 있을까? 부모가 솔선수범하는 방식이야말로 최선의 자녀 교육 방법이다. 물론, 부모 자신의 행복한 삶을 위해서라도 다른 선택의 여지는 없다. 이 책은 중·고등학생 학부모를 위한 자녀 교육 특강이다. 요즘 학부모는 이미 똑똑하다. 비록 술술 읽히지 않더라도, 찬찬히 읽다 보면 생각할 거리가 상당하다. 우리 아이들이 AI 시대를 슬기롭게 맞이하여, 인류 발전에 이바지하는 훌륭한 인재로 성장할 수 있기를 응원한다.

AI 시대
우리 아이

내일의 삶과 오늘의 교육

PART
01

장수 시대, 인공지능과 일자리

Chapter 01 축복인가 저주인가, 장수 시대
Chapter 02 적자생존의 AI 세상
Chapter 03 유망한 직업, 위태로운 직업

Chapter 01
축복인가 저주인가, 장수 시대

　서른 즈음에 사회에 진출하고, 예순 남짓에 은퇴한다. 그리고 특별한 일 없이 노후를 보내다 아흔 전후에 세상을 등진다. 우리 세대의 전형적인 인생 일대기다. 우리 아이들도 그렇게 살아갈까? 먼 훗날 이야기이기에 답하기 쉽지 않을 수 있다. 그렇다면 당장 우리는 몇 살까지 살까? 많은 사람들이 자신의 부모 또는 조부모의 건강 상태와 수명을 기준으로 생각할 것이다. 부모가 80세를 넘기지 못하고 돌아가셨을지라도 자신은 80세를 넘길 것이라고 생각한다. 만일 부모가 90세를 넘기셨다면 자신은 못해도 90세까지는 살 수 있을 것으로 기대한다. 대한민국 국민의 기대 수명은 세계 상위권이다. 우리는 부모 세대보다 최소한 10년쯤은 더 살아갈 테고, 아이들은 우리보다 20년은 더 살아갈 가능성이 높다. 이전 세대와 다른 장수 인생을 선물 받는다. 그렇다면 인생 설계 역시 그들의 수명에 맞게 재설계되어야 하지 않겠는가? 지금보다 훨씬 오래 살아가는 인생은 무엇이 다를까?

우리와 다른 인생

AI와 함께하는 장수 시대

우리나라 국민의 평균 수명은 몇 살일까? 통계청은 매년 국민생명표[*]를 발표한다. 국민생명표는 현재를 기준으로 연령별 사망 수준이 그대로 유지된다는 조건 아래 장래 기대여명을 산출한다. 이렇게 도출한 생명표는 국가 보건·의료 정책 수립과 인명 피해 보상 기준을 산정할 때 기초 자료로 활용된다. 다른 나라와 비교할 때도 통계청의 국민생명표가 기준이 된다. 통계청 생명표에 따르면 2022년에 태어난 아이의 기대여명은 평균 82.7년이다. 남자는 79.9년, 여자는 85.6년이다. 2024년 현재 15살짜리 중학생은 어떨까? 앞으로 평균 67.3년을 더 산다. 82.3세까지 산다는 얘기다. 남학생은 78.9세, 여학생은 85.4세까지 살 것이라는 예측이다.

통계청과 별도로 보험개발원에서는 경험생명표^{**}를 개정해서 공지한다. 생명보험 가입자들의 사망 데이터를 관찰해 5년마다 작성한다. 2024년 1월에 최신 생명표를 공개했다. 남자의 평균 수명은 86.3세, 여자는 90.7세다. 5년 전

---

* 생명표란 현재의 연령별 사망 수준이 그대로 지속된다는 가정하에, 특정한 출생 코호트[*]가 연령이 많아짐에 따라 소멸되어 가는 과정을 정리한 표다. 어떤 연령층의 인구가 주어진 사망력의 유형과 수준이 그대로 적용된다는 가정하에 평균적으로 더 살 수 있는 기간, 연령별 사망 확률, 특정 연령의 사람이 다른 연령까지 생존할 수 있는 확률 등을 나타낸다. 각 나이별로 작성한 생명표를 완전생명표(complete life table), 5세별로 작성한 생명표는 간이생명표(abridged life table)라 한다. 현재의 연령별 사망 수준이 그대로 지속된다는 가정하에 장래의 기대여명을 산출하여 보건·의료 정책 수립, 보험료율, 인명 피해 보상비 산정의 기초 자료 및 장래 인구 추계 작성, 국가 간 경제·사회·보건 수준 비교를 위한 기초 자료로 활용된다(통계청).
  [*]코호트(cohort)란 같은 시기를 살아가면서 특정한 경험을 함께하는 사람들의 집합을 일컫는다. 특정한 기간에 태어나거나 결혼을 한 사람들의 집단과 같이 통계상의 인자(因子)를 공유하는 집단이다.
** 경험생명표(經驗生命表)란 생명보험회사를 비롯하여 그 밖의 보험단체의 피보험자 집단의 사망 경험을 통계적으로 분석해서 작성한 표를 말한다. 경험표 또는 경험사망표라고도 한다. 피보험자 집단을 성별, 연령별로 나누어서 작성한 표 이외에 보험 종류별, 가입 연도별, 가입 후의 경과 연수별과 같은 생명보험의 특성에 따라 분류 작성된 표도 있다. 우리나라의 민영 생명보험회사에서는 1982년부터 1986년까지 5년간 개인 보험 계약자의 자료 9백만 건을 분석하여 제1회 경험생명표를 작성했다.

2019년에 비해 각각 2.8세, 2.2세가 늘어났다. 보험개발원이 발표한 경험생명표는 통계청의 2022년 국민생명표에 비해 남자는 6.4세, 여자는 5.1세 더 오래 산다. 생명보험에 가입할 때 건강진단이나 과거 병력을 살피기 때문에 전 국민을 상대로 하는 통계청 국민생명표보다 높게 산출된다는 설명이다.

통계청의 기대여명 자료와 보험개발원의 경험생명표 자료는 연도 분석에 따른 추정이다. 코호트 분석과 함께 기대여명을 추정하는 방식 가운데 하나다. '연도 분석 추정 방식'은 현재 15세 아이가 50세, 60세가 되었을 때 생존 확률의 기준을 현재 50세, 60세인 사람과 같다고 가정한다. 즉, 현재 기준 연령별 사망률을 미래 세대에게도 동일하게 적용하는 방식이다. 이에 비해 '코호트 분석'은 앞으로 기대여명을 증가시키는 요소들이 등장한다고 보고, 이를 반영하여 추정하는 방식이다. 1800년 이후 기대여명은 꾸준히 증가해 왔다. 유아 사망률이 크게 낮아졌고, 노년에 발생하는 질병을 치료법이 발전한 덕분이다. 공중보건, 영양 공급, 교육 훈련, 소득 수준 향상 등 다양한 요인들이 사람들의 수명을 연장시켰다(Gratton & Scott, 2016). 지금 살아가는 사람을 기준으로 기대여명을 미루어 짐작하는 것이 아니라 앞으로 달라질 변수를 반영하여 산출하는 것이 실제에 더 가깝다는 생각이 든다.

코호트 분석이 연도 분석 추정 방식보다 더 현실적인 기대여명 추정법으로 보이는데 통계청과 보험개발원이 굳이 연도 분석 추정법을 적용하는 이유는 무엇일까? 연도 분석 추정법을 적용하여 기대여명을 낮게 산출하면 고령화로 인한 국가 재정 소요도 낮게 책정되기 때문이다. 인공지능 기술 발전과 혁신적인 의료 기술 발달은 우리 아이들의 수명을 더 연장시킬 것이다. 늘어난 수명은 무엇을 의미할까?

장수(長壽)는 가장 강하면서도 오래된 인간의 욕망으로 간주된다. 잔 루이즈 칼망(Jeanne Louise Calment, 1875~1997)이라는 프랑스 여성은 만 122세까지 살았다. 그녀와 같은 시기에 태어난 프랑스 여성의 평균 수명이 45세인 데 비해 그녀는 남들보다 세 배 가까이 더 생을 누려 '세계에서 가장 오래 산 사람'으로 기네스북에 올랐다. 그녀가 사망한 1997년 이후 120세를 넘긴 사람은 아직 나오지 않고 있다. 앞으로도 그럴까? 2016년까지만 하더라도 인간 수명의 정점은 생물학적으로 115세라는 뉴욕의 한 대학 교수의 연구 결과가 국제 학술지 〈네이처Nature〉에 실렸다. 불과 5년 뒤 미국, 러시아, 싱가포르 연구진은 50만 명의 혈액세포를 분석한 결과, 인간의 생물학적 한계 수명이 120세에서 150세 사이라고 밝혔다.

인공지능 시대에도 오래 살기 위한 인간의 욕망은 여전하다. 500세까지 살 수 있는 방법을 찾아 나선 기업이 있는데 바로 구글이다. 세르게이 브린Sergey Brin과 래리 페이지Larry Page가 '인간 500세 프로젝트'를 비밀리에 추진 중이다. 그들은 2018년 인터넷 국제학술지 〈이라이프eLife〉에 첫 연구 성과를 발표했다.

벌거숭이두더지쥐와 인간 500세 프로젝트

벌거숭이두더지쥐naked mole rat는 암에 걸리지 않는다. 잘 늙지도 않는다. 갈고리 모양으로 길게 뻗어 나온 두 개의 윗뻐드렁니에 양쪽 볼의 수염, 그리고 살 표면이 그대로 노출된 8cm 크기의 작은 녀석이다. 외모는 볼품없어 보일지라도 노화 방지 연구자들에게 아프리카에 사는 벌거숭이두더지쥐는 초미의 관심 대상이다. 라틴어 이름은 '대머리 물건'이라는 뜻의 헤테로케팔루스 글래버Heterocephalus glaber다. 개미처럼 암컷 한 마리가 무리를 지배한다. 지상으로부터 약 80m 아래 지하 굴에서 살아간다. 우리가 보통 쥐라고 알고 있는 집쥐, 시궁쥐의 평균 수명은 2년에 지나지 않는다. 하지만 벌거숭이두더지쥐의 수명은 30년이 넘는다. 39년 동안 살았다는 기록도 있다. 이들은 늙고 병들어 죽기보다 포식자들에 의해 죽임을 당하는 경우가 많다.

신통한 일은 3살짜리 벌거숭이두더지쥐와 30살짜리 벌거숭이두더지쥐를 구별하기 힘들 정도로 늙지 않는다는 사실이다. 다른 쥐들보다 10배 이상 오래 살면서 병들지 않고, 늙지 않는다. 게다가 산소 없이 18분을 버틸 수도 있다. 그 비밀을 알아낸다면 인간의 수명도 상상할 수 없을 만큼 늘릴 수 있지 않을까? 구글이 벌거숭이두더지쥐가 늙지 않는 비밀을 파헤치는 데 나섰다. 구글 창업자 세르게이 브린과 래리 페이지가 자회사 '칼리코Calico'를 설립했다. 칼리코는 '캘리포니아 생명 기업California Life Company'의 앞 글자를 따 명명한 회사로 인간 수명 500세에 도전하겠다는 야심찬 계획을 갖고 있다. 지난 2013년 시사주간지 〈타임Time〉은 "구글이 죽음을 해결할 수 있을까?Can Google solve death?"라는 제호로 표지를 장식하고, 구글의 인간 노화 방지 프로젝트를 다뤘다. 이후 구글은 대규모 투자를 앞세워 글로벌 제약사와 바이오테크 기업들과 협업하고 있다.

칼리코 연구팀이 미국 '벅 노화 연구소Buck Institute for Research on Aging'에서 30년 동안 키워 오던 벌거숭이두더지쥐 3,000마리의 사육 기록을 분석했다. 그들은 오래 살아도 사망 위험률이 늘어나지 않았다. 영국 수학자 벤저민 곰페르츠Benjamin Gompertz의 1825년 연구에 따르면 인간은 30세가 넘으면 8년마다 사망 위험률이 두 배씩 늘어난다. 다른 포유동물들은 나이가 들면 들수록 기하급수적으로 사망 위험률이 증가하는데 유독 벌거숭이두더지쥐는 자연법칙에서 비켜나 있었다.

다음은 칼리코 홈페이지에 큼지막하게 노출되어 있는 수석 조사관 유진 멜라무드Eugene Melamud 박사의 말이다.

"노화는 언덕을 굴러갈 때 기하급수적으로 커지면서 가속도를 갖는 눈덩이와 같다. 노화의 시작을 늦추거나 속도를 줄일 수 있을까? 우리는 이러한 질문에 대한 답을 시스템 생물학에서 찾을 수 있다고 믿는다."

칼리코는 "우리 시대 가장 어려운 생물학적 질문, 즉 인간이 어떻게 나이를 먹고 사람들이 더 오래, 더 건강한 삶을 살 수 있는 해답을 찾기 위해 노력하고 있다."라고 밝히고 있다(Calico, 2024). 칼리코의 연구 성과는 드문드문 학술보고서로 발표되지만 구체적인 내용은 아직 베일에 가려져 있다. 천문학적 예산을 투입하면서 구글이 의도한 바는 무엇일까?

과도한 생명 연장에 대한 비판적인 의견도 많다. 《역사의 종언The end of history and the last man》으로 우리에게 잘 알려진 미국 스탠퍼드대 프랜시스 후쿠야마(Francis Yoshihiro Fukuyama, 1952~) 교수는 "수명의 대폭 연장은 기존 피라미드 형태의 연령 계층 구조가 직사각형이나 사다리꼴로 바뀌는 혼란을 가져올 것"이라며, "북한의 김일성, 쿠바의 피델 카스트로 정권처럼 독재자가 오래 살아남아 독재가 장기화될 것"을 우려했다(Fukuyama, 2003).

구체적인 연구 결과가 언제 나올지 모르는 구글의 '인간 500세 프로젝트' 결과가 아니더라도 좀 더 젊고 건강하게 오래 살 수 있는 방법을 우리는 잘 알고 있지 않을까? 20년 정도 젊게 살 수 있는 방법이 있다. 바로 늙었다는 착각에서 벗어나는 것이다. 그럴 때 십수 년은 젊게 생각하고 행동할 수 있다.

20년 전으로 시계 거꾸로 돌리기

시계를 거꾸로 돌릴 수 있을까? 시간을 거슬러 올라가는 실험 연구가 실제로 펼쳐졌다. 1979년 하버드대학교 심리학과 엘렌 랭어Ellen J. Langer 교수는 70대 후반부터 80대 초반의 노인 참가자를 모집해 '시계 거꾸로 돌리기 연구 counterclockwise study'를 진행했다(Langer, 2009).

20년 전으로 돌아가서 일주일 동안 생활하면 신체적으로 어떤 변화가 일어날까? 건강한 남성만으로 실험 참가자를 모집한 다음, 이들이 1959년으로 돌아갔다고 느끼도록 실험을 설계했다. 외딴곳에 있는 수도원을 물색한 다음, 그곳을 참가자들이 20년 전 환경이라고 느끼고 생활할 수 있도록 꾸몄다. 수도원은 현대적인 편의시설이 거의 없어 마치 세월이 멈춘 듯한 느낌을 주기에 적합했다. 참가자들에게 1959년 이후 신문, 책은 물론 가족사진조차 가져오지 못하도록 했다. 그런 다음, 1959년에 일어난 뉴스를 보여주고, 텔레비전과 라디오도 1959년에 방송되었던 프로그램을 제공했다. 생활용품도 당시 판매되던 제품을 공급했다. 참가자들끼리 1959년 이후 얘기는 삼가도록 했다. 대신 1958년에 일어났던 미국 최초의 인공위성 익스플로러 1호 발사, 피델 카스트로의 아바나 진격 등을 얘기했고, 당시 인기 있었던 드라마를 흑백텔레비전으로 보았다.

연구진은 실험집단과 비교집단을 구분 지었다. 각 집단은 8명으로 이루어졌다. 실험군은 1959년으로 시계를 되돌려 일주일간 그들끼리 생활했다. 비교군은 실험군 실험이 끝나고 일주일 뒤 실험군과 똑같은 환경에서 생활하되, 1979년 현재 환경을 제공했다. 비교군 참가자들에게 1959년은 회상하는 과거일 뿐이었다. 실험 결과는 어땠을까? 실험군 참가자의 관절 유연성과 손놀림, 걸음걸이가 월등하게 좋아졌다. 청력과 기억력도 향상됐다. 지능이 향상된 비율도 실험군은 63%, 비교군은 44%로 나타났다. 엘렌 랭어 교수팀이 내린 결론은 "몸이 아니라 마음"이었다. 나이가 들면 쇠약해지고, 누군가로부터 도움을 얻어야 한다는 생각이 문제였다. 나이를 먹었다고 해서 스스로 신체적인 한계에 자신을 가두지 말고, 먼저 그 한계가 정말로 존재하는지에 의문을 가져야 한다는 것이다. 노인 스스로 결정하고 다른 사람들과 대화하고, 새로운 환경에 적응하면서 좀 더 의식을 집중mindfulness하도록 했더니 거짓말처럼 시계를 거꾸로 돌릴 수 있었다. 늙었다는 착각에서 벗어나면 20년은 젊게 살 수 있다.

담론(談論)은 세상 사람들이 만들어 낸 문장이나 단어를 말한다. 좀 더 포괄적인 개념으로 어떤 사안에 대해 생각하고 말하는 방식이다. 담론을 분석함으로써 단순한 사실들의 나열이 아니라, 논의 속에서 형성되는 어떤 결과를 도출할 수 있다. 늙는다는 것, 노화, 노령에 관해서 사회 구성원들이 어떻게 인식하고 말하는지에 따라 하나의 담론이 형성된다. 우리 사회는 노령에 대해 부정적인 방향으로 담론을 형성하는 경향을 나타낸다. 그러한 담론에서 벗어날 때, 비로소 나이보다 젊게 생각하고 행동할 수 있다.

노화에 관한 새로운 접근: 노령 담론 탈출

사람이 예전보다 오래 산다. 당장 한두 세대 이전의 인물을 찾아보자. 우리 어머니, 아버지 세대는 80~90대까지 너끈히 살아가는 모습을 보았다. 회갑 잔치가 사라진 지 오래다. 칠순 잔치, 팔순 잔치를 여는 경우가 종종 눈에 띌 뿐이다. 할머니, 할아버지 세대는 어땠나? 회갑 잔치가 기본이었고, 일흔을 넘기시면 장수한다고 말했다. 80세 후반까지 살다 가신다면 천수를 누렸다는 뜻의 반어적 표현, 호상(好喪)이라는 말이 등장할 정도였다. 우리 세대가 우리의 이전 세대보다 오래 산다면 90~100세까지 살지 않을까? 그렇다면 우리 아이들은 몇 살까지 살까? 100세 이상은 기본이고, 운 좋으면 120세까지도 살아갈 수 있다는 전망이 나온다.

자영업이 아닌 이상 60세면 직장에서 퇴직한다. 교수를 비롯한 일부 직업이 65세까지 일할 수 있을 뿐이다. 통상 60세에 본업을 그만둔다고 할 때, 나머지 인생을 어떻게 영위할 것인가? 우리 부모 세대가 그랬듯이 산에 다니고, 병원 다니는 게 일상일까? 그렇지 않다는 게 전문가들의 분석이다. 의학에서는 병을 달고 살다가 돌아가실 때까지를 '유병 기간(有病期間, morbidity)'이라고 표현한다. 장수 시대는 곧 오랜 유병 기간을 뜻하지 않겠느냐는 생각에 대다수 사람들은 장수를 부정적인 시각으로 바라본다. 오래 살아간들 병에 시달리다, 병원비 조달하느라 아등바등 살아가야 한다면 장수는 선물이나 축복이라기보다 저주 아니겠냐는 비관적 시선이다.

우리 아이가 60세 이후 무려 50~60년을 저주에 시달리다 살아간다면 그보다 더 끔찍한 일이 있을까? 다행히 그렇지 않다는 전망이 우세하다. 의료 기술의 발달로 수명이 늘어날수록 오히려 유병 기간은 짧아진다는 것이 전문가들의 예측이다. 우리 아이들은 우리보다 오랜 세월을 더욱 젊게 살아갈 가능성이 크다.

국가적으로는 낮은 출생률이 문제다. 초등학생 수, 중학생 수가 최근 몇 년 사이 급격하게 줄어들었다. 대학수학능력시험 응시자 수가 잘 말해준다. 10년 전 한 해 60만 명에 육박하던 수험생은 2024 수능에서는 45만 명에도 못 미쳤다. 우리나라는 OECD 국가 가운데 가장 낮은 출생률을 기록하고 있다. 2023년 통계청 발표 합계출산율(合計出産率, Total Fertility Rate, TFR)은 0.72명이다. 가임(可妊) 여성(15~49세) 한 명이 평생 동안 낳는 아이가 한 명도 채 안 된다는 이야기다. 우리나라 합계출산율을 들은 캘리포니아대 법대 명예교수 조앤 윌리엄스Joan. C. Williams는 한국의 합계출산율을 듣고 깊이 걱정했다. 그녀는 "대한민국 완전히 망했네요. 와! 그 정도로 낮은 수치는 들어본 적 없어요."라며 EBS 다큐멘터리에 출연해 머리를 쥐어 잡으면서 놀랐다(EBS, 2023).

우리 아이들이 60세로 은퇴할 즈음이면, 2070년대 초가 된다. 그때 지하철과 병원 풍경은 어떻게 달라질까? 베이비 붐 세대가 아니기에 지하철이 은퇴자들로 북적거리지는 않을 것이다. 반면 100세까지 건강한 삶을 유지한다고 가정할 때, 그들의 60세는 지금 기준으로 보면 40대 후반에서 50대 초반의 활력을 유지하고 있을 것이다. 출생률은 이변이 없는 한 회복되지 않아 아이들을 찾아보기 힘든 세상이 되고, 그들의 부모, 즉 우리가 여전히 살아 있을 확률이 매우 높다. 65세 이상은 더 이상 노인으로 분류되지 않을 것이다. 따라서 지하철과 병원은 80세 이상 고령자들로 북새통을 이룰지 모른다.

우리 아이들이 70세가 되는 2080년대에 병원을 주로 드나들고 있을 사람들은 누구일까? 아이들 세대가 아니라 우리 세대, 90~100세 시민들이 주로 드나들 것이다. 환자들의 연령대가 올라갔을 뿐, 병원은 노인 질환자들로 북적거리는 모습을 쉽게 상상할 수 있다.

결국 지금이나 우리 아이들이 은퇴하는 2070년대나 노령인구가 많은 세상이다. 노령의 기준은 몇 세부터이며, 노령인구가 많다는 점은 사회적 부담으로만 작용하는가? 누구나 쉽게 해답을 가늠할 수 있다. 새로운 인적자원이고, 새로운 경제활동인구이며, 구매력을 갖춘 소비자로 자리 잡는다. 문제는 틀에 박힌 노인에 관한 우리의 인식이다. 노령인구는 일도 못하고, 툭하면 몸이 아파 병원에 드나드는 가련한 존재, 인간이 65세를 넘기면 문제투성이로 전락하고 만다는 '노령 담론narrative of aging'이 문제다.

1800년대부터 고령화가 언급되기 시작했고, 의학계에서는 안식을 누리고 싶은 갈망을 가진 존재로 노인을 바라보았다. 1887년 '실업'이라는 단어가 처음 등장하고, 노동시장에서 은퇴자가 나오기 시작했다. 노동시장에서 은퇴한 고령자의 삶은 노령 담론과 함께 사회적인 해결 대상으로 간주됐다. 1909년 노인의학이 처음으로 등장했고, 1914년에는 노인의학을 다루는 교재가 출간되었다. 밑바탕에는 노령 담론이 깔려 있고, 노인은 사회적인 문제, 가족의 골칫거리라는 인식이 짙어졌다.

시장경제에서 경쟁력을 높이는 방식으로 능률 중심주의를 채택했고, 나이 든 사람들을 더 이상 채용하지 않았다. 베이비 붐 세대에는 일면 그럴 수밖에 없다고 치부할 수 있지만, 우리 아이들 세상은 딴판이다. 은퇴라는 개념이 60세, 65세가 아니라 70세 이후로 늦춰질 것이다. 따라서 고령에 대한 인식, 노령화에 대한 생각, 활동 연령에 대한 인식을 바로잡아야 한다. 노령 담론에서 벗어나지 못한다면 은퇴에 대한 인식 또한 바뀌지 않는다.

기업 경영 사례를 통해 이를 간접적으로 비추어 볼 수 있다. 식품회사 '하인즈Heinz', 미국 자동차회사 '크라이슬러Chrysler', 전자회사 '라이프 얼럿Life Alert'의 이야기다. 이들은 MIT대학에서 노령에 대해 오래 연구해 온 조지프 코글린Joseph F. Coughlin이 소개한 기업들이다. 하인즈는 2차 세계대전 이후 노년층 인구가 늘어나는 데 착안해 노인을 위한 이유식을 개발했다. 아이들은 이유식을 2년 정도만 먹지만, 노인들은 15년 이상 이유식 소비자가 될 수 있다는 분석이 작용했다. 결과는 어땠을까? 대 실패였다. 노인들은 매장에 놓여 있는 고령자 친화 식품에 눈길을 주지 않았다. 원인은 무엇이었을까? 고령자를 위한 제품이라고 하지만 노인들은 '이유식'을 구입하는 행위 자체를 수치스럽게 여겼다. 하인즈가 급히 포장 디자인을 바꾸고, 레몬 조각을 얹어 보았지만 별 소용이 없었다. 결국 노인 이유식 생산은 중단되고 말았다. 하인즈 시니어 푸드는 고령화 세대를 겨냥하는 데 실패한 대표적 사례로 꼽힌다.

자동차회사 크라이슬러도 '노인 전용 승용차'를 출시했다. 저렴하고 이용하기 편한 자동차를 만들었지만 신통치 않았다. 노인의 취향과 생리적 요구에 맞춘 제품을 개발하겠다는 크라이슬러의 신념에도 불구하고 노인들은 해당 차종을 외면했다.

미국과 세계의 사회문제, 인구통계, 여론 동향을 광범위하게 다루는 싱크탱크인 퓨 리서치 센터Pew Research Center에서 75세 이상 노인을 상대로 조사한 결과, 응답자의 35%만이 자신이 늙었다고 여겼다. 자신이 늙었다는 사실을 인지하지 못할 수 있으나 대다수가 늙은 줄 알면서도 노인으로 보이기 싫어하는 것이다. 노인 전용 이유식과 노인 친화적인 자동차 사례에서 배운 사실은 '노인'으로 과도하게 구별 짓지 말라는 점이다. 오히려 청장년을 위한, 전 세대를 위한 제품을 만들되, 노인들도 선호할 만한 디자인과 콘셉트를 적용하라는 점이다. 시니어, 실버, 그레이 느낌이 나는 마케팅보다는 스마트 카트Smart Cart처럼 이름 붙이는 방식도 하나의 좋은 예다.

MIT에서 에이지랩AgeLab을 이끌었던 커글린Joseph Coughlin은 인생을 8,000일 단위로 나누어 생각해 보라고 권했다. 22년은 8,030일이다. 즉 태어나서 대학을 다니는 22세까지 첫 8,000일, 다음은 대학 시절과 중년의 위기를 경험하는 45세까지 두 번째 8,000일, 다음은 은퇴할 때까지 세 번째 8,000일이다. 88세까지 산다면 네 번째 8,000일이 주어지고, 100세까지 산다면 은퇴한 이후 12,000일이나 16,000일까지도 더 주어진다. 인생의 처음 세 덩어리에 더 주어진 두 덩어리를 알차게 채우기 위해서는 새로운 동기부여가 필요하고 스스로에게 영감을 주어야 한다는 것이다. 인류가 이루어 낸 가장 위대한 성취인 '장수 시대'를 두고, 국민연금이 파산하지나 않을까, 병원을 더 오래 다니다 눈을 감을 뿐이라는 생각에서 벗어나 축적된 경험으로 새로운 이야기를 써 내려가고, 새로운 창의성을 발휘하고, 새로운 성공을 일궈 나갈 수 있다는 쪽으로 인식을 전환해야 하지 않겠는가(Coughlin, 2017).

네오테니로 젊음을 유지하는 세대

장수 시대는 오랜 세월 생명을 유지한다는 뜻이다. 오래 산다는 의미의 '장수'라는 단어에는 오래 사는 만큼 늙은 상태로 살아간다는 의미가 담겨 있다. 우리 아이들이 살아갈 장수 시대도 이와 같을까? 그렇지 않다는 게 전문가들의 전망이다. 우리 아이들은 이전 세대와 비교할 때 더욱 주체적인 삶을 살고, 여러 번 전환기transformations를 겪으면서 적응력이 발달한다. 진화생물학에서 말하는 네오테니neoteny가 발현된다는 설명이다.

네오테니는 라틴어 "청소년을 붙잡다."라는 말에서 나왔다. 한자어로는 유형성숙(幼形成熟)*, 영어로는 Juvenilization이다. 어른이 되었음에도 어린아이와 같은 성질이 그대로 유지된다는 진화생물학 개념이다. 알버트 아인슈타인Albert Einstein은 상대성 이론을 발전시킨 이유를 회고하면서 자신의 '지적 지

---

* 유형성숙(幼形成熟, juvenilization) 또는 유생연장(neoteny), 유생성숙, 유태성숙(幼態成熟)은 동물이 성적으로 완전히 성숙된 개체이면서 비생식기관은 미성숙한 현상을 말한다. 인간이 성숙함에 따라 머리가 비율적으로 더 작아지고 다리가 비율적으로 더 길어진다. 이에 비해 성인의 유형성숙은 비율적으로 큰 머리와 비율적으로 짧은 다리를 갖는 특징을 보인다. 용어 자체는 1885년 줄리우스 콜먼(Julius Kollmann)이 만들어 낸 것으로, 그는 개구리, 두꺼비와 같은 다른 성숙한 양서류와 달리 아가미를 포함한 올챙이와 같은 수생 단계를 유지하는 아홀로틀(Axolotl)*의 성숙을 기술하였다(위키백과).
* 아홀로틀(Axolotl, 멕시코 도롱뇽, 우파루파)은 점박이도롱뇽과의 일종으로, 유형성숙을 보여 주는 종이다. 올챙이는 어른으로 탈바꿈할 수 없으며, 이에 따라 다 자란 후에도 겉아가미를 지녀야 하고, 물에서 살아야 한다. 번식이 쉽고 잃어버린 신체를 쉽게 재생하며, 놀라운 장기이식 능력(다른 아홀로틀의 장기를 이식받아도 거부 반응이 전혀 없다. 심장도 재생할 수 있다.) 때문에 과학 연구용 실험체 및 반려동물로 선호된다.

체|intellectual retardation'에 공을 돌렸다. 어릴 때부터 시간과 공간에 대해 생각했고, 성인이 된 다음에도 시간과 공간에 대한 의문을 멈추지 않았다는 것이다(Clark, 2011). 어릴 적 가졌던 의문이 성인이 된 다음에도 계속된 점 또한 네오테니로 설명된다. 유인원은 어렸을 적 둥근 이마와 턱이라는 특성이 성장하면서 점차 이마는 뒤로 들어가고 턱은 급격하게 튀어나와 네오테니가 없다. 반면, 호모사피엔스는 유아기 때의 둥근 이마와 턱이 성인이 되어서도 그대로 유지된다. 흰머리가 나고, 시력이 나빠져 안경을 쓰게 될지라도 턱과 이마는 유아기 형태 그대로다. 네오테니가 있다는 얘기다. 인간은 뇌가 가진 네오테니 덕분에 태어난 이후 주변 환경에 맞춰 계속 성장하고 발전할 수 있다(Montagu, 1983).

우리 아이들이 누릴 장수 시대는 네오테니와 함께한다는 점에서 이전 세대들과 차이가 있다. 늙은 상태로 오래 사는 것이 아니라 젊음을 유지하면서 활력을 갖고 오래 산다. 네오테니는 신체적인 특성만이 아니라 심리적인 부분에도 적용된다. 어릴 적 장난기, 호기심, 유머, 창의성, 감수성 등 심리적 특성이 어른이 되어서도 유지된다고 상상해 보라. 이전 세대의 관점으로는 "아직 철이 안 들었어.", "생각이 없어.", "천진난만하기만 해."라고 하겠지만 네오테니를 생각하면 아이들이 다르게 보일 것이다. 우리 아이의 그런 특징이 성인이 될 때까지 유지된다면 그는 유연하고, 융통성 가득하고, 지적 호기심이 충만한 사람으로 성장하지 않겠는가. 창의성을 발휘하는 예술가들이나 성인이 되어서도 끊임없이 발명을 이어 갔던 토마스 에디슨(Thomas Edison, 1847~1931), 새로운 도전을 마다하지 않았던 디지털 선구자 스티브 잡스(Steven Jobs, 1955~2011), 어릴 적 학교 컴퓨터실을 밤늦게 드나들었고 그런 호기심과 열정으로 컴퓨터 시대를 열었던 빌 게이츠(Bill Gates, 1955~)처럼 말이다. 그리고 알버트 아인슈타인(Albert Einstein, 1879~1955)이 그랬던 것처럼 우리 아이들은 오랫동안 열정적으로 살아갈 것이다.

110세까지 살아가는 삶

장수 시대에는 '인생 다모작'을 피하기 힘들다. 일모작일 경우와 다모작일 경우는 삶의 설계도 자체가 다를 수밖에 없다. 태어나서 배우고, 일하고, 은퇴하여 삶을 마감하는 3단계가 일모작이라면, 태어나서 배우고, 일하고, 은퇴하고, 다시 한번 배우고, 일하고 은퇴하는 삶을 살아가는 N단계 삶이 다모작이다. 다모작은 N차례 전환기를 동반한다. 일자리를 잡은 이후 전환기를 거치지 않아도 되는 직업이 있을 수 있으나 대부분의 경우에는 60세 또는 60세 남짓에 은퇴하게 된다. 이후 40년에서 50년을 어떻게 살아갈 것인가? 3단계 삶에서 왕성하게 일하는 세 번째 단계인 30년보다 이 기간이 훨씬 길다. 준비하지 못한 사람에게는 저주로 다가오겠지만, 준비한 사람에게는 이보다 더한 축복이 없다. 여러 가지 이유로 원하는 삶을 보내지 못했을지라도, 장수 시대에 추가로 주어진 시간만큼은 본인 주도적인 삶을 누릴 수 있다. 철학하고, 사유하고, 마음껏 본캐(본 캐릭터, 本 Character)를 찾을 수 있다. 생계를 이유로 부캐(부 캐릭터, 副 Character, Multi-Persona)에 묶이지 않아도 된다. 마침내 자신의 본캐를 찾아 진정으로 하고 싶은 일을 하며 살아가는 인생을 누릴 수 있다. 3단계 삶과 N단계 삶은 초중고 교육, 대학 입시는 물론 어떤 일자리로 생을 누릴지에 대한 사고방식 자체를 근본적으로 바꾼다. 자신의 길, 자신만의 방식을 찾지 못할 경우, 축복을 행복으로 가득 채우지 못할 수도 있다.

런던 경영대학원London Business School 린다 그래튼Lynda Gratton 교수는 앤드류 스콧Andrew Scott과 함께 쓴 책 《100세 인생The 100-year life living and working in an age of longevity》의 한국어판 서문에서 "오늘 태어난 한국인 대다수의 기대여명은 107세를 넘게 된다."라고 전망했다. 현재 50세 미만 한국인이라면 100세 인생을 준비해야 한다. 그녀는 EBS 〈위대한 수업, 그레이트 마인즈〉에서 100

세 시대의 의미, 일자리 설계 등 어떻게 살 것인가에 대해 강연한 바 있다(EBS, 2022). 과거 3대가 동시대를 살았다면, 우리 아이들이 살아가는 세상은 4대가 함께 살아가는 세상이다.

3단계에서 N단계 삶으로

사람들은 기하급수적으로 발달하는 의학 기술에 따라 수명이 얼마나 더 연장될지를 예측할 때 보수적으로 접근하는 경향이 있다. "당신은 몇 세까지 살까요?"라고 물으면 전문가의 예측보다 대부분 낮게 잡아 대답한다. "당신의 자녀는 몇 세까지 살까요?"라고 물으면 "나보다는 오래 살겠죠?" 정도로 대답한다. 우리 세대 기대여명은 100세, 건강여명은 85세쯤인 데 비해 우리 아이들의 기대여명은 110세, 건강여명은 90세에서 95세까지도 예측할 수 있다. 어떤 전문가는 난치병 치료 기술, 유전자 가위 등 이전에 없던 치료법이 등장하면서 "재수 없으면 200세까지 산다."라고 말한다. 의학 기술의 발달 추이를 볼 때 "그렇게 될 것"으로 보는 전문가들이 많다.

지금처럼 3단계로 인생을 설계한다면 우리 아이의 삶은 어떨까? 공부하고 직업을 갖기 위해 준비하는 30세가 되는 2040년까지 1단계 삶을 살고, 30세부터 60세까지는 직업을 갖고 왕성하게 사회적 활동을 펼치며 2단계 삶을 보낼 것이다. 60세 또는 65세 즈음에 정년퇴직하거나 현업에서 물러나 110세까지 은퇴 이후의 3단계 삶을 살게 된다. 단 두 차례 전환기를 경험한다. 대학을 졸업하고 직업을 갖는 시기, 즉 교육에서 고용으로 넘어가는 때가 1차 전환기다. 다음은 직장에서 은퇴할 때다. 고용에서 퇴직으로 넘어갈 때가 2차 전환기다.

이른바 명문대학을 다니고, 사람들이 선망하는 직장에서 일한다고 치자. 30

년 준비하고 30년 일하면 끝이다. 3단계 삶의 기준으로 볼 때 110세까지 장수를 누린다면, 은퇴 이후 주어진 삶은 무려 50년이다. 직업을 갖고 일하는 기간에 비해 훨씬 길다. 30년 일한 기간보다 두 배 가까이 되는 은퇴 이후 반세기를 어떻게 살아갈 것인가. 그래서 우리 아이 세대는 3단계 삶이 아니라 N단계 삶을 설계할 수밖에 없다. 지금 기준으로 볼 때 은퇴 이후의 삶을 개인에 따라 4~6단계로 확장할 수 있다. 나는 이를 축구에 빗대어 설명한다. 과거에는 전반전(1단계), 후반전(2단계) 경기를 마치면 60세 이후(3단계)에 접어든다. 산을 다니거나 병원을 드나들다 생을 마감한다. 이제는 달라졌다. 60세까지 직업을 갖고 활동하는 게 인생의 전반전이고, 60세 이후부터 30년간이 인생 후반전이다. 운 좋으면 90세 이후부터 연장전을 치른다.

장수 시대는 3단계 삶에 없던 3차 전환기, 4차 전환기가 추가된다. 3차 전환기는 전반전 60세를 넘길 때 일어난다. 고용 시대에서 자영(自營) 시대로 넘어가는 시점이다. 제2의 고용에 진입할 수도 있지만, 노령인구를 위한 일자리가 극적으로 늘어날 가능성이 없기에, 스스로 일궈 나가야 할 확률이 높다. 후반전 자영의 시대는 연금 수혜 및 자녀 양육 부담 감소로 재정 부담이 덜해진다. 유형의 자산보다는 무형의 자산을 늘려갈 수 있는 좋은 시기다.

인공지능 시대는 혁명적인 의료 기술 발달과 사회문화적 풍요로 인해 생명의 고무줄을 길게 늘어뜨린다. N단계 시대를 살아가려면 전환기에 대한 적응력이 필수 역량이다. 새로운 단계를 설계하고, 그 단계를 성공적으로 이끌기 위해서는 그에 맞는 학습과 훈련이 필요하다. 예측하기 힘들 정도로 사회는 변화한다. 이른바 명문대학만을 고집하는 교육체계는 우리 아이들 인생의 반쪽에 지나지 않는다. 나머지 반쪽, 인생의 성패를 좌우할 후반전을 잘 살기 위한 역량과 자산을 갖추는 것이 더 중요해졌다.

4단계 이후 인생을 풍요롭고 현명하게 보내는 방법으로 전문가들은 '사유(思惟)가 있는 삶'을 추천한다. 육체적인 건강과 함께 정신적으로 풍요로운 삶을 개척하지 못한다면 삶이 무기력해지고, 방향을 잃을 수 있다. 반면, 자신만의 철학과 이데올로기로 사유하는 삶을 누릴 수 있다면, 끊임없이 새로운 지식의 세계를 탐험할 수 있다. 앞선 지식인들의 흔적을 읽어내고, 자신의 사유를 남길 수 있는 삶이야말로 맑은 정신으로 건강하게 장수 시대를 누리는 전략이다. 다단계 삶에 제대로 대비하지 못할 경우 목표 없이 떠돌게 된다. 자신은 물론 주위 사람 모두가 힘들어질 수 있다.

온딘의 저주 vs 장수라는 선물

온딘Ondine은 독일 신화에 나오는 물의 요정이다. 물결이나 파도를 뜻하는 라틴어 운다Unda에서 유래했다. 18세기부터 독일식으로 운디네Undine로 쓰였으며, 영어권 희곡 작품에 등장하면서 온딘으로 널리 불린다. 온딘은 유럽의 강이나 샘에 살았다. 아름다운 여성의 모습으로 늙지도 죽지도 않는 존재였다. 그렇지만 온딘이 속세 남성을 만나 사랑해서 아이를 낳게 되면 영혼이 생겨나 그때부터 늙기 시작한다. 노화로 점차 젊음과 아름다움을 잃고 만다. 그러다 사랑에 빠진 남성에게 배반당할 경우, 온딘은 다시 물속으로 영원히 들어가야 한다.

속세 남성을 사랑할 때 자신의 운명이 어떻게 달라지는지 뻔히 알면서도 온딘은 젊은 기사와 사랑에 빠졌다. 기사 홀트브란트Huldbrand는 그녀에게 사랑을 맹세했고, 온딘은 이를 받아들였다. 아이를 낳았고, 온딘은 늙어가기 시작했다. 노화로 그녀의 아름다움은 예전만 못했고, 남편 홀트브란트의 눈길도 예전 같지 않았다. 그러다 배신을 당한다. 훌트브란트가 다른 여인의 품속에서 잠들어 있는 모습을 보게 된 것이다. 살아 있는 동안 매일 함께 눈뜨고 숨 쉬겠다는 사랑의 맹세는 휴지 조각이 되고 말았다. 온딘은 배신감에 치를 떨었다. 분노가 하늘을 찔렀다. 사랑의 맹세를 어긴 남편 훌트브란트에게 저주를 퍼붓는다. "사랑의 맹세를 저버린 대가다. 아예 잠들지 말라. 잠들게 되면 숨을 멎을 것이며 다시는 깨어날 수 없을 것이다." 남편 훌트브란트는 온딘의 저주로 평생 잠들 수 없었고, 살아 있는 내내 일해야 했다(Fouque, 1869).

인간이 잠을 못 자면 어떻게 될까? 의학에서는 선천적 중추성 수면 무호흡증을 '온딘의 저주Ondine's curse'라고 부른다. 그래서일까? 장수를 축복으로 받아들이기보다 '저주'라는 부정적인 인상을 주는 단어로 받아들이는 경우가 많다. N단계 삶은 제대로 준비하면 분명 '선물'이다. 새롭게 도전할 수 있는 시간을 안겨주고, 가족을 부양해야 하는 부담을 줄일 수 있다. 무엇보다 생각하는 삶을 보낼 수 있다. '정신없이' 살아가야 하는 이유가 줄어들기 때문이다.

장수 시대를 돕는 지원군이 있다. 인공지능과 로봇, 자동화 기술이다. 이들이 국가적 노동인구 감소를 메꿔 준다. 국가의 국내총생산(Gross Domestic Product, GDP)이 급격히 감소되는 것을 막아 준다. 그래서 한동안 GDP는 성장세를 유지한다. 문제는 개인별 차이다. 인공지능이라는 로켓에 올라탄 사람에게는 기술이 풍요를 가져다주는 엔진으로 작동하겠지만, 그렇지 못한 사람에게는 따라잡기 힘든 격차의 늪이 될 수 있다. 과거에는 잘나가는 사람과 그렇지 못한 사람의 간격이 얼마든지 따라잡을 수 있는 정도였다면, 인공지능 시대에는 한 번 벌어진 간격을 좁히기란 불가능에 가깝다. 자칫 훌트브란트처럼 온딘의 저주에서 헤맬 수 있다.

풍요의 엔진인가 불평등의 늪인가

인공지능을 날개 삼아 창공을 날아오를까, 아니면 인공지능의 무게에 짓눌려 제자리걸음일까? 부모의 마음은 언제나 무겁다. 세상은 가늠하기 힘들 정도로 빠르게 변하고, 기술은 한계를 정하지 않은 채 가파르게 발달한다. 인공지능 이후의 세상은 너무나도 달라진다는데 우리 아이는 AI라는 날개를 달고 멋지게 날아오를 수 있을까.

인공지능의 등장이 우리 삶에 미치는 영향은 우리 세대의 최근 경험으로 대강 가늠할 수 있다. 스마트폰 등장 이전과 이후를 상상하는 방법이다. 2G폰 시절과 스마트폰 이후를 대조하면 쉽다. 2G폰 시절에는 데이터보다 음성 통화 중심이었고, 카카오톡 메시지보다 문자가 우선이었다. 스마트폰 이후부터는 이동통신사 요금제부터 달라졌다. 이전에는 월 음성 통화 몇 분이 제공되는지가 요금제를 정하는 기준이었으나 이제는 데이터를 몇 기가바이트 쓰는지가 요금제를 결정하는 기준이 되었다. 무엇보다 소비하는 콘텐츠 형식이 달라졌다. 텍스트 뉴스 기반에서 동영상 콘텐츠로 바뀌었다.

새로운 제품을 구매한 다음, 사용 설명서를 찾아 읽기보다 유튜브에서 다른 사람들은 어떻게 사용하는지 동영상을 검색한다. 일상에서 문제가 생겼을 때도 마찬가지다. 일상에서 맞닥뜨린 문제를 해결하는 데 유튜브 동영상만큼 쉽고 상세하게 알려주는 게 없다. 네이버 '지식iN'마저 유튜브에 밀려나는 양상이다. 수십만 명, 백만 명 이상 구독자를 확보한 사람들이 셀럽celebrity이 되고, 인플루언서로 자리 잡는다. 영향력 있는 유튜버가 아이들이 선망하는 직업에 등극한 지 오래다.

앞으로도 유튜브가 지금처럼 다양한 미디어들 사이에서 핵심적인 위치를 차지할까? 이 파급력이 지속된다면 얼마나 계속될까? 구글 제국의 세력은 얼마나 더 막강해질 것이며, 우리 아이가 앞으로 살아가는 세상은 어떤 모습일까?

2010년 스마트폰 등장 초기와 지금을 비교해 보자. 2G에서 5G로 바뀌었다. 네트워크 속도가 빨라진 데다 스마트폰 성능은 비교할 수 없을 만큼 향상되었다. 삼성 갤럭시 시리즈의 발달 역사를 간단히 살펴보자. 초기 애니콜Anycall 브랜드는 안드로이드 운영체제를 탑재한 갤럭시 브랜드의 스마트폰으로 재탄생했다. 국내에 출시된 첫 제품은 갤럭시A다. 3.7인치 화면에 전면 30만 화소, 후면 500만 화소 카메라를 장착한 모습으로 2010년 2월에 출시됐다. 국내 첫 안드로이드Android 폰이었다. HD급 동영상 촬영은 불가능했다. 불과 한 달 뒤 갤럭시S가 나타났다. 갤럭시S는 16GB 내장 메모리를 갖추고, 4인치 화면으로 커졌다. 이때 대항하는 아이폰 시리즈는 아이폰4였다.

삼성전자는 2024년 갤럭시 S24 제품을 출시했다. 내장 메모리가 512GB에 달한다. 처음 출시된 S 시리즈에 비해 메모리 용량이 32배나 늘어났다. 6.2인치 화면에 2340×1080 해상도를 지원한다. 후면 카메라 최대 화소는 5,000만에 달한다. 2010년도에 비해 휴대폰 카메라 화질이 10배 이상 향상되었다. 지문 인식과 얼굴 인식이 가능하고, 삼성 가우스Gauss와 구글의 제미나이Gemini AI 기능이 탑재되었다. 실시간으로 통화 내용 번역 기능을 지원한다. 실시간 통역 등 AI 기술은 스마트폰 하드웨어 성능이 뒷받침하기에 가능한 일이다. 10년 뒤 우리 아이들 손에 쥐어질 스마트폰의 성능은 어느 정도일까?

문제는 이처럼 눈부신 기술의 발달이 모든 사람을 고르게 만족시키지 못하는 데 있다. 스탠포드대학교 에릭 브린욜프슨Erik Brynjolfsson 교수와 MIT대 앤드루 맥아피Andrew McAfee 교수는 《제2의 기계시대The second machine age》에서 기술의 발달로 빈부 격차는 늘어나고, 소득 불평등은 더욱 심화되고 있음을 지적했다. 자본을 가진 사람들은 기술이 주는 이점을 활용하여 부를 더욱 늘려가는 데 비해, 그렇지 못한 사람들은 더욱 나락으로 떨어지는 모습을 통계 수치로 설명했다. 미국 최상위 0.01% 부를 소유한 사람들, 디지털 기술 혁신을 주도하는 기업과 투자자들의 소득은 크게 증가하는 반면, 중산층 상당수는 그렇지 못한다. 일자리를 잃고 비정규직으로 밀려난다. 심지어 실업자 신세가 되는 경우도 흔하다(Brynjolfsson & McAfee, 2014).

프랑스 경제학자 토마 피케티Thomas Piketty 역시 《21세기 자본Capital in the twenty-first century》에서 1945년부터 1975년 사이 약 30년 동안 소득 불평등이 줄어든 반면, 1980년대 이후에는 급격히 늘어나고 있다고 경고했다(Piketty, 2014). 2001년 노벨 경제학상을 수상한 미국 컬럼비아대학교 조지프 스티글리츠Joseph E. Stiglitz 교수 역시 EBS의 〈위대한 수업, 그레이트 마인즈〉에 출연해서 불평등은 자본주의 시대 풀리지 않는 난제라며, 빈부 격차는 갈수록 커지고, 개인의 노력으로 따라잡기에는 역부족이라고 진단했다. 태어날 때 이미 격차를 안고 태어나는 데다, 평생 열심히 살아본들 그 간극을 결국 좁히지 못하고 죽는 게 현실이란다(EBS, 2024.3). 스티글리츠 교수는 희망은 있다고 본다. 불평등은 자연법칙이 아니라 인간이 만든 구조이기 때문이다. 조지프 스티글리츠 교수가 제안하는 불평등 해소책은 공정한 사회를 만드는 것이다. 빈부 격차에 따른 정보 비대칭을 해소해야 한다. 부유층이 커다란 영향력을 발휘하는 정치권의 변화가 필요하다. 게임의 규칙을 좌우하는 주체의 힘과 역할에 주목함으로써 구조적인 비대칭을 해소할 수 있다(Stiglitz, 2012). 정보기술의 발달이 주는 혜택을 누리되, 나 자신만 아니라 공동체 전체가 불평등의 늪에 빠져들지 않도록 주의를 기울일 때다.

100년을 사는 인생이다. 인공지능과 로봇이 사람을 앞선다. 시대와 세상에 종속될 것인가, 그들을 내 것으로 만들 것인가. 과거 문법이나 사고방식을 벗어나지 못하고, 무작정 따라가는 방식은 더 이상 통하지 않는다. 나부터 다른 기준과 새로운 접근 방식으로 우리 아이들의 인생 설계도를 다시 그려 보자. 인공지능이 인생의 전술 변화를 요구하는 수준이라면, 장수 시대는 인생 설계도를 다시 그려야 하는 전략적 변화를 요구한다.

Chapter 02
적자생존의 AI 세상

　인터넷이 등장한 이후 세상은 달라졌다. 구텐베르크가 인쇄술을 발명하여 책을 만들고, 그 책이 대중들의 손에까지 전달된 이후 사람들의 생각이 달라진 것과 마찬가지다. 지식을 민주화하는 데 책이 크게 기여했다면, 인터넷은 대규모 장치나 설비 투자 없이도 사업을 시작할 수 있는 기반을 제공했다. 수천억 원의 자본금이 있어야 차릴 수 있었던 방송국을 이제는 소규모 자본으로 장비를 구입하여 채널을 개설할 수 있다. 손가락으로 셀 수 있을 만큼 몇 개 없었던 방송국이 이제는 셀 수 없이 많아졌다. 방송 구역도 특정 지역, 특정 국가에 한정되지 않는다. 글로벌 플랫폼에 올라타 전 세계로 퍼져나간다. 인공지능과 로봇 기술의 발달은 또 어떤가? 생성형 인공지능이 등장하면서 이전과 다른 정보를 제공하더니, 엉성하기 그지없던 로봇이 이제는 사람을 닮아 표정을 짓는 수준까지 올라왔다. 과거에는 인간이 수행하기 위험한 일 정도를 로봇에게 맡기더니, 이제는 아예 사람을 대신하는 로봇을 투입한다. 놀라운 속도로 발달하고 있다. 인공지능 기술의 작동 원리를 아는 수준까지는 아니더라도 인공지능의 기초 지식, 발달 흐름은 알고 있어야 아이들과 대화할 수 있는 세상이다. 인공지능 세상이야말로 적자생존(適者生存)* 그 자체다. 인간 개인을 사회적 생존 경쟁의 시험대에 세우고 있다. AI 시대는 어디쯤 왔으며, 인간은 어떻게 살아남을 것인가?

네 차례의 인공지능 열풍

제우스(Zeus, 영어: Jupiter)는 프로메테우스Prometheus가 자신의 뜻을 거역하고 인간들에게 불을 훔쳐다 주자 그 대가로 인간들에게 재앙을 내리기로 했다. 그는 대장장이와 불꽃의 신 헤파이스토스Hephaestus에게 여신처럼 아름다운 여자를 만들라고 명령하였다. 헤파이스토스가 여자를 빚어내자 다른 신들은 제우스의 명령에 따라 저마다 여자에게 선물을 주거나 자기가 지닌 재능을 불어넣었다. 신의 뜻을 전달하고, 속이고 감추는 신 헤르메스Hermes는 여자의 마음속에 거짓과 속임수와 교활한 심성까지 담아주었다. 그리하여 아름다움과 성적인 매력, 손재주와 언변을 고루 갖춘, 그리스어로 '모든 선물을 받은 여자'라는 뜻의 이름을 가진 판도라Pandora가 세상에 나왔다. 제우스는 그녀를 프로메테우스의 동생 에피메테우스Epimetheus에게 보냈다. 프로메테우스는 단박에 판도라를 의심했다. 겉으로 보기엔 너무나 아름답지만 마음속에 거짓을 품고 있음을 알아챘다. 하지만 남동생 에피메테우스는 판도라의 미모에 반하여 그녀를 아내로 맞았다.

기원전 8세기경 헤시오도스Hesiodos가 지은 1,022행으로 된 서사시 신들의

---

* '적자생존(survival of the fittest)'은 영국 철학자 허버트 스펜서(Herbert Spencer, 1820~1903)가 《생물학의 원리(Principles of biology)》에서 처음으로 사용했다. 인간의 사회적 생존경쟁 원리를 담은 사회·철학 용어다. 찰스 다윈(Charles Robert Darwin, 1809~1882)이 《종의 기원(On the origin of species)》에서 "결국 살아남는 종은 강인한 종도, 지적 능력이 뛰어난 종도 아닌, 변화에 가장 잘 적응하는 종이다."라고 말하면서 적자생존은 사회진화론의 이론적 토대가 되었다.

계보《신통기(神統記)Theogonia》에 나오는 '판도라' 이야기다. 익히 알고 있듯이 판도라는 남편이 집에 없는 틈을 타 상자*를 열었고, 상자에서는 증오, 질투, 분노, 가난, 고통, 질병 등 인간이 시달리게 될 온갖 재앙이 쏟아졌다.

《신통기》에 나오는 판도라야말로 대장장이 헤파이스토스가 빚어낸 인공지능 로봇 아니겠는가. 사람 손으로 만든 미모의 여인이었으니까. 인간과 같이 생각하는 사물, 기계에 관한 상상은 인류 역사로 볼 때 매우 오래된 일임을 알 수 있다. 그리스 문학가 호메로스(Homeros, 영어: Homer)의 서사시《일리아드 Iliad》에도 황금으로 빚은 하녀가 등장한다. 그녀는 살아 있는 젊은 여성의 모습으로 지능을 갖추었고 말도 할 수 있다. 호메로스는 기계장치로 움직이는 인형이나 조형물을 기계machine를 뜻하는 오토마톤Automaton의 복수형 오토마타 Automata라고 불렀다. 중세에는 연금술사들이 어떤 물음에도 답을 하는 마법을 가진 기계, 말하는 청동머리bronze head를 만들었다는 이야기도 전해 내려온다.

현대 인공지능의 역사를 얘기할 때는 어김없이 영국 수학자 앨런 튜링(Alan Turing, 1912~1954)으로부터 시작한다. 그의 논문 두 편이 특히 주목받는다. 앨런 튜링이 케임브리지대학교 킹스 컬리지 재학 중이던 1936년에 발표한 〈계산 가능한 수와 결정 문제에의 응용On Computable Numbers, with an Application to the Entscheidungsproblem〉과 14년 뒤에 발표한 〈컴퓨팅 기계와 지능Computing Machinery and Intelligence〉이다. 1936년 수학 논문에서 생각하는 기계에 관한 아이디어를 제시했고, 이 논문은 튜링 머신과 노이만형 컴퓨터를 만드는 이론적 토대가 되었다. 2차 세계대전이 끝난 뒤 1950년 논문에서는 '모방 게임 (imitation game, 이른바 '튜링 테스트')'을 제안했다. 논문은 "기계가 생각할 수 있

---

* 16세기에《신통기》를 라틴어로 번역한 에라스뮈스가 그리스어 Pithos(피토스)를 '큰 항아리'가 아닌 '상자'라는 뜻의 pyxis(피크시스)로 잘못 번역하면서 '판도라의 상자'로 널리 알려지게 됐다.

을까?Can machines think?"라는 질문을 던지면서 시작한다. 튜링 테스트는 서로 다른 공간에 인간과 기계를 분리한 다음 질문자가 질의응답을 통해 인간과 기계를 판별한다. 기계가 대답했음에도 질문자가 사람이 답했는지, 기계가 답했는지를 구별하지 못한다면 기계도 생각하는 것으로 간주할 수 있다는 게 튜링의 발상이었다. 튜링은 컴퓨터가 연산을 수행하는 기계를 넘어 생각하는 기계로 행동하기를 바랐다. 비록 사람처럼 마음을 갖진 않았더라도 인간이 생각한 다음 행동하는 것처럼 컴퓨터가 보여 주면 될 것이라고 보았다.

미국의 수학자이며, 철학자, 그리고 컴퓨터 과학자였던 MIT대학교 노버트 위너Nobert Wiener는 인공지능의 규칙과 자율 규제 메커니즘을 만드는 이론적 기반을 다졌다. 그는 조타수를 뜻하는 그리스어 사이버Cyber가 가상의 네트워크, 인터넷의 접두어로 사용되는 계기를 제공한 인물이다. 위너는 사이버네틱스Cybernetics라는 학문 분야를 창시했다. 사이버네틱스는 정보통신, 자동제어, 컴퓨터를 사회과학, 자연과학과 연결하여 통찰하는 철학적 접근 방식을 취한다(Wiener, 1948, 1950).

챗GPT가 나온 이후 인공지능(Artificial Intelligence, AI)에 대한 관심이 고조되었다. 그렇다면 인공지능이란 용어는 언제부터 쓰였을까? 앨런 튜링 이후 어떻게 이목을 끌어왔을까? 인공지능이라는 용어는 1956년 존 매카시(John McCarthy, 1927~2011)가 미국 메사추세츠주 다트머스대학에서 열린 다트머스 회의Dartmouth Conference에서 사용했다. 컨퍼런스에서 허브 사이먼Herb Simon과 알렌 뉴웰Allen Newell이 인간 지능을 모방한 정리를 증명하는theorem proving 프로그램 '논리 이론가logic theorist'를 발표했다. 존 매카시는 이를 '인공지능' 연구라고 불렀다.

다트머스 회의 이후 인공지능 연구는 세 차례에 걸쳐 열풍을 일으켰다. 첫 번째 열풍은 1950년대 후반에 일었다. 추론과 탐색을 중심으로 1960년대까지 이어졌다. 복잡한 미로를 헤쳐 나가거나 퍼즐을 풀어내는 컴퓨터 프로그램 개발이 주된 관심이었다. 체스 세계 챔피언을 물리치게 한 '딥 블루Deep Blue', 이세돌과 바둑 대결을 펼친 '알파고AlphaGo'가 추론과 탐색 전문 인공지능 프로그램이다. 이들은 '플래닝Planning' 전문이다. 플래닝은 어떤 상황이 주어졌을 때 어떤 행동을 취할지를 추론하고 탐색하는 알고리즘을 말한다. 상황을 파악하고 정책policy을 정한 다음, 그에 따라 실행한다. 여러 차례 반복함으로써 최적의 상황을 이끌어 내고, 내부 신경 네트워크에서 도출된 경로를 학습시킨다.

알파고나 딥 블루는 바둑이나 체스에 게임에서 인간 챔피언을 이길 수 있을지 모르지만, 인간이 고민하는 정치, 경제 상황에 대한 해법은 제시하지 못한다. 병을 진단하거나 치료하는 데 도움을 줄 수도 없다. 바둑이나 체스처럼 한정적인 규칙이 정해진 게임에서는 빠른 연산으로 인간을 이길 수 있을지 모르지만 그 이상을 기대하기 힘들다. 사람들이 인공지능에 거는 기대는 생각하고, 말하고, 행동할 줄 아는 기계 인간이었다. 신화 속에 나오는 판도라나 황금으로 빚은 하녀 같은 인간을 기대했기에 퍼즐을 풀거나 미로를 찾아주는 특정 목적을 가진 인공지능만으로는 기대를 충족시키지 못했다. 인공지능 열풍은 오래가지 못했다.

1차 열풍이 일었던 시기에 대화형 인공지능에 대한 물꼬가 트이기도 했다. 1964년 엘리자Eliza가 등장한 것이다. '엘리자'라는 이름은 조지 버나드 쇼(George Bernard Shaw, 1856~1950)가 쓴 희곡 〈피그말리온Pygmalion〉의 주인공 일라이자 둘리틀Eliza Doolittle에서 따왔다. 엘리자는 MIT의 컴퓨터공학자 조지프 와이젠바움(Joseph Weizenbaum, 1923~2008)이 정신과 치료를 목적으로 만든 인공지능 챗봇chatbot이었다. 엘리자는 환자가 말하는 것을 되받아치면서 대화를 이끌어 갔다. 가령 환자가 "머리가 아파요."라고 말하면 "왜 머리가 아플까요?", "머리가 아프다면 뭐가 도움이 될까요?", "얼마나 오랫동안 머리가 아팠나요?"라는 단순한 대답으로 말을 이어갔다. 단순한 알고리즘이었음에도 엘리자는 상당한 화제를 불러일으켰다.

1971년에는 편집증 환자를 돌보는 프로그램 '패리Parry'가 나왔다. 이 또한 정신과 상담을 위한 인공지능 프로그램이었다. 스탠포드대학교 컴퓨터과학과 케네스 콜비Kenneth Colby 교수가 정신과 의사와 함께 만들었다. 정신분열증 환자를 흉내내는 패리와 실제 환자를 분리한 다음, 의사들과 텔레프린터로 상담을 진행했다. 패리가 말한 내용과 실제 환자가 말한 내용을 다른 의사들에게 보내 구별을 요청했을 때, 응답자 40명 가운데 21명(52%)은 패리를 구별했으나, 다른 19명(48%)은 그러지 못했다(Colby et al., 1972). 챗봇이 튜링 테스트를 일부 통과한 셈이다.

소강 상태를 보이던 인공지능 연구는 1970년대를 지나 1980년대에 다시 붐boom을 일으켰다. 2차 열풍으로 불리는 이 시기는 지식 기반 인공지능이 주인공이었다. 전문 지식을 컴퓨터에 학습시켜 문제를 해결하기 위한 접근법이었다. 범용 인공지능 수준은 아닐지라도 컴퓨터에 특정 분야 데이터베이스를 집대성하여 학습시킨 다음, 전문가 시스템expert system으로 활용하겠다는 발상이다. 전문가 시스템은 사실과 규칙을 담고 있는 지식 베이스knowledge base와 추론함으로써 문제의 해답을 찾는 추론 엔진inference engine으로 구성된다.

화학 분야에서 유기물의 화학 분자 구조를 유추하는 인공지능 프로그램 '덴드럴Dendral'은 최초의 인공지능 전문가 시스템이다. 스탠퍼드대학교에서 HPPHeuristic Programming Project라는 이름으로 1965년에 시작했다. 인간 전문가의 경험과 지식을 활용해서 문제를 해결하는 덴드럴은 화학자들에게 유료로 판매되었다. 덴드럴에 이어 스탠포드는 '마이신Mycin'이라는 의료 진단 시스템을 개발했다. 마이신은 전염성 혈액 질환을 진단하는 의료 전문가 시스템이다. 동일한 시기에 로저Rodger 대학에서는 안과 의사를 위한 '카스넷Casnet'을 만들었다. 카스넷은 안과 의사에게 녹내장 진단과 치료 방법을 조언하는 인공지능 시스템이다(Kulikowski, 1980).

인공지능 2차 열풍이 일었던 1980년대 인공지능 기술로 돈을 버는 기업이 등장했다. 가장 먼저 상업적으로 성공한 인공지능 전문가 시스템은 'R1'이다. 전산 장비를 개발하는 DECDigital Equipment Corporation가 도입한 인공지능 시스템으로 산업계의 비용을 줄이는 데 기여했다. 1980년대는 산업계는 물론 국가 단위에서도 국방 기술 차원에서 인공지능에 관심을 보이기 시작했다. 일본은 제5세대 컴퓨터 프로젝트를 출범시켰다. 눈에 띄는 성과를 보이지는 못했으나 나중에 일본이 로봇 강국이 되는 기반으로 작용했다는 평가를 받는다.

인공지능 전문가 시스템 역시 한계를 드러냈다. 기술 공학적인 자료를 정리해서 답을 주는 정도는 가능했으나 사회규범을 반영한다거나 인간의 감정이나 상식을 염두하여 판단하는 일은 불가능했다. 가령, 변호사를 돕는 법률 전문가 시스템을 구축한들 인공지능은 판례를 검토해서 의견을 주는 선에 그친다. 법정에서는 인간의 감정과 여러 상황을 종합적으로 검토하고 판단하면서 변호해야 한다. 인공지능 전문가 시스템은 이런 대목에서 분명한 한계를 갖는다.

의료 진단 전문가 시스템도 비슷한 문제점을 드러냈다. 환자가 말하는 애매모호한 표현이나 명확한 수치로 나타낼 수 없는 아픈 정도가 문제였다. 환자가 배가 아프다고 할 때, 위를 말하는지, 대장을 말하는지 컴퓨터는 판단할 수 없었다. 인공지능 전문가 시스템이 규범과 상식, 객관적으로 수치화할 수 없는 내용을 지식베이스에 저장하기 위해서는 막대한 비용이 들어갔다. 비용을 들이더라도 성공을 장담할 수 없어 개발 열기는 수그러들고 말았다. 이때부터 3차 열풍이 일어날 때까지를 '인공지능의 겨울' 또는 '빙하기'로 부른다(Russell & Norvig, 2021).

인공지능 3차 열풍은 인터넷, 기계 학습, 딥러닝처럼 우리에게 비교적 익숙한 용어들과 함께 등장했다. 1989년 IBM이 개발한 인공지능 체스 프로그램 '딥 소트Deep Thought'를 선보였다. 딥 소트는 당시 체스 고수들을 연달아 무너트렸다. 사실 인공지능 체스 프로그램이 인간을 이긴 사례는 이전에 이미 있었다. 1967년 MIT출신의 해커였던 리처드 그린블라트Richard D. Greenblatt가 개발한 체스 프로그램 '맥핵MacHack'이 아마추어 선수를 이긴 바 있다. 다만, 아직 프로 선수를 대적할 만한 수준에는 이르지 못했었다. 1990년 캐나다 앨버타대학 조너던 셰퍼Jonathan Sheffer 교수팀이 체스 프로그램 '치누크Chinook'를 개발했다. 대회 조직위원회에서 인간들이 펼치는 대회에 컴퓨터가 참가하는 것을 반대했지만 인간 대 기계의 경쟁이 펼쳐졌다. 마침내 치누크는 1994년 세계 체스 챔피언 자리에 올랐다. 치누크는 스스로 학습한 인공지능이라기보다 제작자의 프로그래밍으로 돌아가는 시스템이었다(Schaeffer, 2008).

IBM이 '딥 소트Deep Thought'를 발전시켜 인공지능 체스 프로그램 '딥 블루Deep Blue'를 선보였다. 1996년 딥 블루는 1985년부터 줄곧 세계 체스챔피언 자리를 지키던 러시아 체스 천재이면서 세계 챔피언이었던 게리 카스파로프Garry Kasparov에게 도전장을 내밀었다. 여섯 번의 대국으로 승부를 가리는 대결에서 딥 블루는 1승 2무 3패로 패배했다. 그로부터 1년이 지난 1997년, 둘은 체스판에서 다시 만났다. 1, 2차전에서는 서로 한 판씩 나눠 가졌다. 그리고 3게임 연속 무승부를 기록했다. 승부를 가르는 마지막 6차전에서 딥 블루는 인간 세계 챔피언 카스파로프를 물리쳤다. 사람들은 충격에 휩싸였다. 체스만큼은 인간의 뛰어난 사고력을 요구하는 게임이기에 기계가 인간을 넘어선다는 상상을 못했기 때문이었다. 그날 이후 체스 세계 챔피언은 인공지능의 몫이었다.

　IBM 인공지능 기술은 퀴즈 맞히기 게임에서도 두각을 나타냈다. 2004년부터 개발을 시작한 인공지능 슈퍼컴퓨터 '왓슨Watson'이 2011년 미국 ABC방송의 인기 퀴즈쇼 〈제퍼디! Jeopardy〉에 출연했다. 〈제퍼디〉 쇼에서 74연승이라는 최다 연승 기록을 갖고 있던 켄 제닝스Ken Jennings와 누적 상금 325만 달러를 보유한 퀴즈의 달인 브래드 러터Brad Rutter와의 3자 대결에서 왓슨이 최종 승자의 자리를 차지했다. 인터넷에 연결되지 않았던 왓슨이 인간 챔피언을 제쳐 '인간에 대한 기계의 승리'로 기록되었다. 퀴즈쇼에서 문제 의도를 파악하고 정답을 찾는 작업은 체스 게임보다 고난도 기술을 요구한다. 인간의 말을 알아듣고, 수집된 정보를 처리하여 질문에 맞는 답을 찾는 과정은 고도의 자연어 처리 기술, 정보처리 기술, 머신 러닝(기계 학습, machine learning) 기술이 동원되기 때문이다. 당시 왓슨의 하드웨어 성능은 서버 90대에 16TB 메모리를 갖췄다. 1초에 책 100만 권 분량에 해당하는 500기가바이트를 처리하는 성능이었다. 컴퓨터가 질문을 분석하고, 질문을 단어 단위로 쪼갠다. 그런 다음 정답 가능성이 있는 답을 추출하고, 정답의 근거를 찾는다. 이후 정답 검증 과정을 거쳐 최종 답을 출력하는 방식이었다. 분야를 가리지 않은 퀴즈의 답을 재빠르게 찾아내고, 사람의 말귀를 알아들으면서 사람처럼 말하는 기술은 시청자들에게 신선한 충격이었다.

　체스보다 훨씬 복잡하다고 생각되었던 바둑에서도 인공지능 프로그램의 활약은 두드러졌다. 2016년 3월, 전 세계 사람들의 이목은 대한민국 서울 종로에 있는 한 호텔의 바둑판에 쏠렸다. 세계 최정상 바둑 프로기사인 이세돌과 구글의 인공지능 연구 부문 딥마인드DeepMind가 개발한 '알파고AlphaGo'의 대결이 시작됐다. 다섯 번 대국으로 승패를 가리는 '세기의 바둑 대결'이었다. 예상과 달리 이세돌 9단은 연속 세 판을 알파고에 내주고 말았다. 4차전에서 1승을 거두었지만, 5차전에서 또 알파고에 승리를 내주고 말았다. 바둑 대결은 인공지능에 대한 사회적 논의에 불을 당겼다. 기대와 우려가 동시에 쏟아졌고, 일자리의 미래에 대한 논의도 덩달아 전개됐다.

인터넷이 보편화되고 웹에 대량의 데이터가 쌓이면서 머신 러닝이 주목을 끌었다. 머신 러닝은 통계적 방법론이다. 딸기를 보고 딸기라고 알아차리는 인간의 두뇌 활동은 이전에 선보인 인공지능 프로그램으로는 처리하기 힘든 작업이다. 어휘 사전에 나오는 딸기에 대한 의미를 아무리 알려 준들 컴퓨터가 딸기 사진을 보고 그것을 딸기라고 판정하기는 힘들었다. 그렇다면 딸기 사진을 보고 "이게 딸기란다." 하고 컴퓨터에게 가르치면 어떨까? 딸기가 가진 외형적인 특징, 즉 원뿔형이고 빨간색이며, 울퉁불퉁한 표면에 씨앗이 박혀 있다는 사실을 어떻게 컴퓨터에게 학습시킬 수 있을까? 사람이 그렇듯 컴퓨터도 다양한 딸기 사진을 보고 딸기가 가진 특징을 익히도록 훈련시킬 수 있다. 그렇게 하려면 딸기가 가진 특징을 뽑아낼 수 있는 다량의 딸기 사진이 있어야 한다. 푸른빛의 덜 익은 딸기도 딸기임을 가르치기 위해서는 '빅데이터big data'가 필요하다. 그런 다음 사진에서 어떤 특징이 딸기를 나타내는지 인간이 또 가르쳐야 한다. 이러한 머신 러닝을 '교사 학습supervised learning'이라고 구분한다. 교사 학습에 필요한 정답은 사람이 입력해야 하고, 대량의 데이터를 분석해야만 보다 정교한 학습을 시킬 수 있다. 이를 위해 막대한 자금과 수많은 사람이 필요하다.

디지털 세계에서는 분류된 데이터 특징별로 가중치를 각각 부여해 컴퓨터가 딸기를 인식하도록 훈련시킨다. 특징별로 얼마나 가중치를 부여하는지에 따라 판정 정확도가 결정된다. 아무리 이미지 데이터가 많더라도 특징량이 정교하지 못하면 컴퓨터는 딸기를 딸기라고 구별하지 못한다. 인간이 개입하지 않고 컴퓨터가 알아서 입력 데이터를 분석하는 머신 러닝을 '교사 학습'에 대비하여 '자율 학습unsupervised learning'으로 구분한다. 인간이 동원되지 않아 효율적이지만, 교사 학습에 비해 데이터 처리량이 많고, 컴퓨터의 학습 효율은 떨어지는 단점이 있다.

머신 러닝의 효율을 획기적으로 개선한 방식이 딥러닝(심층 학습, deep learning)이다. 이미지를 보고 컴퓨터가 스스로 무엇인지 분류하고 이름 붙이는 방식이다. 인공지능이 특징량을 더해서 결과를 도출하는 데 그치지 않고 특징량을 스스로 조합하면서 최적화한다. 그렇다고 다량의 빅데이터를 컴퓨터가 스스로 학습해서 사람이 모르는 답을 찾아 주는 시스템은 아니다. 교사 학습을 위해 인간이 제공하는 어느 정도의 교사 데이터를 효율적으로 처리하여 정답률을 높인 머신 러닝 학습 방식일 뿐이다(新井紀子, 2018).

사람이 만들어야 하는 교사 데이터 없이 컴퓨터가 스스로 교사 데이터를 만들고, 특징량을 설계하는 방식은 특정 분야에 한해 적용된다. 가령 자율 주행 로봇이 정해진 코스를 여러 차례 시행착오를 거치면서 학습하는 경우다. 이를 인공지능에서 '강화 학습reinforcement learning'으로 구분한다. 목적지를 알려 주고 장애물에 부딪히지 말아야 한다는 조건을 덧붙인 다음 시행착오를 얼마든지 용인할 때 비로소 가능한 방식이다. 재난 현장에서 인명 구조를 해야 할 경우에는 적용할 수 없는 방식이다.

일본에서 로봇을 학습시켜 대학에 입학시키는 프로젝트를 진행한 아라이 노리코 박사는 "인공지능이 인간의 두뇌처럼 판단하도록 만들 수 있다."라는 말은 오해라고 말한다. 수학자인 노리코 박사는 인간이 수리 모형으로 만들 수 없는 과제를 컴퓨터가 답을 찾을 것으로 기대해서는 안 된다고 말한다. 예를 들어, "인공지능이 사람보다 정치를 더 잘하지 않을까?"라고 질문할 수 있으나 컴퓨터는 여기에 답하지 못한다. 왜냐하면 컴퓨터는 어떤 정치가 좋은 정치인

지 수치화하지 못하기 때문이다. 인간이 좋은 정치에 대한 수학적인 모형을 제공해야만 컴퓨터는 그에 기반하여 해답을 제시한다. 이를 무시하고 전적으로 인공지능에 정치를 맡긴다면, "인간이 상상 못하는 역사상 유례없는 무시무시한 정치가 전개될 것"이라고 아라이 교수는 경고한다(新井紀子, 2018).

인공지능의 4차 열풍은 언제 불었을까? 아직 구체적으로 특정된 시기는 없다. 3차 열풍과 차별적인 특징을 지목한다면 단연 인공지능의 보편화다. 오픈 AI^{Open AI}*의 훈련된 자연어 처리 모델 '챗GPT'**, 이미지 생성 프로그램, 동영상 제작프로그램 등이 등장하면서 사람들이 인공지능 서비스를 보편적으로 활용하기 시작한 시점을 4차 열풍으로 구분할 수 있지 않을까?

영리한 말, 한스 이야기

"컴퓨터가 구현하는 인공지능은 인간의 지능을 고스란히 재현하는가?" 다시 말해 "인간 뇌의 작동 원리를 컴퓨터가 동일하게 구현하고 있는가?" 아니면 "컴퓨터가 기계 학습, 딥러닝으로 재현하는 지능은 인간이 사고를 통해 발달하

---

* 오픈 AI(Open AI)는 인공지능이 전적으로 인류에게 이익을 주는 것을 목표로 하는 미국의 연구소다. 이윤을 목적으로 하는 기업 Open AI LP와 비영리단체 Open AI Inc로 구성되어 있다. 특허와 연구를 대중에 공개함으로써 기관들끼리 자유로이 협업하기 위해 만들었다. 일론 머스크(Elon Reeve Musk), 샘 올트먼((Samuel H. Altman) 등이 주도하여 2015년에 설립되었으며, 미래에 발생할지도 모르는 일반 인공지능의 위험에 대한 염려에서 출발했다.
** 챗GPT는 오픈AI가 개발한 딥러닝 기반 언어 모델 GPT-3.5와 GPT-4를 기반으로 만든 대화형 인공지능 서비스다. GPT(Generative Pre-trained Transformer)는 사전에 학습된 생성형 챗봇으로 사전에 컴퓨터에게 일러주지 않아도 대화창에 프롬프트(Prompt)로 말을 걸면 컴퓨터는 사용자가 입력하는 키워드, 문맥을 분석하여 사용자가 말하는 내용을 이해하고 응답(Response)을 만들어낸다. 2018년 오픈 AI가 선보였으며, 2023년 4월에는 GPT-4를, 2024년 5월 GPT-4o를 출시했다. '모든', '전체의'라는 뜻의 Omni 앞 글자를 따서 붙인 'o' 버전은 인간과 컴퓨터가 더욱 자연스럽게 상호작용할 수 있다. 인공지능이 인간끼리 대화하는 속도로 보고, 듣고, 말할 수 있을 정도라는 평가를 받는다. 챗GPT는 윤리적 문제, 편향성, 악용하는 사례 등의 문제점을 지적받는다. 한편에서는 학생들의 비판적 사고와 창의력 저하를 우려하는 목소리도 많다.

는 지능과 같은가?" 이에 대한 입장은 두 가지로 분명하게 갈린다. 하나는 인간과 기계의 지능 구현 체계가 비슷하거나 같다는 관점이고, 다른 하나는 둘은 근본적으로 다르다는 주장이다. 인공지능이 인간 지능과 다르지 않다고 주장한 대표적 학자는 마빈 민스키(Marvin Lee Minsky, 1927~2016) 교수다. 그는 1961년 MIT 강연에서 "인간과 기계는 다르다는 주장은 착각"이라며, "시간이 좀 더 걸릴 뿐 인간에게 주어지는 복잡한 과업을 기계가 얼마든지 규격화해서 해결할 것"이라고 반박했다.

민스키와 다른 주장을 펼치는 사람들, 즉 인간 지능과 인공지능은 근본적으로 다르다고 보는 학자들도 여럿이다. AI 챗봇 프로그램 엘리자Eliza를 1966년에 개발한 조지프 와이젠바움(Joseph Weizenbaum, 1923~2008)을 포함, 대다수 인문 사회 과학자들이다. 와이젠바움은 AI 과학자들이 인간 지능을 기계와 같은 정보처리 시스템으로 간주하는 것이야말로 '허황된 환상'이라며, AI 과학자들이 허무맹랑한 주장을 부추긴다고 비판했다. 미국 현대 철학자 휴버트 드레이퍼스(Hubert Dreyfus, 1929~2017)도 일찌감치 기계가 인간 지능을 대체하는 듯한 '인공지능' 개념에 이의를 제기했다. 공학자들이 인간 뇌의 정보처리 방식이 기계가 데이터를 처리하는 방식과 전혀 다르다는 사실을 인정하지 않는다는 것이다. 드레이퍼스는 《컴퓨터가 할 수 없는 일What computer can't do》에서 인간과 컴퓨터를 구분 지어 설명했다(Dreyfus, 1972). 컴퓨터는 명시적인 데이터와 논리가 있을 때만 작업할 수 있지만 인간은 명시적인 자료뿐만 아니라 무의식적이거나 암묵적인 지식을 바탕으로 작업을 처리하기 때문에 둘은 근본적으로 다르다는 입장이다.

기계 지능의 본질은 무엇일까? 인간이 내놓은 해답과 기계가 제시하는 결과가 동일하다면 결국 인공지능과 인간 지능은 같은가? 이에 대한 비유적 설명에 '영리한 한스Clever Hans 이야기'가 동원된다. 한스는 은퇴한 수학자가 2년간 훈

런시킨 독일산 말horse이다. 은퇴한 수학 교사 빌헬름 폰 오스텐(Wilhelm von Osten, 1838~1909)은 동물을 꾸준히 훈련시키면 사람처럼 지적인 능력을 발휘할 수 있을 것으로 생각했다. 처음에는 새끼 고양이와 곰에게 숫자를 가르쳤다. 실패했다. 하지만 말에서 실마리를 찾았다. 말을 교육시켜 숫자를 계산하도록 하는 데 성공했다. 숫자만큼 발굽으로 땅을 두드리는 방식으로 답했다. 한스의 계산 능력이 알려지면서 길거리 공연에 나서기도 했다. "3 더하기 4는?"이라고 물으면 한스는 말발굽을 땅에 일곱 번 두드렸다. 덧셈뿐만 아니라 뺄셈, 간단한 추론도 가능했다. 가령, "8일이 화요일이라면 다음 금요일은 며칠이지?"라는 물음에 말발굽을 열한 번 두드려 응답했다. 이 정도면 연산 가능한 지능을 갖춘 동물 아닌가?

1904년 9월 4일자 〈뉴욕 타임스The New York Times〉 신문은 사진과 함께 한스 이야기를 보도했다. 베를린 특파원발 기사 'Berlin's wonderful horse'에서 한스와 그의 주인 오스텐 이야기를 상세하게 전했다(Heyn, 1904). 한편으로 한스 이야기에 여전히 의심스러운 눈빛을 보내는 사람들이 있었다. 독일 교육위원회는 과학적 검증에 나섰다. 철학자 카를 슈툼프(Carl Stumpf, 1848~1936)와 그의 조교 오스카르 풍스트(Oskar Pfungst, 1874~1932) 등이 참여하는 한스 위원회Hans commission를 꾸렸다. 풍스트는 그 결과를 정리하여 《영리한 한스 Clever Hans》를 펴냈다(Pfungst, 1911). 공연을 보러 온 수천 명 관객과 말 전문가들도 의문을 해결하지 못했다. 조련사인 오스텐을 멀리 떨어뜨려 놓아도 한스는 계산을 척척 해냈다. 어떤 능력을 길렀기에 한스는 계산 지능을 갖추었을까?

풍스트가 마침내 의문을 풀었다. 사람들이 질문하고 한스가 대답하는 과정에서 미심쩍은 사실을 발견한 것이다. 일단 질문자도 정답을 모를 경우 한스도 정답을 맞히지 못했다. 또, 질문자가 한스와 멀찍이 떨어져 있을 때도 마찬가지였다. 슈툼프와 풍스트는 "질문자가 보내는 의도하지 않은 어떤 신호로부터 정답을 추측하는 재주를 갖게 된 것 아닐까?"라고 생각했고, 그 의문은 여러 차례 실험으로 검증할 수 있었다. 한스가 사람처럼 연산 능력을 가졌다기보다, 질문자가 자신도 모르게 암시하는 신호를 한스가 알아챈 것이다. 위원회는 사람들이 질문하는 과정에서 자신도 모르게 힌트를 제시한다는 사실을 증명해 냈다. 사람들의 희망 사항과 욕망이 한스에게 투영되었고, 한스가 보인 특별한 퍼포먼스는 상업적으로 활용되었다. 어떤 실험 연구에서 실험자가 의도하지 않게 던진 단서가 피험자에게 영향을 미쳐 실제와 다른 결과를 도출한다면 그 실험 결과를 믿을 수 있을까? '영리한 한스 이야기'는 연구자의 편견이 부지불식간에 실험 결과에 영향을 미칠 수 있음을 경고하는 심리학 현상으로 '영리한 한스 효과', '관찰자 기대 효과' 또는 '믿고 싶은 대로 믿게 되는 효과'를 만들어 냈다.

'영리한 한스 이야기'를 인공지능에 대입시켜 보자. 머신 러닝, 딥러닝 과정에서 데이터를 제공하고 기계가 무언가를 익혔다고 사람들은 생각하지만, 기계가 익힌 내용은 한스가 그랬던 것처럼 어떤 단서를 포착해서 내놓은 계산 결과에 불과하지 않을까? 기계가 인간 지능을 갖춘 게 아니라 연구자의 희망 사항이 투영된 결과 아닐까? 인공지능은 인간 지능을 흉내내고 있을 뿐인데 사람들이 인공지능이라는 말로 환상을 부추기고 있는 것 아닌가?

미아즈마에서 세균 이론으로

눈에 보이지 않을 정도로 작은 미생물을 현미경으로 관찰할 수 없었던 시대, 과학자들은 역병이 어떻게 옮는다고 생각했을까? 당연히 전염된 사람과의 접촉으로 전파된다는 사실은 쉽게 간파했다. 문제는 그 다음이었다. 감염자와 접촉한 적이 없는 사람도 병에 걸렸기 때문이다. 1800년대에 가장 두려운 질병이었던 콜레라Cholera가 그랬다. 인도에서 유행하던 콜레라는 1820년대부터 다른 나라로 번졌다. 영국도 피해가지 못했다. 콜레라에 걸린 사람들은 심한 설사와 구토에 시달리다 수분이 모자라 끝내 숨져 갔다. 멀쩡하던 사람이 콜레라에 감염되면 하루를 넘기기 힘들었다.

콜레라 감염자를 격리 조치한들 별 소용이 없었다. 1848년과 1854년에 다시 영국 런던에서 콜레라가 번졌다. 잉글랜드의 의사였던 존 스노(John Snow, 1813~1858)는 사람들이 마시는 물을 의심했다. 콜레라 환자의 대변과 토사물이 여러 사람이 마시는 물로 유입돼 콜레라가 번져 나간다고 보았다. 미생물을 연구하던 프랑스의 생화학자 루이 파스퇴르(Louis Pasteur, 1822~1895)가 실험실에서 이를 증명해 냈다. 부패된 냄새가 아니라 세균이 원인이었다. 고대부터 내려오던 '미아즈마 이론Miasma theory'이 폐기되고 '세균 이론Germ theory'이 등장했던 순간이다. 그렇다면 기원전 4세기 지금으로부터 약 2,500년 전 의학의 아버지 히포크라테스(Hippocrates, BC 460?~377?)마저 믿었던 '미아즈마 이론'은 무엇일까? 미아즈마는 유기물이 썩어갈 때 나오는 독기를 말한다. 미아즈마 이론은 땅속에 묻은 시체나 부패물질에서 나오는 불쾌한 냄새가 질병을 일으킨다는 학설이다(Bynum, 2012).

미아즈마 이론이 폐기되고 세균 이론이 채택되는 과정이야말로 패러다임 전환을 여실히 보여 준다. 인공지능 기술이야말로 이보다 더 큰 변화를 가져올 것으로 예측된다. 우리 아이들이 살아가는 세상은 인공지능을 떼어 놓고 말하기 힘들다. 인공지능을 제쳐두고 미래를 설계하는 일이야말로 콜레라 발병 원인이 미아즈마 때문이라고 믿는 일과 다르지 않을 것이다.

테우트의 문자 발명과 타무스 왕

테우트Theuth는 고대 이집트 발명의 신이다. 수학, 천문학, 놀이와 문자를 발명했다. 그는 테베에서 상이집트를 다스리던 왕 타무스Thamous 앞에서 새로운 발명품 '문자'를 설명하고, 이를 시민들에게 널리 보급하자고 제안했다.

"전하, 이 과학은 이집트 사람들의 지혜를 높이고, 기억력을 향상시킬 것입니다. 이 발명은 지혜와 기억력의 약입니다."

하지만 타무스 왕의 생각은 달랐다.

"테우트, 당신의 문자 발명은 독창적인 게 맞다. 하지만 글쓰기로 인해 사람들의 기억력은 오히려 떨어질 것이다. 글쓰기를 믿고 자신의 내부 자원이 아니라 다른 사람이 만든 표시에 의지해 사물을 기억하게 만들어, 배운 것을 오히려 잊게 할 것이다. 당신의 발명품은 기억력의 약이 아니라 기억력을 환기시키는 약일 뿐이다. 선생님과 어떤 접촉도 없이 학생들이 문자를 널리 읽을 때, 학생들이 무지할지라도 폭넓은 지식을 가진 사람처럼 보일 것이다. 이러한 지능의 출현은 그들을 어리석은 친구로 남길 것이다."

덧붙여 타무스 왕은 문자가 진리를 담고 있다기보다 지혜로워 보이게 하는 의견만을 담고 있다고 비판했다.

"문자로 공부한 사람은 자신이 지혜로운 게 아니라 지혜로운 줄 알 뿐이다."

플라톤Plato이 나이 60세 때쯤 쓴 《대화The Dialogues》 중 〈파이드로스Phaedrus〉에 실린 이야기다. 파이드로스와 대화하면서 소크라테스(Socrates, 기원전 470~기원전 399)가 예로 든 이집트 신화다. 가상의 대화 속에 미디어 발달의 양면성이 드러난다. 자신이 발명한 문자가 사람들의 지혜와 기억력을 높여줄 것이라고 낙관적으로 바라보는 테우트와, 문자가 그동안 배운 내용마저 잊게 할 것이라는 타무스 왕의 해석은 정반대였다.

파이드로스는 문자 발명에 비관적인 타무스 왕의 입장이 틀리지 않았다고 보았다. 소크라테스 또한 글이란 게 그림이 그렇듯 얼핏 살아 있는 것처럼 보이지만 말을 걸면 대답을 못한다며 문자 등장에 부정적이었다. "말이 아닌 글로는 새로운 것을 가르치지 못하고 이미 아는 것을 불러올 뿐"이라고 했다. 사람들이 글의 내용으로 논쟁을 펼치면 글 자체는 직접 답하지 못하기 때문에 그 글을 쓴 사람이 나서야 하지만, 말은 사람들을 직접 일깨우고 똑똑하게 만든다고 긍정적으로 평가했다. 소크라테스는 말과 글을 각각 농사와 축제에 비유했다. 구술은 일년 내내 성실하게 힘을 쏟는 농사와 같고, 글쓰기는 축제에 참여한 여인들처럼 진지하지 못한 가벼운 행동과 같다. 그래서 훌륭한 가르침은 말로 일깨워야 하고, 글은 기억력이 희미해지는 노년에 소일거리로 하면 된다. 파이드로스가 그래도 다른 놀이보다 글쓰기가 낫지 않냐고 말하자, 소크라테스는 글이 진실을 담고 있을 경우에는 그렇다고 답했다. 지혜를 사랑하는 사람이 훌륭한 내용을 담아서 글을 쓴다면 무방하지만 글이라는 게 본질적으로 가볍다는 것이다(Plato, 2002). 소크라테스마저 문자가 가져올 엄청난 변화를 예견하지 못했다.

소크라테스는 빼어난 연설가였다. 그의 제자 플라톤은 작가였다. 플라톤은 《국가론The Republic》(기원전 380년경)에서 시를 비판했다. 당시만 해도 시는 글쓰기가 아니라 암송하여 읊는 것이었다. 소크라테스가 문자의 발명을 비판적으로 바라본 것과는 다소 차이가 있다. 플라톤의 시 암송 비판은 일종의 '쓰기'에 대한 옹호였다. 글쓰기야말로 알파벳을 활용해 문명을 발달시킬 수 있음을 발견한 것이다. 구술 시대 사고방식과 문자 시대 사고방식에는 분명한 차이가 있다. 글쓰기를 옹호하는 월터 옹(Walter Ong, 1912~2003)과 마셜 맥루한(Marshall McLuhan, 1911~1980)은 문자가 있었기에 과학, 역사, 철학, 문학에 관한 인간 잠재력을 키웠고 의식 수준을 높였다고 말했다.

인공지능의 등장에 대해서도 이처럼 긍정적인 평가와 부정적인 평가가 혼재한다. 돌이켜보면 인류 역사를 획기적으로 변모시킨 새로운 기술들은 매번 의심의 눈초리에 시달렸다. 미래학자 바이런 리스Byron Reese는 10만 년 동안 인류 문명 발달의 궤적을 크게 네 개의 시대로 구분 지었다. 커다란 두뇌와 언어를 선물해준 '불'의 시기를 제1시대로, 노동의 분배와 부의 축적을 일으킨 '농업과 도시'의 발자취를 제2시대로, 인류 역사의 중요한 분기점이 된 '글과 바퀴'의 역사를 제3시대로, 인간의 정신과 행동을 위탁하는 '로봇과 AI' 역사를 제4시대로 명명했다. 리스는 특히 제3시대와 제4시대에 주목하면서, 약 5,000년 전 문자의 발명으로 한 사람이 알고 있던 것을 그가 죽고 난 이후에도 남길 수 있어 인류를 변화시켰다고 보았다(Reese, 2018). 바이런의 시대 구분도 인류의 발명과 연관이 깊다. 새로운 기술은 도입 초기에는 혼선을 부르지만 결국은 인류 발전에 이바지한다.

인간은 쉬운데 컴퓨터는 어려운 일: 모라벡의 역설

사람에게 쉬운 일은 컴퓨터도 쉽게 수행하고, 사람이 어려워하는 일은 컴퓨터도 힘들어 할까? "그렇지 않다."라는 것이 한스 모라벡Hans Moravec의 주장이다. 로봇공학자인 그는 사람이 아무 생각 없이 일상에서 행하는 일을 컴퓨터로 구현하려면 너무 힘들고, 오히려 사람이 행하기 어려운 일을 컴퓨터는 의외로 쉽게 수행할 수 있다The hard problems are easy and the easy problems are hard.는 역설(逆說)을 발견했다(Moravec, 1988).

가령, 두 발로 걷는다거나 계단을 오르는 일이 사람에게는 별일 아니지만, 로봇에게는 여간 힘든 일이 아니다. 컴퓨터가 계산을 잘할지 모르지만 상황을 감지하고, 그에 맞춰 기계적으로 제어하기란 쉽지 않다. 계단을 오르다 넘어지면 다시 일어서서 오르기는 거의 불가능했다. 모라벡의 역설은 인류의 진화 과정을 살펴보면 쉽게 고개가 끄덕여진다. 읽고 쓰고 계산하는 인간의 능력은 상대적으로 짧은 기간에 발달한 반면, 유인원에서 오스트랄로피테쿠스로, 호모 에렉투스에서 호모사피엔스로 진화하는 과정은 300만 년 이상 오랜 세월을 거쳤다. 컴퓨터가 쉽게 따라할 수 없는 동작들이 단련된 기나긴 세월이다.

모라벡은 로봇공학자답게 그의 저서 《마음의 아이들Mind children: The future of robot and human intelligence》에서 로봇을 그의 '아이들'로 불렀다. 인류의 지식과 문화 가치관을 물려받아 다음 세대로 물려줄 로봇이야말로 인류의 미래를 이어갈 새로운 인류 아니겠냐는 뜻이 담겨 있다.

대체할 수 없는 인간: 폴라니의 역설

옛날 버스에는 안내양이 있었다. 미리 구입한 버스 승차권, 이른바 회수권을 모으고, 승객의 승·하차를 확인한 다음 뒷문을 달았다. 안내양이 "이상 없어요!"라고 크게 외쳐야 버스는 다음 정거장을 향해 출발할 수 있었다. 언제부턴가 회수권과 함께 버스 안내양이 사라졌다. 뒷문으로 승객이 잘 하차했는지는 백미러와 센서로 확인하고, 버스 요금은 휴대폰과 버스카드로 결제한다.

언제부턴가 식당에 로봇이 등장했다. 주방에서 만든 음식을 손님 테이블까지 정확하게 가져온다. 빈 그릇을 회수하는 일도 로봇의 몫이다. 식당에서 손님을 미소로 맞이하던 '홀 서빙'을 기계가 대체했다. 로봇은 사회 전체적으로 볼 때 일자리를 빼앗았을까? 아니면 늘렸을까?

정보통신 기술 혁명과 로봇이 일자리를 빼앗아도 일자리 총량은 줄어들지 않았다는 것이 정설이다. 버스 안내양이나 식당 홀 서빙 담당자의 일자리는 사라졌을지 몰라도, 휴대폰 기술자, 휴대폰 생산 공장 종사자, 버스 승차요금 태그 개발자, 생산자, 식당 로봇 개발자, 홀 서빙 로봇 마케팅 담당자라는 일자리가 새로 생겨났기 때문이다.

20세기 초까지만 하더라도 10명 중 4명꼴로 농업에 종사했지만 지금은 농업 종사자가 1~2% 수준에 불과하다. 트랙터와 드론, 스마트 팜smart farm 기술이 농부의 자리를 대신하고 있다. 인간 노동자 100~200명의 몫을 너끈히 해내는 농기계가 등장했다. 요즘에는 소프트웨어가 가세했다. 스마트 팜 가동을 위해서는 스마트폰 앱이 필수다. 넷스케이프 커뮤니케이션즈Netscape Communications를 공동 창업했던 마크 안드리센Marc Andreessen은 2011년 〈월스트리트 저널〉 기고문에서 "소프트웨어가 세상을 삼키고 있다.Software is eating the world."라고 말했다. 인터넷과 스마트폰이 지금처럼 보편화되기 훨씬 전에 나온 얘기다. 아마존의 온라인 서점이 경쟁사를 인수·합병하면서 사업을 본격적으로 확장하던 시기다.

헝가리 출신 경제학자 마이클 폴라니Michael Polanyi가 1966년 그의 책 《암묵적 차원The tacit dimension》에서 언급한 내용이 관심을 끌었다. "인간은 말로 표현하는 것보다 더 많이 알고 있다.We can know more than we tell."라는 주장이다 (Polanyi, 1966). 미국 경제학자 데이비드 오터David Autor가 50여 년이 지날 즈음 폴라니의 주장을 다시 꺼내 들었다. 그는 〈폴라니의 역설과 일자리 증가의 형태Polanyi's Paradox and the Shape of Job Growth〉라는 논문에서 폴라니의 이론을 '폴라니의 역설Polanyi's Paradox'로 명명했다(Autor, 2014). 말로 설명하기는 힘들지만 자연스레 알고 있는 내용이 무엇일까? 폴라니가 말한, 생각 없이 직관적으로 자연스럽게 수행하는 인간의 어떤 작업, 즉 그 일이 어떤 규칙과 절차에 따라 진행되는지를 설명하기 쉽지 않은 일이라는 게 무엇일까? 어떤 일이 명시적 지식explicit knowledge이 아닌 암묵적 지식tacit knowledge일까? 누군가 얼굴을 기억하고 알아보는 일, 혼잡한 도심을 별 고충 없이 운전해서 빠져나오거나 한 번 배운 자전거 타는 기술을 잊지 않고 방금 배운 듯 익숙하게 균형을 잡는 일, 생각나는 대로 글로 표현하는 창의적인 일들이 암묵적 지식에 해당한다. 내가 아는 지인의 얼굴에 대해 눈이 어떤지, 코가 어떻게 생겼는지, 입은 또 어떤 모양인지 설명하기 힘들지만 나는 그가 누군지를 안다. 자신의 경험과 통찰력, 판단력을 바탕으로 별다른 정보처리 없이 직관적으로 알 수 있다. 반드시 설명되어야 하고, 실증적으로 증명되어야만 과학인가라는 의문에서 출발한다. 개인적인 경험과 암묵적인 지식 또한 과학을 이해하는 기초가 된다는 게 폴라니의 주장이다.

폴라니의 주장이 인공지능이나 자동화 관점에서 볼 때 왜 역설일까? 인간은 명시적인 지식뿐 아니라 암묵적인 지식을 동원해서 추론할 수 있지만, 기계는 형식적인 지식, 즉 데이터와 논리가 없으면 알고리즘을 만들어 낼 수 없다. 인공지능에 회의적인 시각을 갖고 있던 데이비드 오터가 폴라니의 주장을 가져와 기계가 인간을 대신하기 힘들다는 주장을 뒷받침한 것이다. 인공지능으로 달성하기 어려운 일이 두 가지 있는데 하나는 문제 해결 능력, 직관력, 창의성이 필요한 추상적인 작업이고, 다른 하나는 상황에 발 빠르게 적응하거나, 사람을 직접 마주해서 상호작용하는 수동적인 작업이다. 창의성이 필요한 추상적인 작업, 고도의 추론이 필요한 일은 전문직, 고숙련자가 수행하는 작업이고, 시각적 인식과 대면 상호작용은 수작업으로 진행할 수밖에 없는 서비스업이나 단순 근로자의 일들이다. 다시 말해 업무 절차와 규칙을 말로 설명하기 쉬운 작업, 즉 사무, 회계, 행정처리와 같은 반복적인 업무를 수행하는 화이트칼라는 인공지능으로 대체될 가능성이 매우 높다.

폴라니의 역설이나 모라벡의 역설이 기하급수적으로 압축 성장한 정보통신 기술 앞에서도 과연 유효할까? 딥러닝으로 기계가 스스로 학습하고, 알파고나 알파제로가 바둑에서 인간 챔피언을 능가하고, 자율 주행차가 사람이 운전할 때보다 사고를 덜 내면서 도심을 가로지르는 세상이다. 어느 주장이 전적으로 옳고, 어느 주장이 전적으로 틀린지를 판가름하기에는 아직 이르다. 인공지능 기술이 증권 전문가, 제조 공장 관리자를 대체하고 있지만, 정원 관리나 안내원 등 기계가 전적으로 대체할 수 없는 단순한 노동 수요가 여전히 존재하는 것이 현실이다.

인공지능과 사랑 나누기: 영화 <그녀>

영화 <그녀Her>는 호아킨 피닉스Joaquin Phoenix가 주연배우로 등장하고, 스칼렛 요한슨Scarlett Johansson이 음성 연기를 한 2013년 작품으로 아카데미 각본상 수상작이다. SF 멜로 영화로 감독 스파이크 존즈Spike Jonze가 각본을 직접 썼으며, 12년 후 미래 2025년 미국 로스앤젤레스가 이야기의 무대다. 인공지능과 사랑에 빠진 어느 남자의 이야기다.

외롭고 공허한 삶을 살던 테오도르Theodore는 편지를 대신 써 주는 작가다. 사람들의 사연을 받아 감동적인 손글씨 편지로 만들어 준다. 음성 인식으로 쓰인 편지는 진짜 손으로 쓴 듯 삐뚤빼뚤한 필체로 컬러 프린트되어 나온다. 다른 사람들의 사랑 메시지를 대신 작성하면서 살아가는 주인공. 자신은 정작 아름다운 사랑을 만들어 가지 못한다. 아내와 이혼하기로 결심하고 별거 중으로, 아내는 테오도르가 너무 자신에게 딱 맞는 완벽한 여자만을 원하는 것에 불만이다. 테오도르는 아내를 대신하는 인공지능 운영 체제 '사만다Samantha'를 구입한다. 사만다는 목소리만 있을 뿐 얼굴은 드러나지 않는다. 유머 넘치고 똑똑한 사만다는 진짜 사람처럼 생각하고 대화하지만 종종 실수하는 모습으로 인간미를 보여 주기도 한다. 결국 테오도르는 인간보다 더 인간처럼 다가와 매번 자신의 이야기를 귀담아 들어 주는 사만다와 사랑에 빠진다.

사만다는 인간을 넘어서는 의식 수준을 갖고 있지만, 육체가 없다. 사만다가 동시에 8,316명과 대화할 수 있고, 641명과 사랑하고 있음을 테오도르는 알게 된다. 테오도르는 결국 인간과 인공지능의 물리적 한계를 뛰어넘지 못하고 사만다와 이별한다. 사만다는 테오도르가 쓴 편지를 모아 책으로 출판하는데, 테오도르는 자신의 이야기가 담긴 책을 별로 반기지 않는다. 아름답기 위해 완벽하게 꾸며진 인공지능과 나눈 사랑이 의미 없음을 알게 된다. 이에 이혼하려던 아내에게 편지를 쓴다. 자신의 틀에 아내를 맞추려 했다며 아내에게 사과한다. 아내 덕분에 자신이 있었다는 사실을 인정한다. 부족함이 있을지라도 서로 감싸주고 받아들이는 것이 진정한 사랑이라고 깨닫는다. 완벽하지 않기에 서로 사랑할 수 있다는 메시지를 담고 있는 영화 〈그녀Her〉. 결코 기술로 대신할 수 없는 진정한 사랑의 의미를 던져 준다.

AI 시대, 인간의 본질: 영화 〈트랜센던스〉

영화 〈트랜센던스Transcendence〉는 월리 피스터Wally Pfister 감독이 2014년에 선보인 SF 영화다. 조니 뎁Johnny Depp과 레베카 홀Rebecca Hall이 주연을 맡았다. 트랜센던스는 인간의 두뇌가 업로드된 슈퍼컴퓨터를 일컫는다. 천재 과학자 윌Will이 슈퍼컴퓨터 완성을 앞두고 반(反)과학단체 RIFTRevolutionary Independence From Technology의 공격을 받아 목숨을 잃는다. 윌의 아내 에블린

Evelyn 역시 인공지능 과학자로서 과학기술로 질병을 고치고 자연 생태계를 복원하는 데 관심이 많다. 에블린은 윌의 뇌를 최첨단 양자 프로세서 기술을 적용한 슈퍼컴퓨터에 업로드해 그를 살려 낸다. 에블린은 슈퍼컴퓨터로 살아난 윌과 함께 연구를 이어가고, 마침내 2년 뒤 뭐든지 만드는 슈퍼컴퓨터를 완성한다. 슈퍼컴퓨터인 윌은 특정 사람과 자신을 연결해 그 사람이 되어 대화할 수 있다. 결국 에블린도 슈퍼컴퓨터에 업로드된다. 에블린이 윌과 동기화되면서 윌의 본래 뜻이 세상을 지배하는 게 아니라 자신처럼 지구 생태계를 정화하기 위함이라는 것을 알게 된다. 하지만 사람들의 공격을 받아 윌의 계획은 물거품이 된다. 결국 에블린과 윌 모두 바이러스에 감염돼 최후를 맞는다. '초월(超越)'을 의미하는 영화 제목 '트랜센던스'가 인공지능 세상과 맞아 떨어진다. 영화는 어떤 한계를 뛰어넘는 기술의 발달이 어디까지일지, 과학기술과 컴퓨터로 돌아가는 세상 속 인간은 어떤 의미로 살아남을지에 대한 상상을 풀어낸다.

물론 영화 속 이야기다. 그럼에도 인공지능 세상이 어디까지 어떤 모습으로 펼쳐질지에 대한 생각거리를 제공한다. 유토피아일지, 디스토피아dystopia, anti-utopia가 될지 모르는 세상이다. 누구도 예측할 수 없는 미래 세상에서 인간의 본질에 대한 탐구는 계속될 것이다. 〈트랜센던스〉는 먼 미래를 영화적 상상으로 풀어 가고 있다. 하지만 현재 우리가 사는 세상도 100년 전 선현들의 입장에서는 너무나 먼 미래다. 이미 인공지능 기술과 다종다양한 정보기술이 주위를 감싸는 상황이다. 우리와 우리 아이들이 기술과 어떻게 공존하고 있으며, 인간 본질에 대해 얼마나 생각하고 있는지 일깨운다. 기술이 모든 것을 결정하는 듯 보일지라도 휴머니티 차원의 접근과 사유, 인간 중심의 세상을 그려볼 때 아닌가.

Chapter 03
유망한 직업, 위태로운 직업

　네 차례 혁명적 변화를 들어 호모사피엔스의 역사를 압축적으로 표현하곤 한다. 특히 산업혁명은 혁명적인 기술 변화임과 동시에 '실업 혁명'이라고 빗대어 말한다. 기술 혁명은 필연적으로 마찰적 실업을 동반했기에 그렇게 불릴 수 있다. AI 혁명 또한 마찬가지다. 과거 3차, 4차 산업혁명이 그랬듯이 인공지능 기술 역시 인류에게 또 다른 대량 실업을 불러올 것이라는 우려가 높다. 일자리가 줄어드는 것과 동시에 일자리 특성에도 변화의 바람이 불어닥친다. 과거에는 사회적인 지위를 확보하고, 풍요로운 인생의 보증수표로 인식되던 명문대 졸업장과 전문직 면허의 위력이 더 이상 예전 같지 않다. 심지어 다가올 미래에는 그런 것들마저 무용지물이 될 것이라는 전망이 나온다. 우리 아이는 다가올 세상에 어떻게 대처해야 한단 말인가. 도대체 인간의 일자리는 어떤 변화를 겪어왔으며, 앞으로는 어느 정도 속도로, 어떻게 달라진다는 말인가.

　일자리 논의만큼 피부에 와닿는 현실적인 논의가 드물다. 삶의 풍요를 결정하고 안정적인 생계유지와 직접 맞닿아 있기 때문이다. 가장 큰 변수는 110년을 살아가는 장수 인생이다. 돈을 많이 벌 수 있는 직업이 능사가 아니다. 제아무리 많은 수입이 보장될지라도 평생 폐쇄된 울타리에서만 살아가야 한다면 누가 그 길을 선택하겠는가. 60세 전후 고용의 시대만을 살던 과거와 다르다. 선물로 주어진 60세 이후 50년을 어떤 삶을 살아갈 것인가. 근본적으로 지금과 다른 접근법을 요구한다. 밥벌이로서 일자리인가, 자아실현을 위한 일자리인가? 최대한 높은 곳에 올라 가장 멀리 내다보는 안목이 필요하다. 여기에서 '높은 곳'이라 함은 물리적인 위치가 아니라 고차원적 인식의 세계를 말한다. '멀리 내다보는 안목'이라 함은 미시적인 관점보다 거시적인 차원을 뜻한다. 가능하면 전문적인 영역을 최대한 깊이 천착할 수 있고, 동시에 우주, 철학, 사상을 아우르는 높이를 갖추는 상태를 칭한다. 여기에 더해 드넓은 무대를 활보할 수 있다면 더욱 좋겠다. 단지 신체 행동반경을 넓히라는 주문이 아니다. 지구촌 곳곳을 샅샅이 이해하고, 인류애로 다가가는 접근 자세를 말한다. 우리 아이들이 이전 세대와 다르게 멀리 볼 수 있는 안목으로, 세상을 최대한 넓게 활보한다면 누구보다 윤택하고 행복한 110세 인생을 영위할 수 있지 않겠는가.

일자리 변동

사라진 일자리, 밀려나는 인간

인공지능은 우리 아이들이 살아가는 미래 일자리를 어떻게 바꿔 놓을까? 기술 혁명의 역사를 되돌아봄으로써 어렴풋하게나마 미래를 예측할 수 있다. 멀리 거슬러 필요 없이 최근 우리 주변의 변화만 둘러봐도 사라진 일자리를 쉽게 발견한다. 고속도로 톨게이트에 요금 징수원이 크게 줄었다. 무정차 무선 결제 시스템인 '하이패스'가 도입되면서 사람이 직접 현금을 받는 톨게이트 차선은 겨우 1~2개만 남아 있을 뿐이다. 시중 은행은 어떤가? 즐비했던 은행 간판이 하나둘씩 내려진다. 인터넷 뱅킹이 일상화되면서 은행 창구를 직접 찾는 사람이 줄어들었기 때문이다. 은행은 인터넷 뱅킹에 앞서 현금인출기(Automated Teller Machine, ATM)가 등장했을 때 이미 한차례 일자리 변동을 경험했다. 현금 인출기가 들어오면서 창구 직원이 줄어들었고, 사람들은 대기 번호표를 뽑고 기다릴 이유가 줄었다. 은행원 일자리가 급격하게 감소할 것이라는 우려가 나왔다. 다행히 ATM의 영향은 그리 크지 않았다. 오히려 일자리를 늘렸다는 분석도 존재한다. ATM보다 글로벌 금융 위기와 인터넷 뱅킹 변수가 은행원을 더욱 위협했다.

과거에는 주식을 사고팔기 위해서는 증권사 창구를 찾아야 했다. 종목별로 붉은색, 푸른색으로 노출되는 전광판으로 실시간 가격 변동을 읽었다. 마치 영화 관람하듯이 주식 시황판에서 눈을 떼지 못하는 사람들로 증권사 창구는 북적였다. 정보통신 혁명은 주식 거래 수단을 인터넷과 모바일로 바꿔 놓았다. 눈에 보이는 창구모습만 달라진 게 아니다. 증권사들은 앞다투어 AI 알고리즘 algorithm을 채택하여 투자를 맡긴다. 전문 투자가 영역에서 사람을 내보내고 기술을 들여오는 형국이다.

타자기는 어떤가. 컴퓨터가 등장하면서 골동품이 되고 말았다. 2벌식과 3벌식으로 구분 짓던 시절은 아득한 옛날이 되었다. 타자 실력을 인증받았던 급수 시험도 사라졌다. 타이핑 능력을 증명하던 자격증은 과거 상업고등학교 졸업생들의 취직 필수품이었다. 이제는 타자, 주산, 부기 학원 간판을 찾아볼 수 없다. 타자를 대신하던 타이피스트의 수요도 완전히 사라졌다. 컴퓨터 키보드마저 사라질 처지에 놓였다. 음성을 인식하여 문자로 변환시켜 주는 프로그램(Text to Speech, TTS)이 그 자리를 대신하고 있다. 스마트폰 앱이 녹음기가 되고, 녹음된 음성 파일은 글자로 변환되어 나타난다.

서울 을지로 인쇄소 골목은 어떤가. 디지털에 밀려 인쇄 수요가 줄더니 하나 둘씩 간판을 내린다. 종이 신문 발행부수가 줄어들면서 어지간한 일간지마다 갖추었던 인쇄소도 사라지거나 규모를 크게 줄였다. 인쇄 노동자들의 일거리는 점차 사라졌고, 인쇄소가 있던 자리는 아파트 단지로 재개발됐다. 사진관도 마찬가지다. 필름 카메라가 사라지면서 필름을 현상하고 인화하던 일은 잊힌 지 오래다.

지금 내가 하는 일의 미래는 어떨까? "나는 화이트칼라이기에 안전하다?", "전문직이기에 자격증 없이 아무나 할 수 있는 일이 아니다? 그래서 안전하다?" "그렇지 않다."라는 것이 전문가들의 일반적인 전망이다. 인터넷이 등장하면서 부동산 등기사무소를 찾을 일이 없어졌다. 등기부 등본을 떼려고 찾았던 부동산 등기소의 존재조차 모르는 사람들이 태반일 것이다. 세무사도 위기의 직업 가운데 하나로 꼽힌다. 증권회사 사무원, 은행 대출 담당자들도 마찬가지다. 업무 절차를 매뉴얼로 만들기 쉬운 직업일수록 AI나 로봇으로 대체될 가능성이 높다. 지금으로부터 10년 전 영국 옥스포드대학이 발표한 보고서는 자동화로 일어나는 일자리 변화를 예고했다(Frey & Osborne, 2013). 직업의 절반 가까이가 사라지고, 전체 노동자의 절반이 일자리를 잃을 수 있다고 경고했다.

10년이 지난 지금, 그들이 사라질 것으로 예측했던 직업 상당수가 실제로 사라지거나 크게 축소되었다. 텔레마케터, 부동산 등기 심사원, 재봉사, 시계 수리공 등이 대표적이다. 숙련된 기술이 없는 노동자일수록 일자리가 사라질 위험에 쉽게 노출됐다. 로봇이 대신하는 제조공장은 가장 먼저 직격탄을 맞았다. 독일 아디다스Adidas 공장에 등장한 무인 로봇은 수십 명이 할 일을 기계 한 대가 해치웠다. 중국 정부는 인구 감소 대책으로 로봇 사용 확대 계획을 내놓았다. 풍부한 노동력과 저임금으로 전 세계 제조공장을 빨아들이던 중국마저 로봇으로 사람의 빈자리를 채우겠다는 발상이다. 계획을 확장하여 세계 로봇시장을 점령하겠다는 심산도 깔려 있다. 중국 전기차 제조업체 니오(NIO, 웨이라이)가 2025년에서 2027년까지 인력의 30%를 인공지능과 로봇으로 대체할 것이라고 홍콩 〈사우스 차이나 모닝 포스트South China Morning Post〉가 2013년 11월 보도했다.

그렇다면 어떤 직업이 유망할까? 축적된 경험과 기술을 가진 전문직이나, 공감 능력을 바탕으로 사람과 커뮤니케이션하는 직업들이 단연 미래형 일자리로 꼽힌다. 그럼에도 불구하고 어떤 새로운 직업이 유망한 직업으로 등장할지 쉽사리 예측하기 힘들다는 게 정설이다. 인공지능이라는 혁명적 기술이 인간을 힘든 노동에서 구제할 줄 알았더니, 오히려 걱정을 키운다면 이것이야말로 역설(逆說, paradox) 아닌가?

인공지능 기술이 인간을 고된 노동으로부터 해방시킬 수 있을까? 정보기술 덕분에 마침내 인간이 노동의 굴레를 벗고 여가를 즐길 것이라는 유토피아를 그리는 낙관적 전망과 인간이 오히려 컴퓨터와 로봇의 보조 역할에 그치고 말 것이라는 디스토피아 상황을 우려하는 비관적 예측이 동시에 존재한다.

찰스 배비지와 시카고 도축장

컴퓨터의 아버지로 불리는 영국의 찰스 배비지(Charles Babbage, 1791~1871)는 어릴 적부터 계산을 좋아했다. 은행원이었던 아버지의 영향을 받았기 때문이다. 배비지는 캠브리지대학교를 졸업한 다음 해석학회(解析學會)를 창립했다. 소형 기계식 미분 계산기를 구상했고, 기계가 연산을 수행하는 방법을 찾아 나섰다. 1822년 배비지는 런던왕립천문학회에 미분을 처리할 수 있는 자동 계산기를 만들어 보겠다고 제안했다. 실제로 그는 소형 미분 계산기 시제품을 제작했다.

이후 배비지는 영국 캠브리지대학교 수학과 교수가 되었고 1837년 '해석기관(解析機關, Analytical Engine)'이라는 기계식 계산 장치를 설계했다. 연구 자금 부족과 당시 제작 기술의 한계로 해석기관을 제작하는 단계에 이르지는 못했다. 배비지의 해석기관은 프로그래밍을 적용한 최초의 기계로 인정받는다. 그렇다면 계산기는 역사적으로 어떤 발달 과정을 거쳤을까? 기원전부터 전해 오는 최초의 계산기는 주판(籌板, abacus)이었다. 1642년 블레즈 파스칼(Blaise Pascal, 1623~1662)이 톱니바퀴 원리를 적용해 계산기를 발명했다. '파스칼린 Pascaline'으로 불린 파스칼 계산기다. 1671년에는 독일 수학자 라이프니츠(Gottfried Wilhelm Leibniz, 1646~1716)가 파스칼 계산기를 발전시켜 곱셈과 나눗셈이 가능한 사칙연산 계산기를 만들었다. 배비지의 해석기관은 이전에 발명된 계산기들과 작동 방식이 근본적으로 달랐다. 해석기관은 프로그래밍을 할 수 있었다. 천공카드가 지시한 대로, 즉 펀치카드의 프로그램에 따라 기계적인 계산을 척척 해냈다. 해석기관을 설계한 찰스 배비지를 '컴퓨터의 아버지'로 칭하는 이유다.

수학자 배비지는 경영과학계에서도 주목받는 학자였다. 그는 해석기관을 설계하기 5년 전, 1832년에 《기계와 생산자의 경제학에 대하여On the economy of machinery and manufactures》를 펴냈다(Babbage, 1832). 배비지는 아담 스미스(Adam Smith, 1723~1790)와 다른 주장을 펼쳤다. 스미스는 노동력 투입이 생산 가치와 비례한다고 본 데 비해, 배비지는 투입되는 노동의 효율을 높여 생산 가치를 높일 수 있다고 주장했다. 그는 공장 노동자를 포함한 제조 공정 시스템 전체를 계산기와 같은 하나의 기계적 시스템으로 간주했다. 허점이 많은 인간 노동의 결점을 기계가 보완하는 방식을 떠올렸다. 즉 인간을 기계처럼 움직이도록 공정을 재설계한다면 제조공장의 효율성을 한층 높일 수 있다는 것이다. 배비지는 인간 노동자의 작업을 단순화함으로써 노동자 간 상호 의존도를 낮췄다. 숙련된 기술을 요구하는 작업을 잘게 쪼갰더니 누구나 수행할 수 있는 단순한 공정으로 바뀌었다. 인간 노동이 복잡하고 다양할수록 공장은 인간에게 더 의존할 수밖에 없다고 본 것이다.

마침내 찰스 배비지의 구상대로 시스템 전체가 기계식 컴퓨터처럼 돌아가는 공장이 등장했다. 1870년대 미국 시카고에 등장한 도축장이다. 시카고 도축장은 가축이 들어오면, 사체를 천장에 설치된 트롤리Trolley에 매달았다. 매달린 소는 공정에 따라 해체 라인disassembly line을 거치면서 발골(拔骨)이 이뤄지고, 고기는 부위별로 분리되었다. 해체 작업이 완료된 고기는 부위별로 냉장차에 실려 축산 시장으로 옮겨졌다. 배비지의 구상대로 도축 공정이 잘게 나뉜 탓에 한 마리를 모두 해체할 수 있는 고급 기술자는 더 이상 필요하지 않았다. 최저임금만 주고 고용한 사람 누구나 해체 공정에 투입할 수 있었고, 어떤 노동자가 아프면 언제든지 다른 노동자로 대체할 수 있었다(Braverman, 1998). 인간 노동력이 숙련도로 평가받기보다 투입된 시간으로 보상받는 시스템으로 바뀌었다. 찰스 배비지는 노동자의 역량을 기르기보다 작업을 단순화함으로써 인간을 기계와 같은 수단으로 전락시켰다.

배비지의 구상이 반영된 시카고 도축장은 프레더릭 테일러Frederick Taylor에게 영향을 미쳤다. 테일러는 19세기 후반부터 노동 생산성을 높이기 위해 객관적이고 과학적인 연구를 강조하는 과학적 관리법scientific management을 창안했다. 테일러리즘Taylorism이다. 헨리 포드(Henry Ford, 1863~1947)는 20세기 초 자동차를 생산하는 컨베이어 벨트 조립 라인에 이를 적용했다. 생산성을 높이기 위해 효율을 앞세워 공정을 재설계하고, 노동자의 동선을 정량화했다. 노동자의 작업 시간을 철저하게 관리하기 시작했다. 노동자를 인격체로 인정하지 않고 관리 통제 대상으로 보았다. 비숙련자도 정해진 절차만 따르면 투입하도록 표준화하고, 이를 철저하게 감시하는 포드주의Fordism의 바탕을 배비지가 제공한 셈이다.

배비지의 기계적 사고, 미분적 접근은 인공지능 시대에도 여전히 살아 있다. 제조공장이 서비스업으로 바뀌었을 뿐이다. 공유 자동차 서비스 플랫폼 '우버Uber'와 같은 디지털 플랫폼에서 확인할 수 있다. '우버화Uberization'라고 부를 정도다. 일자리는 불안정해지고, 플랫폼 종사자는 법적인 보호를 제대로 받기 힘든 상황이다. 플랫폼을 벗어나지 못하고, 대부분 비숙련, 단순 업무를 떠맡는다. 대리운전, 배달 대행 서비스도 우버와 다르지 않다. 디지털 플랫폼은 노동자의 직무를 더 잘게 나눠 관리하고, 노동자들은 단순 일자리를 놓고 서로 다퉈야 한다. 수입은 여의치 않고, 안정성은 떨어졌다. 디지털 기술로 작업 실적과 작업 내용까지 실시간으로 감시받는다.

마찰적 기술 실업과 탄탈로스 형벌

증기기관 발명에서 시작된 1차 산업혁명은 농경 사회를 공업 사회로 변모시켰다. 전기에너지에서 비롯된 2차 산업혁명은 본격적인 기계 시대 자동화 시대를 열었고, 컴퓨터와 인터넷 등장으로 전개되는 3차 산업혁명은 지식이 돈이 되는 시대, 모든 사람이 지식을 향유하는 지식 민주화 시대를 열었다. 4차 산업혁명은 인공지능과 빅데이터, 나노 기술, 생명공학 등 디지털 기술 혁명으로 현실과 가상세계의 구분을 없애고 있다. 지금도 눈부신 속도로 진행 중이다.

산업혁명이 일자리를 줄였을까? 아니면 늘렸을까? 대체 일자리가 생겨나 전체적으로는 늘었다는 주장에 힘이 실린다. 공장이 들어서면서 인간 노동력이 새로운 모습으로 쓰였고, 컴퓨터는 과거에 없던 새로운 직업을 만들어 냈기 때문이다. 그렇다면 인공지능 기술도 과거 산업혁명처럼 새로운 일자리를 창출

함으로써 빈자리를 메꾸어 나갈까? "이번에는 다를 것"이라는 게 전문가들의 예측이다. 그렇다면 인공지능이 불러올 일자리 감소에 우리는 어떻게 대응할 것인가? 어떤 일자리가 사라지고, 무슨 일자리가 다시 생겨날까?

일자리 총량 증감 여부와 함께 살펴야 할 대목이 있다. '마찰적 기술 실업 frictional unemployment'이다. 일자리 총량이 늘어날지 줄어들지를 가늠하는 일이 산을 보는 일이라면, 마찰적 기술 실업은 나무를 보는 일이다. 산을 보는 일 못지않게 나무 한 그루, 한 그루의 생태 환경을 살피는 일 또한 중요하다. 새로운 기술이 도입되는 과정에서 일시적으로 발생하는 실업이면 다행이지만, 대체하는 일자리가 생겨나지 않아 만성적인 실업으로 굳어지는 경우가 문제다.

평소 잘 타고 다녔던 자전거가 어느 날부터 삐거덕거리기 시작한다. 뒷바퀴 휠 베어링에 문제가 생겼다. 모래알이 들어가 베어링이 제대로 돌지 않는다. 베어링이 모래를 밀쳐 내고 제자리를 잡으면 다행이지만 그렇지 못할 경우 자전거는 멈추고 만다. 페달을 밟는 힘이 더 이상 모래 때문에 발생하는 마찰력을 이기지 못하기 때문이다. 오도 가도 못하는 상황은 기술 발달에 따른 마찰 실업 발생 상황과 흡사하다.

거시경제학의 아버지라고 평가받는 존 메이너드 케인스 John Maynard Keynes는 그의 저서 《고용, 이자, 화폐의 일반이론 The general theory of employment, interest and money》에서 기술 발달, 기계화에 따라 실업이 초대될 것을 예측하고, 이를 '마찰적 기술 실업'이라고 명명했다(Keynes, 1936). 지금으로부터 90여 년 전 케인스의 예언은 급격한 기술 발달이 있을 때마다 현실로 나타났다. 육체노동자는 물론 지식 노동자, 블루칼라는 물론 화이트칼라도 기술 실업을 비켜가기 힘들다. 인공지능, 빅데이터 기술 발전에 따른 4차 산업혁명은 화이트칼라 가운데에서도 전문직으로 꼽히는 변호사, 의사, 회계사, 세무사를 위협하고 있다.

영어 단어 'tantalize'는 잡힐 듯 말 듯 안타까운 상황을 뜻한다. 만나줄 듯 말 듯 애타는 남녀 관계를 묘사할 때 "She is tantalizing me."라고 쓴다. 이 단어는 그리스 신화에서 유래했다. 신화에 나오는 탄탈로스Tantalus는 제우스Zeus와 플루토Pluto 사이에서 태어난 아들이다. 그는 지금의 튀르키예Republic of Türkiye 지역 일대에 자리 잡은 '리디아Lydia'의 왕이었다. 탄탈루스는 제우스의 아들이기에 신들의 잔치에 종종 초대받았다. 신들은 꾸준히 먹으면 늙지도 죽지도 않게 한다는 암브로시아ambrosia와 넥타르nectar를 즐겨 먹었다. 탄탈루스가 어느 날 신들의 음식을 훔쳤다. 그는 신들의 음식을 인간 친구들과 나눠 먹었다. 음식을 먹으면서 친구들에게 신들의 세상을 폭로했다. 제우스는 이를 알고도 탄탈로스에게 형벌을 내리지 않았다. 하지만 탄탈로스는 죄책감을 느꼈고, 죄를 용서받기 위해 자신의 집으로 신들을 초대해 잔치를 열었다.

탄탈로스는 "신들은 정말로 전지전능(全知全能)할까?"라는 의문을 품었다. 자신의 막내아들 펠롭스Pelops를 죽여 스튜stew 요리를 만들어 신들의 식탁에 자신이 만든 스튜를 올렸을 때 신들이 스튜의 정체를 알아차릴 수 있는지 시험했다. 스튜가 식탁에 오르자 신들은 그 정체를 바로 알아차렸다. 단 한 명의 신만 그것을 모르고 먹었다. 제우스는 탄탈로스를 더 이상 용서할 수 없었고, 타르타로스Tartaros에 빠트리는 엄한 벌을 내린다. 타르타로스는 열매가 주렁주렁 매달린 과일나무가 눈앞에 있고, 물은 턱까지 차오르는 물웅덩이다. 제우스는 탄탈로스에게 영원히 물웅덩이에 서 있으라는 벌을 내렸다. 물을 마시려고 고개를 숙이면 물이 줄어들어 마실 수 없고, 과일을 따 먹으려고 손을 뻗치면 탐스러운 열매는 저절로 위로 올라가 버렸다. 도저히 마시고 먹을 수 없었다. 영원히 목마르고 굶주려야 하는 상황에 빠졌다. 탄탈로스를 벌한 다음 제우스는 펠롭스를 되살린다. 하지만 펠롭스의 어깨가 없었다. 한 명의 신이 먹어치운 스튜가 펠롭스의 어깨였기 때문이다. 탄탈로스가 비록 목숨은 붙이고 살지만, 신들이 가문 대대로 서로 죽이고 죽는 싸움이 계속되는 저주를 내렸다.

탄탈로스에게 내려진 타르타로스의 저주는 마찰적 기술 실업 상황을 설명하는 사례로 등장한다. 영국 정부의 경제 정책 자문관을 지냈고, 옥스퍼드대학교 AI윤리연구소에서 선임 연구원으로 일하는 다니엘 서스킨드Daniel Susskind는 타르타로스 저주 이야기를 들어 인공지능 시대 일자리 변화를 설명했다(Susskind, 2020). 그간 수십년 간 익혀 왔던 기술들이 한순간에 쓸 일이 없어지고, 새로운 기술을 익히자니 보통 일이 아니다. 국내 방송에 소개된 어느 회사 공장 자동화의 사례는 개인이 감당하기 힘든 탄탈로스 상황을 공동체의 힘으로 슬기롭게 극복하는 가능성을 보여 준다(KBS, 2017.4).

경기도 용인에 있는 이 공장은 산업용 클린 룸clean room을 생산하는 곳으로, 1977년 설립했다. 클린 룸은 반도체, 디스플레이 생산과 연구에 필수적으로 소요되는 대형 산업용 공기청정기라고 보면 된다. 회사는 지난 2016년 사람이 생산하던 생산 라인을 스마트 팩토리smart factory로 전환했다. 생산 공정을 자동화하고 인공지능을 활용해 생산성을 높였다. 기술자들이 수작업으로 하던 일의 절반을 유압으로 작동하는 로봇으로 대체했다. 로봇은 무거운 부품을 들어 올려 정해진 동선을 따라 옮기거나 팔을 움직여 용접 공정을 수행한다. 클린 룸 옆면 부위 용접을 로봇에게 맡겼더니 생산성은 두 배 올라갔고, 품질도 향상됐다. 기계에게 작업 공정을 내준 직원들은 재교육을 거쳐 기존에 하던 일보다 더 고도화된 작업에 투입했다. 초기에는 자동화에 대한 막연한 불안감, 두려움이 있었으나 직종 간의 벽을 허물고 직무 전환을 통해 두려움과 불안감을 상당 부분 해소할 수 있었고, 이 공장은 지금도 3D 프린팅 기기와 같은 첨단 기기를 추가로 도입해 직원들의 업무 고도화를 지원하고 있다.

기술 발달은 필연적으로 인간 노동의 비중과 역할 변화를 가져오고, 그 과정에서 부득이하게 '마찰적 기술 실업'을 부른다. 기술 혁명은 탄탈로스 신화처럼 어찌할 수 없는 곤란한 상황을 불러오는 경우가 많다. 그렇지만 대안이 전혀 없는 것은 아니다. 용인 클린 룸 공장처럼 당분간은 기업과 노동자가 마음을 모아 새로운 기술에 적응하고, 인간 노동을 고도화한다면 기계의 도움을 얻어 더욱 숙련된 방식으로 생산성을 높일 수 있다.

기술 혁명은 일자리 총량 변화는 물론 일자리 특성을 변화시킨다. 일자리는 줄이지 않되, 노동자들을 더 불안한 일자리로 내몰고, 사회적 불평등을 키우는 문제를 불러오기도 한다.

사회 불안 부르는 불안정 계층 '프레카리아트'

프레카리아트Precariat는 불안정한 고용에 시달리는 새로운 계층을 뜻하는 신조어다. 불안정하다는 뜻의 이탈리아어 '프레카리precari'와 무산 계급 노동자를 뜻하는 독일어 '프롤레타리아proletariat'를 합쳐 만들어진 말로 2004년부터 사용되기 시작했다. 프레카리아트는 일하는 시간보다 노는 시간이 많더라도 여가 생활을 즐길 수 없다. 숙련된 노동자로 발돋움하기 힘들 뿐 아니라 낮은 임금에 시달리기 때문이다. 기업 입장에서는 저임금이기에 인건비를 최소화할 수 있고, 쉽게 해고할 수 있기에 노동의 유연성을 높일 수 있다.

현대사회의 인구 구조를 경제·문화·사회 자본을 얼마나 가졌는지에 따라 계층적으로 분류할 수 있을까? 영국 공영방송 BBC는 2011년 웹사이트 응답자를 포함하여 161,400명이 설문에 참여한, 계층 구분에 관한 최대 규모 설문 조사 GBCSGreat British Class Survey를 실시했다. 여러 대학 교수들이 함께 진행한 연구는 2013년 발표됐다. 연구진은 계층 구조를 얼마나 부유한지에 따라 7단계, ① 엘리트Elite, ② 확고한 중산층Established middle class, ③ 기술 중산층Technical middle class, ④ 새로운 부유층 근로자New affluent workers, ⑤ 전통적 노동자Traditional working class, ⑥ 신흥 서비스 노동자Emergent service workers, ⑦ 프레카리아트Precariat로 구분했다. 이 가운데 프레카리아트는 경제 자본이 열악하고, 문화 자본, 사회 자본에서도 가장 낮은 점수를 받은 빈곤한 계층을 말한다. 전체 인구의 15%를 차지하고 있어 비중이 꽤 높다. 프레카리아트에 속한 사람은 대학을 졸업했을 가능성이 낮고, 실업자이거나 밴 운전사, 청소부, 목수, 간병인, 계산원이 많았다(Savage et al., 2013).

프레카리아트 계층은 사회적으로 어떤 문제를 불러올까? 일용직, 임시직, 비정규직, 파견직, 용역직을 포괄하여 프레카리아트라고 명명한 사람은 영국의 노동경제학자 가이 스탠딩Guy Standing*이다. 그는 프레카리아트 집단이 계속 늘어나고 있으며, 기술 발달이 소득 불평등과 양극화를 심화시키고 있다고 진단했다. 프레카리아트가 상당한 비중을 차지하고 있으나, 그들의 상황이 구체적으로 드러나지 않아 사회구조적인 문제로 자리 잡고 있다는 것이다. 청년 일자리가 줄어들어 불안정해지면서 젊은 프레카리아트 계층이 늘어나고, 이로 인해 포퓰리즘과 정치적 극단주의자들이 세력을 형성한다. 가이 스탠딩은 이탈리아 총리를 지낸 실비오 베를루스코니Silvio Berlusconi 주변 엘리트들이 프레카리아트 공포를 이용했으며, 미국의 보수파 정치 운동으로 세금 인하를 주장하는 '티 파티Tea party'도 프레카리아트와 무관하지 않다고 보았다(Standing, 2011).

프레카리아트는 사회 불평등과 양극화를 심화시켜 민주주의를 위협할 수

---

* 가이 스탠딩(Guy Standing, 1948~)은 영국 런던대학 소아스칼리지(School of Oriental and African Studies, University of London, SOAS) 국제개발학과 교수를 역임했다. 기본소득지구네트워크(Basic Income Earth Network, BIEN)의 설립자이자 공동대표다.

있다. 사회를 아우르는 관점에서 나오는 우려다. 개인적 차원에서도 심각성은 존재한다. 과연 누가 프레카리아트로 전락하고 싶어 하겠는가? 정보 기술 발달로 인공지능 시대가 본격화할수록 부(富, wealth)의 양극화는 심화되고 프레카리아트의 비중은 늘어날 것이라는 전망이다. 이러한 예측이 학부모를 더욱 불안하게 만든다. 우리 아이가 경제적인 안정을 바탕으로 문화를 향유하면서 살아갈 수 있기를 소망한다. 다른 사람과 원만한 대인관계를 맺을 수 있는 성인으로 성장하기를 간절히 원한다. 자신만의 경험을 쌓아감으로써 역량을 갖춘 성인으로 성공하길 바란다. 안정적인 전문직 일자리를 갖거나 숙련된 전문가로 자리 잡기를 소망한다. 프레카리아트가 아닌 엘리트로 살아가는 토대를 만들어 주고 싶은데 딱히 길이 보이지 않는다.

러다이트 운동과 숙련 기술자

1811년 영국에서 직물공장 방화 사건이 연달아 일어났다. 직물공장에 불을 지르고, 기계를 부수는 이 사건들의 주동자로 '네드 러드Ned Ludd'가 의심을 받았다. 그가 눈에 보이는 기계를 모두 깨부순다는 소문만 무성할 뿐 실제로 그를 본 사람은 없었다. 이 '네드 러드'라는 이름의 인물은 과연 직물공장만을 상대로 불을 질렀을까? 기계 도입에 반대한 사람들은 숙련공이었을까, 비숙련공이었을까?

흔히 기계화에 취약한 직업군을 비숙련군에서 먼저 찾는다. 이전에는 숙련공들이 한데 모여 규격화된 제품을 서로 힘을 합쳐 만들던 공장제 수공업 체제였다. 증기기관의 발명으로 직물 기계가 도입되면서 숙련공들이 해 오던 작업은 이제 누구나 할 수 있는 일이 되었다. 저임금의 비숙련공, 여성, 미성년자, 5~6세 어린이들마저 기계의 도움을 얻어 옷감을 짜는 일이 가능해졌다. 옷감을 능숙하게 다뤘던 기술자들은 순식간에 일자리를 잃었다. 하루하루 술에 의지하며 보냈다. 기계가 만든 옷은 바느질이 조잡해 숙련된 기술자가 마감을 해야 한다고 주장했지만 자본가들은 이를 무시했다. 투표권을 갖고 있었던 귀족과 달리 노동자들은 투표권마저 없었다.

직조공들은 평생 일자리를 잃고, 숙련된 기술은 하루아침에 무용지물이 되었다. 그들에게는 투표권이 없어 선거를 통해 저항할 수조차 없었다. 불행의 원인을 기계 탓이라고 생각했다. 숙련공들은 기계를 적으로 간주하고, 부숴 버리기로 마음먹었다. 1811년 3월 11일 밤 영국 중부 노팅엄Nottingham에서 두건으로 얼굴을 가린 노동자들이 밤에 몰래 공장에 들어가 망치로 기계를 망가뜨렸다. 그리고 불을 질렀다. 한두 군데에서 일어나던 기계 파괴 운동은 주변으로 확산되면서 한 달 내내 이어졌다. 수억 원을 들여 세운 공장은 쓸모없어졌다. 기계 파괴 운동은 해가 지나도 수그러들지 않았다. 폭도로 내몰린 노동자들은 이듬해 영국 북부 웨스트라이딩The West Riding of Yorkshire에 있는 면직물 공장을 습격했고, 공장주가 살해되는 일까지 발생했다. 1813년에는 북서부에 위치한 랭커셔Lancashire 지방으로 번져 갔다. 사람들은 기계를 파괴하는 무리를 일컬어 '러다이트Luddite'라 불렀다. 러다이트는 초기 기계 파괴 운동의 주동자로 꼽혔던 '네드 러드Ned Ludd'의 이름에 추종자를 뜻하는 다이트(-ite)를 붙여 만들어진 말이었다(Mueller, 2021).

러다이트들은 난동 분자, 위험 분자, 무식꾼, 폭도로 불렸다. 처음에는 기계가 풍요를 가져다주고, 편리한 세상을 열어 줄 것으로 노동자들은 기대했다. 하지만 어느 순간부터 기계 '덕분에'는 기계 '때문에'가 되고 말았다. 러다이트뿐만 아니라 직물 기계 도입으로 숙련공을 대체한 미숙련공의 근로조건도 열악하기 그지없었다. 열여덟 시간을 일하고도 임금은 줄어들었고, 그나마 그런 일자리를 찾기조차 점점 힘들어졌다. 불만을 해소하기 위한 표적은 역설적으로 '기계'였다. 기계는 노동자와 가족에게 풍요와 여가는커녕 고통만 안겨 주는 주범으로 내몰렸다. 성난 노동자들은 모래를 뿌려 기계를 망가뜨리거나 불을 지르거나 망치로 부쉈다. 러다이트의 기계 파괴 운동은 1811년부터 1817년까지 이어졌다(EBS, 2013).

위협을 느낀 공장주들은 의회를 찾아갔고, 의회는 1812년 러다이트 탄압법을 만든다. 이후 정부는 러다이트 가담자를 체포하여 교수형에 처하거나 유배를 보냈다. 강력한 러다이트 진압 정책으로 혼란은 수습됐다. 러다이트 운동은 성공했는가? 결과적으로 노동자의 저항, 기계 파괴에도 불구하고, 공장주들의 탐욕은 수그러들지 않았다. 기계는 여전히 그 자리에 있었다. 기계는 살아남았고, 노동자는 버려졌다. 러다이트 운동은 기계 도입, 자동화, 기술 혁명에 따른 일자리 박탈에 저항하는 대표적인 운동으로 기억되었다.

네드 러드가 직물공장만을 상대로 불을 지른 이유는 당시 가장 많은 일자리를 빼앗은 게 직물 기계였기 때문이다. 네드는 숙련공이었을까, 비숙련공이었을까? 그는 수십 년을 옷감 짜는 일만 해 온 숙련자였다. 숙련자였던 자신이 일거에 기계에 밀려나고, 그 자리를 옷감 짜는 기술이 없는 사람들이 차지하면서 상실감에 빠졌다. 러다이트 운동은 일시에 일자리를 잃게 된 '숙련공'들의 조직적 저항이었다.

폭도들로 내몰린 러다이트를 모두 외면할 때, 시인 조지 고든 바이런(George Gordon Byron, 1788~1824)은 그들을 변호하고 옹호했다. 그는 영국 상원 의회 연설에서 "이 사람들이 단결하여 자신들의 생계 수단뿐만 아니라 안락함까지 파괴한다고 저항한다. 일용할 빵을 얻는 데 기계가 장애물이 되기 전에 이들은 결코 기계를 파괴하지 않았다. 우리의 안락함을 파괴하는 것은 기계를 부수는 그들도, 기계도 아니다. 바로 참담한 정부 정책 때문이다."라는 말로 기계 파괴 운동의 원인을 정부에 돌렸다(EBS, 2013).

러다이트 운동은 숙련된 기술을 갖춘 사람들도 기술 혁명 앞에서 나약한 처지로 밀려나는 아픈 현실을 보여 준다. 그렇다면 인공지능은 누구에게 가장 큰 위협을 안겨 줄까? 고학력을 갖고 숙련된 기술을 갖춘 사람일까, 단순 반복적인 일을 수행하는 쉬운 일을 하는 사람일까, 아니면 어중간한 정도로 숙련도를 갖춘 사람일까?

모래시계형 일자리 변화와 ALM 가설

노동자를 숙련도에 따라 세 부류로 나눠 보면, 고숙련도, 중간 숙련도, 저숙련도 그룹으로 구분할 수 있다. 이 가운데 새로운 기술, 자동화의 물결에 가장 취약한 그룹은 어디일까? 기술 발전은 숙련도에 상관없이 "모든 노동자에게 이득"이라는 게 한동안 이어져 온 경제학자들의 일반적인 분석이었다. 숙련된 기술이 없더라도 새로운 기계들로 생산 작업에 참여할 수 있었고, 기계가 노동자들을 가난의 구렁텅이로 내몰지 않았기 때문이다. 기계 도입에 따라 상대적으로 이익을 더 많이 챙기는 사람이 생겨나 불평등은 발생했지만 전체적으로 볼 때 노동자 임금은 올랐던 게 사실이다. 기술 발달은 숙련도에 상관없이 노동자에게 이익을 안겨 주었고, 이런 현상은 '규범적 모델canonical model'로 자리 잡았다.

1980년대 이후 과거와 다른 양상이 나타났다. 고숙련자와 저숙련자에게는 규범적 모델이 통했으나, 중간 수준의 숙련자에게는 더 이상 통하지 않기 시작했다. 고숙련자와 저숙련자 그룹의 고용률과 임금은 올랐지만 중간 숙련 노동자는 일자리를 잃어 갔다. 숙련도에 따른 고용률 변화를 분석해 보니 일자리 구조가 원통형 구조에서 모래시계형 구조로 달라졌다. 중간 숙련 노동, 즉 중간 수준 임금을 받았던 행정 사무직, 생산직 노동자, 비서 업무 종사자 수는 눈에 띄게 줄어들고, 저숙련 노동자로 분류되는 간병인, 청소부, 간호조무사, 웨이터와 같은 저임금 노동자의 고용은 증가했다. 또, 상위 0.01%에 속하는 고임금 노동자의 임금은 상대적으로 더 가파르게 올랐고, 중간 임금 수준 노동자의 소득은 오히려 감소했다. 노동시장의 공동화(空洞化, hollowing out)가 모습을 드러냈다.

도대체 왜 그럴까? 규범적 모델과 다른 양상을 설명하기 위해 경제학자들이 해법을 찾아 나섰다. 일자리 공동화, 모래시계형 고용 구조가 나타난 원인을 규명하는 일은 경제학자들에게 일종의 수수께끼였다. 설명할 방법을 찾지 못하고 있을 때, MIT대학교 경제학자 세 명이 접근 방식을 변경, 기존과 다른 가설을 제시했다. 데이비드 오터David Autor, 프랭크 레비Frank Levy, 리처드 머네인Richard Murnane의 이름 첫 글자를 따서 붙여진 'ALM 가설'은 이 현상을 특정 직업occupation 단위로 두루뭉술하게 보지 않고, 특정 직업이 수행하는 개별 업무task에 초점을 맞추었다. 인간의 숙련 수준, 즉 교육 수준과 임금 수준으로 기계가 그 직업을 얼마나 대체하는지 한 번에 설명하기는 힘들지만, 해당 직업이 수행하는 작업 단위를 세분화하면 여러 작업 가운데 어떤 작업 단위를 기계가 대신하는지 알 수 있었다(Autor et al., 2003).

작업 단위로 쪼개서 들여다보니 인공지능 기술로 대체될 가능성을 가늠하는 데는 일하는 사람의 숙련도, 교육 수준, 임금 수준보다 그 업무의 성격이 더 중요하게 작용했다. 가령, 서류를 관리하는 일은 공유 저장 공간에 저장한 다음 빅데이터 기술로 분류하고, 분석할 수 있어 인간의 수행 능력을 뛰어넘는다. 화이트칼라 사무직의 일자리가 기계로 대체될 것으로 쉽게 위협받는 이유다. 상품 관리도 마찬가지다. 상품별로 가격표를 붙이고, 입장권을 판매하는 일들은 인공지능이나 로봇이 얼마든지 수행할 수 있는 일들이다. 음식점은 물론, 여러 매장에서 등장하고 있는 키오스크kiosk, 아마존 배송 물류 창고에 도입되는 로봇 이야기에서 이미 현실이 되었음을 확인할 수 있다. 결국 업무 절차를 순차적으로 서술하기 쉽고, 정해진 절차에 따라 반복적으로 이뤄지는 작업이야말로 기계로 대체될 가능성이 매우 높다.

작업을 자동화하기 위해서는 프로그램으로 코딩해야 하고, 코딩을 하기 위해서는 프로그래머가 업무 절차를 파악한 다음 컴퓨터 언어로 변환해야 한다. 반면 암묵적 지식이 동원되어야 하는 작업과 프로그래머가 코딩하기 어려운 작업은 컴퓨터로 자동화하기도 어렵다는 사실을 확인했다. 이것이 중간 숙련자가 수행하는 업무는 자동화하기 쉬운 반면, 틀에 박히지 않는 창의적이고 독창적인 업무를 수행하는 고숙련자의 일자리와, 별다른 생각 없이도 쉽게 처리할 수 있는 인간의 손기술이 동원되는 저숙련자의 일자리가 모래시계의 상부와 하부로 남아 있는 이유다.

인간과 노동

오스트리아 작은 마을 마리엔탈 연구

일자리가 사라지면 공동체에 어떤 변화가 찾아올까? 또, 개인의 삶은 어떻게 바뀔까? 당장 소득이 없으니 소비가 줄고, 소비가 줄어들면 공동체의 경제는 무너지고 만다. 이런 상황을 실증적으로 조사한 연구가 있다. 마리 야호다(Marie Jahoda, 1907~2001), 폴 라자스펠드(Paul Lazarsfeld, 1901~1976)와 한스 차이젤(Hans Zeisel, 1905~1992)은 1930년 오스트리아 수도 빈Wien에서 30km 떨어진 작은 마을 마리엔탈Marienthal을 찾았다. 이 마을은 1830년대 방적공장이

들어오면서 생겨났다. 공장 노동자들의 삶의 터전이 되었다. 면직 산업이 성장하면서 공장은 더 지어졌고, 사람들이 몰려들면서 마을 주민도 늘어났다. 풍요를 누리던 중 위기가 닥쳤다. 마을이 생겨난 지 100년 즈음인 1929년에 경제 대공황이 시작된 것이다.

이듬해부터 공장이 하나둘씩 문을 닫기 시작했다, 1932년에는 마을 노동자 4명 가운데 3명꼴로 일자리를 잃었다. 마을 전체 478가구 가운데 350가구 이상이 전적으로 실업 급여에만 의지해야 했다. 야호다와 라자스펠드 연구진은 실업이 미치는 영향을 조사하기 위해 마을 주민들과 함께 생활했다. 빨래하는 일은 물론 집수리, 체조 강좌, 무료 진료 등 마을 주민들과 함께 생활하면서 일자리를 잃은 주민들의 하루하루를 참여 관찰하고 그들과 대화를 나눴다. 실업이 가져온 아픔은 예상보다 심각했다. 일종의 역병처럼 마을을 스산하게 만들었다. 주민들의 유대감은 현저히 떨어졌고, 사람들은 집단 무기력에 빠져들었다. 이웃 간 사랑은 줄고 반감은 늘었다. 사람들은 하나둘씩 삶의 방향을 잃어갔다. 도서관에서 책을 빌려 보는 사람도 줄어들었다. 대공황 직전에는 한 사람이 평균 3.23권을 대출받아 읽었으나, 대공황이 닥친 지 2년이 지난 1931년에는 절반 수준인 1.6권에 그쳤다. 정치 활동이 위축됐고, 마을 문화 행사에 참여하는 비율도 감소했다. 4년 만에 체육 동호회 회원 수가 반토막 났다. 합창 동호회도 회원 62%가 빠져나갔다. 실업 급여를 받기 위해서는 다른 일을 하면 안 된다. 그럼에도 일부 주민들은 신고하지 않은 채 비공식 노동으로 추가 수입을 올렸다. 이를 신고하는 익명의 제보가 예전보다 3배나 늘어났다. 사람들의 발걸음마저 느려졌다. 길을 가다가 멈추는 횟수가 잦아졌다(Jahoda et al., 2017).

《마리엔탈 연구 보고서Marienthal: The Sociography of an Unemployed Community》는 1933년 독일에서 출간되었으며, 1971년 영어판이 처음 발행되었고, 2017

년 재발행되었다. 유대인이었던 마리엔탈 연구진들은 나치Nazi 탄압을 피해 다른 나라로 뿔뿔이 흩어져야 했다. 연구진 가운데 한 명인 폴 라자스펠드는 미국으로 넘어갔다. 2차 세계대전 당시 전쟁 승리를 위한 설득 연구에 참여했으며, 콜롬비아대학교에 응용사회조사국을 설립했다. 그가 버나드 베럴슨(Bernad Berelson, 1912~1979), 하젤 고뎃(Hazel Gaudet, 1908~1975)과 함께 쓴 《국민의 선택The people's choice》은 정치커뮤니케이션학의 고전으로 꼽힌다. 투표 행위에 관한 그의 연구는 언론학을 태동시키는 데 기여했으며, 언론학 연구 방법의 기틀을 마련했다는 평가를 받는다.

언론학의 4비조(鼻祖)* 가운데 한 사람인 라자스펠드가 사회학자로서 참여한 실업에 관한 마리엔탈 연구는 실업의 사회적인 영향을 여실히 보여 줬다. 일, 즉 노동이 임금 수입의 원천이면서 동시에 삶의 방향을 제시한다는 사실을 확인시켰다. 이들의 연구에 앞서 오스트리아 심리학자 지그문트 프로이트(Sigmund Freud, 1856~1939)는 "일은 사회질서를 유지하는 원천"이라고 말했고, 독일 사회학자 막스 베버((Max Weber, 1864~1920)는 일이 가져다주는 의미를 사람들에게 보다 원대한 목적을 가져다주는 데서 찾았다.

일은 자신의 능력을 펼칠 기회로 작동한다. 그래서 인간은 자신의 일이 없을 때 스스로 무능력한 사람이라고 느낄 수 있다. 실업자로 전락했다는 사실, 사회적 복지에 의지함으로써 공동체에 부담을 주는 존재라는 점에서 괴로움을 토로한다. 사람들은 자신의 일을 가짐으로써 위축되지 않고 자신 있게 사회생활에 나설 수 있다. 일은 단지 임금을 얻는 수단에 그치지 않는다. 시간을 주체적으로 소비하고, 어깨를 펴고 사회생활에 동참함으로써 정체성을 강화한다.

* 언론학의 4비조(鼻祖)는 현대 커뮤니케이션학의 개념과 제도화를 이끈 윌버 슈람(Wilbur Schramm, 1907~1987)이 언급한 커뮤니케이션학의 4대 학자인 해럴드 라스웰(Harold Laswell, 1902~1978), 폴 라자스펠드(Paul F. Lazasfeld, 1901~1976), 칼 호블랜드(Karl Hovland, 1912~1961), 커트 레윈(Curt Lewin, 1890~1947)을 칭한다.

텔레마케터와 레크리에이션 치료사

컴퓨터화, 즉 자동화 과정이 도입되면 사라지는 일자리가 있는가 하면 새로 생기는 일자리도 있다. 그렇다면 어떤 일자리가 사라지고 어떤 일자리가 새로 생겨날까? 구체적으로 어떤 직업이 인공지능 기술에 더 취약할까? 702개 직업을 세부적으로 나열한 다음, 각 직업별로 자동화 기술로 인해 대체될 가능성을 예측한 연구가 실시되었다. 영국 옥스포드대학교 경제학자 칼 프레이Carl Benedikt Frey와 인공지능 전문가 마이클 오스본Michael A. Osbone이 2013년에 연구 결과를 발표했다. 대체 가능성을 기준으로 저위험군(30% 미만), 중위험군(30~69%), 고위험군(70% 이상)으로 분류하여 살펴보니 미국 내 일자리 가운데 47%가 20년 이내에 자동화될 것으로 예측됐다(Frey & Osbome, 2017). 이 연구 결과는 일자리 대부분이 인공지능에 밀려날 것이라는 주장을 뒷받침하는 데 매번 인용된다.

"그래도 여러 세월 한 분야에서 일했는데 금세 컴퓨터가 그 자리를 대신할 수 있을까?"라는 의문이 생긴다. 역사를 되짚어 보면 저절로 고개가 끄덕여진다. 인간이 한 땀 한 땀 만들던 옷감이 증기기관과 방직기가 발명되면서 기계화되었다. 숙련된 기술자였던 직조공들은 불과 몇 년 새 일자리를 잃었다. 타자기로 행정 문서를 만들던 때, 주판으로 계산을 하던 때, 상업고등학교 졸업생들이 취업하기 위해서는 주산, 부기, 타자 관련 자격증 취득이 필수였다. 하지만 컴퓨터가 보급되면서 더 이상 타이피스트를 뽑는 회사는 없다. 기술 혁명은 필연적으로 일자리 변동을 동반한다.

새로운 상품을 기획하는 업무는 전문성과 창의성이 동시에 요구된다. 프레이와 오스본은 이런 업무 능력을 '창조 지능creative intelligence tasks'이라고 이름 지었다. 이른바 두뇌 노동이다. 아이를 돌보거나, 환자를 돌보는 일을 위해서는 '사회적 지능social intelligence tasks'이 필요하다. 타인과 얼마나 공감할 수 있는지에 따라 성과가 좌우된다. 그런가 하면 건설 현장에서 기술을 갖추고 육체노동을 하는 일, 자동화된 공장을 총괄 관리하는 일은 '인식과 조작 역량perception and manipulation tasks'을 갖춰야만 수행할 수 있다. 이와 같은 세 가지 역량이야말로 기계화하기 힘든 영역이다. 프레이와 오스본이 702개 직업별로 컴퓨터 대체 가능성을 분석했다. 텔레마케터telemarketers, 신용 분석가, 부동산 중개인real estate brokers, 웨이터, 회계사, 법률 보조원, 보험 판매원 등은 향후 20년 내 컴퓨터로 대체될 가능성이 90%를 훌쩍 넘었다. 회계사가 컴퓨터로 대체될 확률은 94%로 고위험군에 해당했고, 비행기 조종사도 55%로 위험군에 속했다. 반면 컴퓨터로 대체될 가능성이 매우 낮은 직업도 확인되었다. 성직자, 초등학교 교사, 학교 심리 상담사, 치과 의사, 약사, 변호사, 내과 및 외과 의사, 영양사, 운동 트레이너, 레크리에이션 치료 전문가recreational therapists는 컴퓨터로 대체될 가능성이 1% 미만으로 매우 낮았다.

702개 직업 가운데 컴퓨터로 대체될 가능성이 99%로 가장 높게 나타난 텔레마케터와 대체 가능성이 0.01%도 안 될 만큼 낮은 레크리에이션 치료사로 나타난 연구 결과는 무엇을 말해 줄까? 프레이와 오스본의 분석에 따르면 텔레마케터는 창조 지능, 사회적 지능, 인식 및 조작 역량 차원에서 접근할 때, 얼마든지 컴퓨터로 대체될 수 있는 직업이고, 레크리에이션 치료사는 사회적 지능 없이는 수행할 수 없기에 컴퓨터나 로봇이 대신할 수 없는 직업이다.

미국과 서구 중심 직업 세계와 우리나라는 여러 환경이 다르다. 프레이와 오스본의 분석틀을 우리나라 직업에 적용해 보면 어떤 결과가 나타날까? LG경제연구원에서 국내 423개 직업을 두고 컴퓨터가 대체할 가능성을 분석한 결과, 온라인 판매 관련 직업의 대체 가능성이 높게 나타났다. 통신 서비스 판매원, 텔레마케터, 인터넷 판매원, 사진 인화 및 현상기 조작원이 대체 확률 99%를 기록했다. 컴퓨터 대체 가능성이 낮은 직업으로는 프레이와 오스본 연구처럼 교육, 보건, 연구와 같이 사람 간 공감이나 의사소통 능력이 필요하거나, 고도의 전문성이 요구되는 직업으로 나타났다. 전문직으로 분류되는 직업들은 높은 지적 능력을 요구하기 때문에 대체 가능성이 상대적으로 낮게 나타났으나, 관세사(98.5%), 회계사(95.7%), 세무사(95.7%) 등은 대체 가능성이 높게 나타났다. 프레이와 오스본의 분석틀을 국내 직업에 적용한 결과, 국내 일자리 43%가 컴퓨터 대체 가능성이 70% 이상인 고위험군에 해당했다. 컴퓨터 대체 확률이 30% 미만으로 대체 가능성이 낮은 저위험군에 해당하는 직업은 18%에 그쳤다. 우리나라 환경에서 컴퓨터가 대체할 확률 1% 미만인 직업으로는 영양사, 전문의사, 교육 전문가, 중·고등학교 교사, 약사 및 한약사, 화학공학 기술자 및 연구원 등이었다(김건우, 2018). 화이트칼라를 상징하던 사무직 종사자들이 과거 타이피스트가 컴퓨터에 밀려났듯이, 이제는 인공지능을 이용한 행정 업무 가상 자동화(Robotic Process Automation, RPA)에 밀려날 형국이다. RPA가 사람을 대신해 서류를 검토하고, 보고서를 작성하며, 이메일에 회신한다. 채용 과정이나 성과급 지급도 RPA로 점차 대체되는 양상이다.

오스본과 프레이의 연구, 이를 국내 상황에 적용한 LG경제연구원 김건우의 연구는 현재 시점으로 자녀 교육을 가늠할 일이 아니라는 점을 일깨워 준다. 10년, 20년 뒤 우리 아이들이 사회 구성원으로 진출할 때는 지금과 다른 세상이 펼쳐진다는 전문가들의 메시지다. 우리 아이들은 지금은 세상에 없는 직업, 10년 뒤에 새롭게 등장하는 직업을 가질 가능성이 높다.

"인공지능이 일자리를 먹어치운다고?" 기술이 발달할수록 인간의 전문화된 지식, 암묵적 지식, 판단력과 창의성의 필요성도 함께 늘어난다. 그래서 사라지는 일자리보다 새로 생겨나는 일자리가 더 많다. 예를 들어, 의료 영상 기술이 도입되고 IBM 왓슨IBM Watson과 같은 인공지능 솔루션이 등장하더라도 방사선 전문의가 사라지지 않는다. 또한 기술이 발달할수록 인간의 전문 지식과 경험, 직관력이 동원될 일도 많다. 인공지능 보급 속도를 예상할 때, 인간이 적응할 일정 기간의 시간이 주어질 것이다. 1975년 인텔은 '인텔 8080' 마이크로프로세서를 채택한 개인용 컴퓨터 '알테어 8800'을 출시했다. 1990년대에 들어서야 개인들이 보편적으로 사용할 만큼 보급됐고, 그래픽 유저 인터페이스를 지원하는 운영체제 '윈도즈 95'가 탑재되면서 마우스를 사용해 조작하기 쉬워졌다. 인공지능 역시 상당수 사람들이 활용할 만큼 보급되기까지 시간이 소요되고, 사람들은 빠르게 적응하게 될 것이라는 전망이다. 어쨌거나 인공지능은 거역하기 힘든 혁명적인 변화를 부르고 있다.

미국의 전설 '존 헨리'의 승리 아닌 승리

존 헨리John Henry는 1840년대에 태어난 아프리카계 미국인이다. 그가 성인으로 성장한 1870년대는 미국 대륙횡단철도 건설이 한창이었다. 바위를 깨고 철도를 뚫어야 하는 일이 많았다. 여간 힘든 일이 아니었다. 존 헨리에게 주어진 임무는 '스틸 드라이버steel driver'였다. 해머를 내리쳐 바위에 구멍을 내고 그곳에 다이너마이트를 넣은 다음 폭발시키는 작업이었다. 존 헨리는 워낙 건장한 체격이었다. 영웅으로 인정받을 만큼 빠르고 강인했다. 어느 날 철도 건설 업체가 사람을 대신하여 터널을 파는 기계를 들여왔다. 증기기관의 힘으로 작동하는 굴착기는 인간 노동자 여럿이 해내는 일을 혼자서 거뜬히 해냈다. 굉음과 함께 놀라운 파워를 과시했다.

존 헨리가 증기 드릴 굴착기에 대결을 신청했다. 인간과 기계의 터널 뚫기 승부가 펼쳐졌다. 인간 대표 존 헨리와 증기 드릴 굴착기가 각기 다른 터널을 뚫기 시작했다. 처음에는 기계가 앞섰다. 헨리는 포기하지 않고 기계에 맞섰다. 쏟아지는 돌덩이를 치우고 어둠을 헤쳐 앞으로 나아갔다. 산을 관통하여 터널이 완성될 즈음 헨리는 마침내 기계를 따라잡았다. 증기 드릴 기계는 구멍을 뚫을 수 있었지만 쪼개진 바위를 옮기지 못한 데다 여러 번 고장을 일으켜 시간을 잡아먹었다. 기계와의 경쟁에서 인간이 거둔 힘겨운 승리였다. 동료들은 헨리의 승리에 환호했다. 하지만 기쁨도 잠시 헨리는 쓰러지고 말았다. 전력을 다해 힘이 소진된 탓이었다. 헨리는 다시 일어나지 못했고, 결국 숨을 거뒀다. 헨리가 실존 인물인지는 확실하지 않다. 일부 역사가들이 헨리가 실존 인물이었다고 주장하지만 논란이 남아 있다. 스캇 넬슨Scott Reynolds Nelson은 자료 조사를 통해 존 헨리가 실존했던 인물임을 주장했다(Nelson, 2006). 존 헨리 이야기는 미국 전래 민요로 이어져 왔다. 동화작가 에즈라 잭 키츠Ezra Jack Keats가 쓴《미국의 전설 존 헨리 이야기John Henry: An American legend》는 미국 어린이들에게 자주 읽히는 아동 도서다(Keats, 2014). 만화와 애니메이션으로도 제작되었다. 미래학자 다니엘 핑크Daniel Pink가 그의 책《새로운 미래가 온다A whole new mind》에서 존 헨리 이야기를 소개하기도 했다(Pink, 2006). 미국 웨스트 버지니아주State of West Virginia 탤콧Talcott 마을에 해머를 든 존 헨리의 동상이 세워졌다. 지금은 폐쇄된 그레이트 벤드 터널Great Bend Tunnel의 입구를 존 헨리 홀로 지키고 있다.

존 헨리 이야기는 당시 새롭게 등장한 기계에 대한 미국인들의 반감과 두려움을 담고 있다. 인공지능과 자동화 로봇을 바라보는 현대인들의 감정과 크게 다르지 않을 것이다. 아무리 강력한 기계가 등장하더라도 인간을 이길 수 없다고 장담했던 존 헨리. 승리에 기뻐했던 그의 시간은 짧았다. 결국 기계가 이긴 셈이다. 인공지능 기술과 로봇 기술도 이와 같지 않을까? "기계가 사람을 따라잡는 건 시간 문제"다. 기계를 상대로 무모한 대결을 펼치기보다는 그 기계를 적절하게 조작, 활용함으로써 체력적, 정신적 에너지 소모를 최소화하는 게 현명한 방법 아니겠는가. 더욱이 상대가 인공지능이라면 싸우기 전에 승부는 이미 갈리고 만다. 많은 사람들이 말하듯이 기계가 할 수 없는 일, 인간만이 할 수 있는 일을 찾아 그 일을 수행할 수 있는 역량을 키워 가는 수밖에 없다.

AI 의학 기술과 의사의 미래

가히 의대 광풍이다. 의과대학 입학 정원을 늘리려는 정부와 여기에 반대하는 의학계가 첨예하게 대립한다. 의과대학은 언제부턴가 수험생들의 선호도 측면에서 일류 대학 공과대학을 앞질렀다. 논란이 있지만 의대 열풍의 첫 번째 이유는 무엇보다 건강보험 제도에 힘입어 고소득을 보장하기 때문이다. 일부 실패한 개원 의사들 얘기가 있지만 의사가 우리 사회 고소득 직업임은 부인하기 힘들다. 두 번째는 정년 없이 오래 일할 수 있다는 안정성이다. 아프지 않고 죽는 사람은 없을 테니 세상이 어떻게 달라진들 의사는 다른 직업 종사자보다 오랫동안 일할 수 있다. 세 번째는 사람의 생명을 살리고, 아픔 없이 건강하게 오래 살도록 하는 데 이바지하겠다는 숭고한 사명이다.

그렇다면 앞으로도 의사는 고소득이 보장되는 직업으로 남을까? "그렇지 않을 수 있다."라는 답이 많다. 의대 정원이 점점 늘어나 의사 인력이 포화 상태에 다다르고, IBM 왓슨처럼 인공지능이 의사처럼 활약할 것이라는 등 다양한 논거들이 등장한다. 의사 고소득의 시대는 결코 오래가지 못할 테니 자녀를 의대 보내지 말라고 권하는 이들도 많다. 인공지능과 자동화 기술이 실제 의료계를 어떻게 변화시키고 있을까?

의료계에서 인공지능의 역할은 크게 네 가지다. 첫째, 엄청난 의료 정보를 담고 있는 IBM 왓슨처럼 의료 분야의 방대한 데이터를 수집하고 분석하여 의사가 바른 처방을 내리는 데 도움을 준다. 둘째, 촬영된 의료 사진 자료를 분석하는 일이다. 촬영된 영상을 분석하여 진단을 내리는 인공지능 기반 기술이다. 인공지능의 영상 판별 실력은 인간을 능가하고 있다. 셋째, 실시간으로 수집된 환자 데이터를 인공지능이 학습하여 정확한 병명을 진단한다. 넷째, 인공지능이 데이터를 학습하여 신약 개발을 돕는다. 약효를 발휘할 화합물의 조합을 추천하는 방식이다.

IBM의 '왓슨 포 온콜로지Watson for Oncology'는 진료 과목별로 방대한 의학 전문 지식을 수집, 분석하여 특정 환자의 의료 정보를 분석, 추론하고 평가한다. 이를 통해 그 환자에게 적합한 치료 방법을 찾아 의사에게 알려 준다. 우리나라에는 2016년 가천대 길병원에서 가장 먼저 도입했다. 2017년부터 부산대 병원, 건양대 병원 등에서 속속 IBM 왓슨을 들여오기 시작했다. 왓슨이 학습한 의학 지식이 미국의 의학 저널에 기반하고 있어 우리나라 환경에는 맞지 않을 수 있다. 이를 보완하기 위해 서로 다른 분야 전문의들이 모여 환자를 진단하는 데 활용한다. 일부에서는 병원 홍보 마케팅 차원 아니냐는 시선을 보내지만, 환자를 돌보고 진단하는 데 실제적인 효과가 있다는 평가다(장주희 외, 2020). 일본에서도 왓슨의 활약은 눈에 띈다. 일본 도쿄대학 의과학연구소에서는 의사가 6개월 동안 매달려도 알아내지 못했던 희귀병을 IBM 왓슨이 찾아냈다. 기존의 의료 기록을 종합하고, 의사들이 처방한 의료 기록의 패턴을 컴퓨터가 통계적으로 추출해서 병명을 알아낸 것이다(新井紀子, 2018).

CT(Computed Tomography, 컴퓨터 단층촬영)나 MRI(Magnetic Resonance Imaging, 자기공명 영상)로 촬영된 영상을 보고 병을 진단하는 일이 영상의학 전문의들의 역할이다. 국내 인공지능 기술을 활용한 의료 기술 개발 업체가 의료 이미지 데이터를 분석해서 질병을 알아내는 인공지능 시스템을 개발한 바 있다. 2014년 인공지능 전문 연구원 3명이 모여 창업한 '뷰노VUNO'는 딥러닝 기술을 활용하여 의료 영상을 판독하는 솔루션을 개발, 상용화했다. 2018년 개발한 '뷰노메드 본에이지'는 식품의약품안전처로부터 AI 의료 기기 승인을 얻었다. '본에이지'는 의사가 환자의 뼈 나이(골 연령)를 판독할 때 보조하는 소프트웨어로, 의사가 혼자 처리할 때보다 판독하는 데 걸린 시간을 40% 단축시켰다. 3시간 걸리던 일을 1시간 40분에 끝내도록 도운 것이다.

IBM 왓슨처럼 의료계에 도입된 인공지능 기술이 의사가 하는 일의 일부를 대신하고 있다. 왓슨이 갖고 있는 의학 지식은 인간 의사가 평생 공부하고, 경험을 쌓더라도 따라갈 수 없는 수준이다. 그래서 미래에는 환자를 진찰하는 사람이 의사가 아니라 간호사일 수 있다는 얘기가 나온다. 신성불가침한 영역으로 간주되는 전문가로서 '의사'라는 직업의 견고한 위상도 시간 문제일 뿐 언젠가는 무너질 것이라는 예측이다. 인공지능 기술의 도움을 얻을 경우 간호사도 일정 부분 질병을 진단하고 치료할 수 있는 의료 전문성을 갖출 수 있다. 더 나아가 의료 보조 인력이 인공지능 의료 기술의 도움을 얻어 더욱 세분화된 분야의 의료 전문가로 거듭날 경우, 새로운 의료 전문가 계층으로 자리 잡을 수도 있다. 의사와 간호사, 의료 보조 인력이라는 명확한 경계가 점차 사라질 가능성이 점쳐진다(Susskind & Susskind, 2015).

정보 기술 발달로 부착형 센서, 스마트폰으로 검사한 임상검사, 이미지 촬영 장비로 수집된 자료의 주인은 누구일까? 병원인가? 의사인가? 환자 자신인가? 심장 전문의이면서 유전학 연구자인 에릭 토폴Eric Topol, MD은 개인 건강 정보, 진단 결과는 환자의 것이라고 주장한다. 자신의 몸에 관한 데이터인 데다 검사 비용을 본인이 지불했기 때문이다. 개인의 유전체 염기 서열 분석 자료, 센서에서 나온 결과치, 초음파검사 녹화 자료도 개인이 확보하는 날이 올 것이다. 에릭 토폴은 그의 저서 《청진기가 사라진 이후The patient will see you now: The future of medicine is in your hands》에서 "스마트폰이 나의 의사"가 될 것이라고 말했다. 구텐베르크의 인쇄 기술이 책을 손에 잡히도록 만들었듯이, 소형 모바일 의료 장치들이 스마트폰과 어울려 등장하고, 신체에 관한 웬만한 정보는 수집할 수 있을 것이라고 내다봤다. 그는 또, 병원을 찾지 않고 진찰받을 수 있는 스마트폰 가상 진료virtual medical visit를 예상했다. "의사 선생님께서 진료할 거예요.The doctor will see you now."라는 말마저 사라질 수 있다는 것이다(Topol, 2015).

안젤리나 졸리Angelina Jolie가 2013년 〈뉴욕 타임스〉 신문에 '나의 의학적 선택My Medical Choice'이라는 칼럼을 기고했다. 자신이 유방암에 걸릴 가능성이 크다고 판단, 미리 양쪽 유방을 절제하고 복원했다는 고백이었다. 프랑스계 캐나다인French Canadian인 자신의 어머니가 유방암과 난소암으로 10년 투병 끝에 56세에 사망한 데다, 그녀의 할머니마저 난소암으로 돌아가셨기에 자신도 암에 걸릴 가능성이 높다고 판단했다. 유전자 검사 결과, 관련 유전자에 돌연변이를 갖고 있어 안젤리나 졸리가 유방암에 걸릴 확률이 87%, 난소암 발병 가능성은 40%에 달했다. 모든 결정을 의사에게 맡기는 것이 아니라 자신이 선택하는 시대가 멀지 않았다는 얘기다. 안젤리나 졸리의 유전자 검사를 통한 예방적 조치는 '안젤리나 효과Angelina effect'라는 말이 나올 만큼 대중의 관심을 끌었다. 인쇄술과 사진술이 등장하면서 지식과 예술의 민주화가 이루어졌듯이, 이제는 의료 민주화가 다가오고 있다는 얘기다. 스마트폰에 고화질 카메라가 부착되면서 누구나 유튜버가 되고 인스타그램 사용자가 되듯이 자기 몸을 스스로 진찰할 수 있는 시대가 도래하고 있다. 의사의 영향력은 그만큼 줄어들 수밖에 없다.

그렇다면 의사라는 직업의 미래는 장밋빛일까, 잿빛일까? EBS의 〈위대한 수업, 그레이트 마인즈〉에 출연한 이스라엘 역사학자 유발 하라리(Yuval Harari, 1976~)는 AI로 대체될 직업의 특징을 설명했다. 그는 일단 대체하기 쉽고, 돈이 오가는 산업을 AI가 대신할 직업으로 지목했다. 특정 직업에 대한 선호도나 사회적 지위와는 관련이 적었다. 대체되기 쉬운 대표적인 직업은 축적된 정보를 분석하는 일이다. 반대로 몸을 쓰는 일, 사회적 관계와 소통이 필요한 일은 대체될 가능성이 낮다. 의사가 간호사보다 지위가 높다고 생각하지만 인공지능이 대체하기 어려운 직업은 의사가 아니라 간호사다. 의사는 환자의 과거 질병 기록을 살핀 다음, 현재 질병 정보를 받아 처방하기 때문에 인공지능 기술로 대체하기 쉬운 편이다. 하지만 간호사는 상처에 붕대를 감고, 주사를 놓아야 하기 때문에 인공지능으로 대체하기 힘든 직업이다. "AI 간호사보다 AI 의사를 먼저 보게 될 것"이라는 게 유발 하라리의 미래 전망이다(EBS, 2022).

의사를 둘러싸고 있는 성벽은 법에 따라 견고하게 보호받고 있다. 제아무리 AI 의료 기술이 발달하더라도 사회적인 제도가 허용하지 않을 경우, 인간 영역으로 기계가 진입하기에는 장벽이 매우 높다. 환자들도 기계보다는 인간 의사의 손길을 원한다. 외과 의사의 오랜 경험과 손끝에서 나오는 정교함과 따스함을 인공지능이 대신할 수 없다. 환자와 의사의 인간적 관계, 문제가 발생했을 때 유연하게 대처할 수 있는 능력 또한 인간 의사에게만 존재한다. 의사의 수요가 점차 줄어들 수 있을지라도 의사라는 직업이 사라질 가능성은 없다. 인공지능 의료 기술이 제아무리 정교하게 수술하고, 정확한 진단을 내릴지라도 그것을 확인하고 조종하는 일은 인간 의사의 몫일 수밖에 없다. 다만, 인공지능 의료 기술을 능수능란하게 활용하는 의사와 그렇지 못한 의사의 능력 차이는 확연히 드러날 것이다. 인공지능 의료 기술은 인간 의사가 수행하는 작업task의 일부를 대신할 수 있을 뿐, 의사의 역할, 의사의 직업을 온전히 대체할 가능성은 극히 낮다.

왜 굳이 의사여야 할까? 부모 세대 기준으로 의사는 고소득의 안정적인 직업으로 비치기에 자녀에게 의사가 되기를 권할 수 있다. 하지만 단지 그런 이유로 의사의 길을 권유한다면 한 번 더 생각해 볼 일이다. 의사 수는 매년 크게 늘어나고 있다. 의대 입학 정원이 늘어날수록 의사들 간 생존경쟁은 더욱 치열해질 수밖에 없다. 의사 수가 늘어난다고 그에 비례하여 건강보험료 수입이 증가할 가능성은 희박하다. 다른 나라에 비해 양질의 의료 서비스를 받고 있는 것이 사실이지만, 소득에 비해 꽤나 높은 비용을 부담하고 있다는 여론 또한 높다. 건강보험료 수입은 한정되어 있는 상황에서 의사 수가 늘어난다면 의사 개인별 수입은 감소한다. 여기에 더해 의사가 고소득 직업으로 남을 것이라고 장담할 수 없는 이유는 인터넷 검색과 모바일 자기 진찰이 활성화되기 때문이다. 심각한 질병이 아닌 이상 직접 병원을 찾는 횟수는 줄어들 것이다. 높은 소득을 과시하는 직업으로 남지 못할 경우, 안정성도 동시에 떨어질 것이다.

의사가 되려는 진정한 이유가 '사람의 생명을 살리고, 아픔 없이 건강하게 오래 살게 하려는 숭고한 사명'이 아니라면 조금 더 생각해 볼 일이다. 무한한 세계를 향해 더 큰 날갯짓을 할 수 있는 자녀를 부모가 사는 세상에 맞춰 묶어두는 우를 범해서는 안 된다. 세상은 넓고, 우리의 예상을 초월한 장수 시대를 살아갈 아이들이다. 새장 속에 가두기보다는 드높은 창공을 마음껏 날 수 있는 능력을 기르고, 에너지를 공급하는 일이야말로 인공지능 시대 부모가 해야 할 역할이 아닐까.

AI 시대
우리 아이

내일의 삶과 오늘의 교육

PART

02

교육, 핵심 역량, 커뮤니케이션

Chapter 04　뜨거운 교육 혁명
Chapter 05　AI 시대 인재의 요건
Chapter 06　미디어 바로 읽기와 커뮤니케이션

Chapter 04
뜨거운 교육 혁명

 인공지능은 거의 모든 분야에서 패러다임 전환을 부르고 있다. 특히 앞서 적용되는 곳이 교육이다. 모두의 관심인 데다 다른 사람들보다 효율적인 방식으로 학습하여 경쟁에서 앞서가려는 욕망이 맞닿는다. 인공지능 기술은 공장식 학교 시스템에서는 실현하기 힘들었던 개인 맞춤형 교육 시대를 열어 준다. 학생의 상태를 정확하게 진단하고, 과목마다, 단원마다, 개념마다 그 학생이 우수한 영역은 더 높은 수준으로 끌어올리고, 뒤처진 부분은 집중적으로 보충 학습하도록 안내한다. 학생의 학습 행태와 습관을 면밀하게 분석하여 이를 적용하는 적응형 학습 기술이기에 가능한 일들이다. 진도 맞추기식, 표준화된 인재 양성 위주의 이른바 '19세기 교육'이 저물어 가고 있다. 인공지능 기반 에듀테크edutech 기술이 학생 간 격차를 완화하는 데 도움을 주고, 기술 혁명의 부작용으로 대표되는 교육 불평등을 줄이는 데 기여할 것이라는 기대를 높인다. AI 교육은 어떻게 진화하고 있으며, 그 끝은 어디일까?

공장형 교육

평균의 함정

차를 타면 내 몸에 맞춰 의자 위치를 조정한다. 운전석은 운전자가 한 번 세팅한 체격을 기억해서 탈 때마다 알아서 맞춰 주는 차들도 많다. 만약에 의자가 일정한 위치에 고정되어 있어 내 체격과 체형에 맞춰 조정할 수 없다면 운전자는 얼마나 불편할까? 비상시 안전과 직결되는 문제다. 돌발 상황에서 급히 방향 지시등을 켜거나 비상등을 켤 수 없다면 뒤 차의 추돌을 피하기 힘들 수 있다. 운전자 체형에 맞춰 좌석을 조정할 수 있도록 설계하는 발상은 어떻게 나왔을까?

이러한 아이디어는 1950년대 미국 공군에서 나왔다. 당시만 해도 전투기 조종석은 조종사 체격에 맞출 수 없는 구조였다. 조종사들의 평균 체격을 조사해서 그 평균 체격에 맞춰 고정된 형태로 조종석을 제작하는 방식이었다. 문제는 비행 중 비상 상황이 발생했을 때였다. 제트엔진이 장착되면서 비행 속도는 높아졌고, 전투기가 추락하는 사고도 빈번했다. 단 하루 만에 비행기가 17대까지 추락하는 지경에 이르렀다. 엔진 결함은 발견되지 않았다. 동체와 전자장치 어디에도 이상을 발견하지 못했다. 추락 원인을 조종사 과실로 돌렸지만 조종사들은 수긍할 수 없었다. 그렇다면 무엇 때문에 그렇게 많은 전투기가 추락했을까?

1926년부터 단 한 번도 바뀌지 않은 조종석에 의심의 눈이 쏠렸다. 조종사들의 평균 체격을 조사하고 그에 맞춰 표준화한 조종석 크기와 위치는 30년이 넘도록 단 한 차례도 바뀌지 않았다. 그렇다면 조종사들의 체격을 다시 조사해서 조종석을 요즘 조종사들의 평균 체격에 맞추면 되지 않을까? 이런 발상으로

미 공군은 4,000명이 넘는 조종사들의 체격을 측정했다. 키, 몸무게, 팔 길이, 엉덩이 둘레, 몸통 둘레, 눈과 귀 사이 거리 등을 자세하게 측정한 다음 중요한 치수 열 가지의 평균값을 산출했다. 그에 맞춰 조종석을 바꿀 참이었다.

"그건 아니지?" 평균치를 적용한다는 데 항공의학연구소의 한 초급 장교가 의문을 표시했다. 하버드대학을 갓 졸업한 길버트 다니엘스(Gilbert Daniels, 1927~2020) 중위였다. "조종석을 평균 체격에 맞춘다고?"라는 의심을 갖고 조종사들의 체격을 조사한 데이터를 면밀히 들여다보았다. 결과는 의외였다. 10개 측정치 모두 평균 15% 범위에 들어가는 조종사를 단 한 명도 찾아내지 못했다. 평균 체격 데이터를 기초로 조종석을 설계하는 건 오해의 소지가 있을 뿐 아니라 환상에 가까웠다. 다니엘스 중위는 수집된 데이터 두 가지 이상을 동시에 적용할 때는 더욱 그렇다며 "평균치를 적용하는 것은 어느 조종사에게도 맞지 않는 조종석을 만드는 식"이라고 결론 내렸다.

다니엘스 중위가 작성한 보고서의 도입은 아래와 같다(Daniels & Churchill, 1952).

"평균적 인간"의 관점에서 생각하는 방식은 체격 데이터를 설계 문제에 적용하려고 할 때 큰 실수를 저지르는 함정이다. 사실 공군에서 "평균적인 인간"을 찾는 것은 사실상 불가능하다. 이는 공군 조종사 집단의 독특한 특성 때문이 아니다. 사람들 체격의 다양성 때문이다. 보고서는 평균치를 사용할 때 발생하는 어려움을 가져오는 몇 가지 요인을 지적하고 그 이유를 설명한다. 또한, 이런 어려움을 어느 정도 피할 수 있는 방법을 제시한다. 보고서의 데이터는 1950년 공군의 조사 결과다. 여기서 보고된 것들과 비슷한 형태로 신체 규격 데이터를 적용하는 분석이 이루어질 때 어떤 결론에 도달할지 예상할 수 있는 이유들이 담겨 있다.

The tendency to think in terms of the "average man" is a pitfall into which many person blunder when attempting to apply human body size data to design problems. Actually it is virtually impossible to find an "average man" in the Air Force population. This is not because of any unique traits of this group of men, but because of the great variability of bodily dimensions which is characteristic of all men. It is the intent of this Technical Note to point out and explain some of the factors that lead to the difficulties arising from the use of "average" dimensions and to indicate to some extent how they may be avoided. The data on which this Technical Note is based are the results of the Air Force Anthropomatric Survey of 1950. There is, however, every reason to suppose that conclusions similar to these reported here would have been reached if the same type of analysis had been applied to body size data based on almost any group of people.

미 공군은 다니엘스 중위의 보고서를 채택하기로 결정한다. 항공기 제조업체들에 평균 체격에 맞춘 고정형 좌석이 아니라 조종사별 신체 구조에 따라 길이와 간격 조절이 가능한 조종석 규격을 제시했다. 처음에는 비용이 많이 든다며 업체들이 난색을 표했다. 얼마 지나지 않아 항공기 제조사들은 가변형 조종석을 개발해 냈다. 조종사 헬멧에는 길이를 조절할 수 있는 조임끈을 달았고, 비행복에는 조종사 체형에 맞춰 조일 수 있는 벨트를 갖췄다. 이후 미국 공군은 세계 최강이라는 평가를 받을 만큼 획기적으로 전투기 사고를 줄일 수 있었다.

다니엘스는 어렸을 적부터 식물과 원예에 관심이 많았다. 공군에서 나온 뒤 식물학 박사 학위를 받은 다음 펜실베니아주 피츠버그에 있는 헌트 식물 도서관Hunt Botanical Library 관장으로 일했다. 원예사 다이엘스는 은퇴 후에도 정원을 가꿨다. 그가 일깨워 준 '평균의 함정'이라는 통찰은 획일화가 가져오는 오류를 정확하게 짚어 냈다. 하버드대학교 교육대학원 교수인 토드 로즈(Todd Rose, 1974~)는 그의 저서 《평균의 종말The end of average》에서 다니엘스가 미국 공군에서 펼친 연구와 그 의미를 자세히 분석했다(Rose, 2016). 평균 체격의 오류를 지적한 다니엘스의 통찰은 획일화된 교육에도 동일하게 적용된다. 인공지능 시대를 살아가는 아이들에게 개인별 맞춤형 교육은 선택이 아니라 필수다. 공장형 교육에서 벗어날 때다. 그래야 평균의 함정에 빠지지 않는다.

우리는 너무 오랜 세월 공장식 교육과 정해진 교육과정에 갇혀 있었다. 이제는 갇힌 줄도 모르고 이를 당연하게 받아들이고 있지 않은가. 시대가 바뀌면 교육 시스템도 달라져야 한다. 환경이 변화하면 교육 내용 역시 변화된 상황에 맞게 바뀌어야 한다.

검치호랑이 교육과정 우화

원시 시대, 어른들은 아이들이 그냥 놀면서 시간을 보내기보다 목적이 있는 활동을 하는 게 낫다고 생각했다. 그래서 아이들이 살면서 갖춰야 할 필수 소양을 가르치기로 했다. 어른들이 사냥을 나간 사이 아이들에게 세 가지를 집중해서 가르쳤다. 이는 ① 맨손으로 맑은 개울에서 물고기 잡는 방법, ② 털이 많은 말의 털을 묶어서 잡는 방법, ③ 불을 피워 다가오는 검치호랑이를 물리치는 방법이었다. 물고기를 잡아 먹거리를 구하고, 털이 많은 말을 잡아 추위를 견디기 위한 가죽을 얻고, 검치호랑이(劍齒虎, Saber-toothed tiger)를 쫓아냄으로써 위험으로부터 자신을 보호하기 위해 구상된 일종의 '교육과정'이었다. 아이들은 그냥 놀던 때보다 목적을 갖고 무언가를 배우는 행위에 흥미를 갖고 참여했다.

뜻밖의 상황이 닥쳤다. 빙하기에 접어든 것이다. 빙하가 녹아 흙과 자갈이 개울로 흘러들었다. 개울은 혼탁해졌다. 강은 습지로 변했고, 털이 많은 말들은 다른 지역으로 옮겨가 더 이상 찾아볼 수 없었다. 검치호랑이들은 폐렴이 역병처럼 돌아 끝내 멸종되고 말았다. 아이들이 배운 맑은 물에서 맨손으로 물고기 잡는 기술이 쓸모없어졌다. 털이 많은 말을 잡을 일도 검치호랑이를 쫓아낼 일도 없어졌다. 그럼에도 어른들은 아이들에게 맑은 물에서 물고기 잡기, 털이 많은 말 잡기, 불을 피워 검치호랑이 몰아내기를 예전처럼 가르쳤다. 환경이 크게 바뀌어 아무 쓸모없는 줄 알면서도 어른들은 하던 대로 했다. 세 가지 기술은 교육과정으로 자리 잡았고, 전통이 되었기 때문이다. 교육과정은 이미 원시인들이 신성하게 여기는 무엇이 되어 있었다.

《원시 시대 교육과정The Saber-Tooth curriculum》이라는 우화집에 나오는 얘기다(Peddiwell, 1939). 교육학자 애브너 페디웰J. Abner Pediwell이 1939년에 출간했다. 우화집에는 교육은 물론 정치, 경제적 측면에서 교육의 의미를 생각하게 만드는 얘기들이 실려 있다. 국내에는 《검치호랑이 교육과정》이라는 제목으로도 번역, 출판되었다. 검치호랑이 우화는 우리 시대 역시 시대 변화와 상관없이 아이들에게 필요하지도 않은 교육을 공들여 시키고 있지 않는지 되돌아보게 만든다.

존 듀이의 7년간 교육 실험

19세기 미국에서도 공장형 교육이 대세였다. 교실에 수십 명을 모아 두고 정해진 과목을 정해진 시간표에 따라 수업을 진행하는 방식이었다. 여기에 문제를 제기한 교육학자가 있었다. 1894년 미국 시카고대학 교육학부 학장 존 듀이(John Dewey, 1859~1952)였다. 그는 자기 나름의 교육을 실험하고, 현장에서 실천했다. 1896년 존 듀이는 6~9세 아이 16명을 흥미와 능력에 따라 나눴다. 교사는 2명이었다. 필수 기초 지식 과목인 언어, 역사, 수학, 과학에 목공, 재봉, 요리, 연극을 더했다. 존 듀이가 설계한 교육 실험의 목표는 '경험을 통한 끝없는 성장'이었다. 일방적인 교육이 아니라 아이들이 중심인 새로운 교육을 펼쳐 보겠다는 의지로 출발했다. "효과적인 교육은 지식을 일방적으로 외우게 하는 것이 아니라 스스로 선택과 학습을 통해 깨닫게 하는 데 있다."라는 것이 존 듀이의 교육철학이었다.

논란이 일었다. "아이들을 방치하는 잘못된 방식이다!", "혼란스럽고 도덕적이지 못하다!"라는 우려가 쏟아졌다. "아이들을 위한 진정한 교육이다!", "지역사회를 위한 민주주의 학교다!"라는 긍정적인 평가는 묻히고 말았다. 그럼에도 존 듀이는 실험을 시작한 지 7년이 지난 시점에 자신의 교육 방식을 고등학생 140명으로 확대하려 했다. 하지만 기존 학계와 갈등이 점차 고조돼, 실험은 멈출 수밖에 없었다. 존 듀이는 대학을 결국 떠났다.

7년 동안의 실험이 끝난 지 30년이 지난 후, 존 듀이의 교육 실험은 다시 평가되었다. 미국 진보주의교육협회PEA를 중심으로 1933년부터 1941년까지 8년 동안 선택 교육과정 실험을 진행했다. 이번에는 대학과 미리 협의해 대학입시와 연계시켰으며, 이백 가지에 달할 만큼 평가방식을 다양하게 설계했다. 선택 교육과정이 자칫 기초학력을 저하시킬 것이라는 우려는 기우였다. 학생 중심 교육으로도 얼마든지 배우고 익힐 수 있음을 확인했고, 별다른 문제가 드러나지 않았다.

이는 다른 나라의 교육정책으로 확산됐다. 영국은 1968년 엘리트 양성 교육에서 개인 적성에 맞는 교육으로 전환했다. 독일은 1970년 국가 중심의 획일적 교육에서 학생 선택에 맞춘 다양화된 교육으로 바꿨다. 중국도 1982년 학생의 관심과 경험을 중심으로 학습 선택을 장려하는 교육을 도입했다. 핀란드는 새로운 교육 방식을 도입하는 데 신중했다. 더욱 많은 검토와 준비 과정을 거쳐 1993년 학교와 교사의 자율권을 강화하고 학생의 과목 선택권을 넓힌 핀란드식 교육체계를 만들었다. 아시아권 국가들도 교육 방식을 변화시켰다. 싱가포르는 2005년 일방적으로 가르치던 방식에서 학생들의 자율적 학습을 지원하는 시스템으로 바꿨다. 일본은 2012년 자유 토론 중심의 심화 학습을 채택했다. 우리나라는 1997년 말 국민 공통 기본 교육과정과 고등학교 선택 중심 교육과정으로 구분 지은 7차 교육과정을 도입했다. 교육 내용과 방법을 학생의 진로와 적성에 맞게 다양화하고 교육 내용의 양과 수준을 적정하게 조절하여 심도 있는 학습이 가능하도록 하겠다는 것이 핵심이었다(EBS, 2019.2).

우리나라 교육체제의 큰 틀은 미국의 영향을 많이 받아 세워졌다. 미국 교육의 틀을 얘기할 때 교육학자이면서 교육철학자인 존 듀이를 빼놓지 않는다. 존 듀이는 무엇을 어떻게 배우는가에 더해 학교의 역할, 학교라는 공동체가 갖는 의미를 명쾌하게 정리했다.

> "학교는 작은 사회다. 학교는 아이들이 사회생활에 필요한 의사소통 방법과 윤리적 가치를 체득해 민주사회를 이룰 수 있게 하는 가장 중요한 공간이다."
> – 존 듀이 철학자 · 교육학자

맞춤형 학습

로보칼립스 시대의 생존법, 교육

인공지능 시대에는 로봇이 일자리를 빼앗고, 지금과 확연히 다른 일자리의 세계가 펼쳐진다고 야단이다. 산업혁명으로 농사짓던 사람들이 도시로 몰려들 때처럼, 새로운 일자리가 만들어질 것이라는 전망과 함께 그 정반대의 예측도 함께 나온다. 우리 아이가 살아갈 미래, 2040년대에는 어떤 일자리가 펼쳐질까? 그 누구도 확실한 답을 내놓을 수 없는 불확실성의 시대, 해답은 무엇일까? 당장 교육에 투자하라는 미래학자들이 많다. 결국 자신의 경쟁력을 높이는 데 투자하라는 얘기다.

제이슨 솅커Jason Schenker는 블룸버그가 뽑은 최고의 미래학자다. 온라인 강좌로 석사 학위만 3개를 취득하고, CNN, ABC, NBC, MSNBC, Fox, BBC 등 여러 방송에 출연했다. 특히 금융의 미래를 예측하는 데 탁월하다는 평가를 얻는다. 그는 미래를 대비하는 해법으로 '교육'을 제시했다. 이유는 학력이 높을수록 임금 수준이 높고, 높은 학위를 가질수록 경제 위기가 닥쳐도 상대적으로 일자리를 쉽게 빼앗기지 않기 때문이다. 솅커는 디지털 플랫폼 경제에 따른 소득 불평등, 소득 감소에 대한 대안으로 논의되는 보편적 기본 소득에 대해서는 부정적이다. 그는 보편적 기본 소득 제도가 인플레이션을 부르고, 세금 부담을 높이며, 미래 경제와 기술 발전을 저해하고, 미취업 인구가 늘어나 사회적 위기를 초래한다는 네 가지 이유로 기본소득이 기술적 실업에 대한 해답이 될 수 없다고 설명한다. 결국 답은 교육에 있다. 교육이야말로 로보칼립스Robocalypse[*]

---

[*] 로보칼립스(Robocalypse)는 '로봇(Robot)'과 묵시록을 뜻하는 '아포칼립스(Apocalypse)'를 합친 단어다. 로봇으로 발생하는 대량 인간 실업 상황을 대재앙이나 재난에 빗대어 표현했다.

시대에 인간이 로봇에 맞설 수 있는 해답을 제공한다. 시대를 불문하고, 기술 발전에 상관없이 변화하는 사회에 주체적으로 맞설 수 있는 근원적 해법은 교육이다(Schenker. 2017). 고유의 가치와 경쟁력을 갖춘 사람이야말로 어떤 환경에도 적응하고 어느 곳에서나 환영받지 않겠는가.

학력이 높을수록 여전히 소득이 높다. 박사 학위를 가진 사람의 연봉이 일반인의 평균 연봉보다 높다. 대한민국 사정도 이와 다르지 않다. OECD가 국가별로 학력별 임금 격차를 조사한 결과 2020년 기준 대한민국은 고등학교 졸업자 임금을 100으로 볼 때, 대졸자 임금은 138이었다. 2011년 조사에서는 대졸자 임금 수준이 147로 높았다. 격차는 줄었지만 학력과 임금 간 차이가 있음을 뚜렷하게 보여준다. 미국은 대졸자 임금 수준이 163으로 더 큰 격차를 보인다. 향후에도 학력에 따른 소득 수준의 격차가 나타나는 현상은 쉽게 사라지지 않을 것이라는 전망이다.

또한 학력이 높을수록 자동화 시대 로봇에게 일자리를 빼앗길 확률이 낮다. 셴커는 대학원 학위를 요구하는 직업이 로봇에게 밀려날 확률은 0%라고 내다봤다. 지난 2007년부터 2009년까지 미국 투자은행 리먼 브라더스Lehman Brothers의 파산으로 시작된 글로벌 금융 위기 속에서 미국의 학력 수준과 실업률의 관계를 조사했다. 조사 결과, 고등학교 졸업장조차 없는 사람의 실업률이 10%p 가까이 늘어나(2006년 10월 최저 5.8% → 2009년 6월 15.6%) 실업률 증가 폭이 가장 컸다. 학사 학위를 가진 사람들의 실업률은 5%p 늘어나는 수준에 그쳤다. AI 시대에도 배움과 학력이 갖는 힘은 상당 기간 유지될 것이라는 게 셴커의 주장이다(Schenker, 2017).

하버드대 로렌스 카츠(Lawrence F. Katz, 1959~) 교수는 "교육의 문턱을 낮추면 불평등을 줄일 수 있다."라고 본다. 그는 미국이 전 세계를 주름잡는 국가로 발돋움하는 데 교육이 결정적 역할을 했다고 분석한다. 그가 아주 어릴 적 서부 캘리포니아에는 대학교가 4개밖에 없었다. 그가 18세가 되었을 무렵, 대학 캠퍼스는 18개로 늘어났다. 10년 남짓한 기간 동안 미국 젊은이들의 교육 접근성이 눈에 띄게 향상됐다. 반면, 이후 40년 동안은 다르다. 인구는 2천만 명 가까이 늘어났는데 대학은 한 개밖에 늘어나지 않았다. 교육 접근성이 기술을 따라가지 못했고, 그 결과 사회적 불평등을 가중시켰다. 불평등과 빈곤 등 사회문제를 연구해 온 카츠 교수는 교육 발전과 기술 변화로 미국 불평등의 역사를 설명했다(Goldin & Katz, 2009). 교육 변화가 기술을 앞설 때는 임금 불평등이 줄어든다. 반면, 기술 발달이 교육을 따돌리고 앞서갈 때 임금 불평등은 심화된다. 기하급수적인 속도로 기술이 발달하는 시대, 경제적 양극화를 줄이는 해답은 여전히 교육에 있다는 것이 로렌츠 카츠 교수 특강의 핵심이다(EBS, 2024).

경제 위기는 언제라도 다시 닥칠 수 있고, 디지털 경제로 소득 격차는 커지고, 로봇의 일자리 침투 경향은 심화될 것이다. 로보칼립스 시대 가장 안전한 피난처는 무인도나 지하 벙커가 아니라 배움터다. 물론 유일한 배움터가 전통의 학교일 이유는 사라졌다. 온라인으로도 교육이 가능하고, AI 기술에 힘입어 더욱 효율적인 방법으로 교육에 참여할 수 있다. 자신에 대한 교육 투자로 스스로의 경쟁력을 높이는 것이야말로 불확실성 시대를 이겨낼 수 있는 현명한 해법이다. 우리는 기술 발달과의 경주에서 얼마든지 교육으로 앞서 나갈 수 있다.

AI 시대 적응형 학습 시스템

인공지능 기술이 학습에 가져올 혁명적 변화는 단연 적응형 학습이다. 적응형 학습 시스템adaptive learning system이란 학습자의 학습 데이터를 수집하고 분석하여 알고리즘을 적용하고, AI 기술을 활용하여 개인별 맞춤 학습을 제공하는 도구다. 학습 목표를 파악하고 학습 정도와 평가를 관리함으로써 학습자의 성취도를 높여 준다. 적응형 학습은 진단 평가와 기존 학생 데이터를 종합적으로 분석하여 수준을 파악하고, 그 수준에 맞춘 적응형 학습을 제공한다. 적용된 알고리즘에 따라 학습 내용에 대한 수행 능력, 속도, 난이도별로 분석한다. 데이터 분석과 알고리즘은 AI 기술에 따라 실시간으로 조정되고, 학습자가 학습 단위별로 목표를 달성할 때까지 새로운 자료와 과제를 할당한다. 적응형 학습이 가져오는 장점은 학습자에게 자신감을 불어넣는 데 있다. 기존 학습은 국가가 정한 커리큘럼에 따라 정해진 수업 시수를 학교에서 채워야 하고, 미처 내용을 숙지하지 못한 학생도 수업 진도에 맞춰 따라가야 했다. 하지만 적응형 학습은 그렇지 않다. 적응형 학습은 학생이 학습 목표에 도달했는지 판단하여 내용을 숙지할 때까지 새로운 학습을 제공한다. 이미 학습자가 숙지한 단원이라면 그보다 더 높은 수준으로 안내함으로써 흥미를 잃지 않고 더 열심히 공부하도록 만든다.

적응형 학습을 선도적으로 적용하는 학교가 있다. 미국 캘리포니아와 워싱턴에서 중·고등학교 15개를 운영하는 자율형 공립학교 서밋 퍼블릭 스쿨 Summit Public Schools이다. 공립학교인 만큼 학생들 대부분이 가난한 편이다. 에베레스트와 K2 등 높은 산 정상을 일컫는 말, 서밋summit을 넣어 학교 이름을 지었다. 학생과 교사들이 함께 등반하여 결국 정상에 오르자는 뜻이 담겨 있다. 서밋 스쿨에서는 '멘토' 선생님 한 명당 학생 수가 15~20명으로 제한된다. 선생님은 매주 한 번 이상 학생들과 일대일로 만난다. 학생들은 학교에 다니는 동안 같은 반 친구들과 시험으로 경쟁하지 않는다. 대신 프로젝트 기반 학습 Project Based Learning으로 실제 생활 속에서 일어날 수 있는 문제들을 풀어 가면서 문제 해결력과 자기 주도 학습 능력을 키운다. 동시에 사고력이 증진되고, 자연스럽게 친구들과 협업한다. 이 학교 학생들은 '서밋 러닝 플랫폼Summit

Learning Platform'을 무료로 이용한다. 이는 개인별 적응형 학습을 지원하는 온라인 플랫폼으로, 미국 전역 40개 주 400여 개 학교에서 활용하고 있다. 선생님 4천 명이 학생 8만 명을 온라인 플랫폼으로 교육하고 오프라인에서 멘토 역할을 하는 구조다. 성과는 어떨까? 졸업생 99%가 4년제 대학에 진학했고, 그들이 대학을 졸업한 비율은 미국 평균의 두 배에 달했다. 이런 성과에 힘입어 〈워싱턴 포스트〉가 선정한 미국의 가장 혁신적인 학교에 올랐다. 〈뉴스위크〉가 선정하는 '미국 최고 고등학교'에도 이름을 올렸다. 다이앤 태브너Diane Tavenner는 2003년 서밋 퍼블릭 스쿨 공동 설립자 가운데 한 명이다. 그녀는 10년간 교사로 일했다. 저서 《최고의 교실Prepared》에서 서밋 스쿨의 역사와 비전, 성과를 풀어놓았다. 미래의 준비된prepared 인재로 아이들을 키우자는 게 일관된 주장이다(Tavenner, 2021).

서밋 스쿨은 미국 공교육을 속속들이 취재하여 비판한 다큐멘터리 영화 〈수퍼맨을 기다리며Waiting for Superman〉(2010)에 소개된 우수한 공립학교 5개 가운데 하나였다. 감독 데이비스 구겐하임Davis Guggenheim은 〈수퍼맨을 기다리며〉에서 미국 공교육 실상을 통계자료와 수치를 들어 신랄하게 비판했다. 영화는 워싱턴 DC 교육감이었던 미셸 리Michelle Rhee의 공교육 개혁 사례를 비중 있게 다뤘고, 영화 상영을 계기로 미국에서는 당시 공교육 개선 논의가 활발하게 이뤄졌다(Weber, 2010).

서밋 스쿨은 '챈 저커버그 이니셔티브(Chan Zuckerberg Initiative, CZI)'와 '빌 & 멜린다 게이츠 재단Bill & Melinda Gates Foundation'의 지원을 받고 있다. CZI는 페이스북 설립자 주커버그와 그의 아내 프리실라 챈Priscilla Chan이 설립한 공익재단이다(https://chanzuckerberg.com/). 주커버그 부부는 지난 2015년 첫째 딸 맥스가 태어났을 때 페이스북 주식 99%, 약 450억 달러(52조 1천억 원)어치를 살아생전 재단에 기부하겠다고 발표해 세상을 놀라게 했다. 그들은 CZI 설립 목적이 다음 세대 모든 아이들을 위한 인간의 잠재력을 개선하고 평등을 진작시키기 위함이라고 발표했다. 주커버그는 '딸에게 쓰는 편지'라는 페이스북 포스팅에 "우리 세대는 질병을 치료하고, 학습을 개인화하고, 청정 에너지를 활용하고, 사람들을 연결하고, 강력한 공동체를 건설하고, 빈곤을 줄이고, 평등한 권리를 제공하고, 국가 간 이해를 확산함으로써 인간의 잠재력을 발전시키고, 평등을 증진시킬 수 있는 세상을 만들어 갈 수 있다."라고 썼다. 원문은 다음과 같다.

> "It's a world where our generation can advance human potential and promote equality – by curing disease, personalizing learning, harnessing clean energy, connecting people, building strong communities, reducing poverty, providing equal rights and spreading understanding across nations."

서밋 스쿨의 성공 이면에는 어두운 그림자도 있었다. 2018년 서밋 러닝 프로그램을 사용하는 뉴욕의 브루클린 저널리즘 중등학교에서 학생 100여 명이 수업을 거부하는 일이 일어났다. 그들은 서밋 러닝 플랫폼을 지원하는 주커버그에게 편지를 보내 실력 향상에 도움이 되는지 의문이 들고, 플랫폼에서 수집된 개인 정보 보호에 대해 우려했다. 비판적 사고를 키우기 위한 인간 상호작용, 교사 지원, 동료 학생들과 토론 및 논쟁이 줄어드는 데다 오히려 배우는 것이 거의 없다는 불만이었다. 이 사건 이후 학교에서는 1, 2학년에는 더 이상 프로그램을 사용하지 않았으며, 9학년과 10학년은 계속 사용을 이어갔다. CZI 교육커뮤니케이션 담당 이사는 개인 정보 보호에 관한 문제 제기에 대해 페이스북과 별개로 독립된 자선단체에서 플랫폼을 운영 중이며, 학생 데이터를 소유하거나 판매하지 않으며, 학생 개인 정보 보호 서약Student Privacy Pledge을 준수한다고 설명했다.

서밋 스쿨은 2024년 설립 20주년을 맞았다. 지난 20년 노하우와 주커버그 부부가 기부한 천문학적인 돈을 밑거름으로 서밋 스쿨이 미국의 공교육을 어떻게 변화시킬지 주목된다.

우리 아이 학습 유형은?

아이들은 성격이 제각각 다르듯이 공부하는 패턴 역시 다양하다. 우리 아이 MBTI^{Myers-Briggs Type Indicator}가 어떤지, 내향인지 외향인지를 파악하는 데 머무르지 않고 공부 성격은 어떤지 파악해 두면 유용하다. 섬세하게 자녀를 관찰함으로써 더 깊이 이해할 수 있다. 독서실 칸막이 책상처럼 닫힌 공간, 적막하리만치 밀폐된 곳에서 집중하는 아이인지, 사람들의 재잘거림이 귀를 웅웅거리는 카페에서도 꿋꿋이 자기 흐름을 놓치지 않는 아이인지에 따라 부모가 만들어 줘야 하는 환경은 달라진다. 교육학자들은 개인별 학습 패턴을 유형화하여 제시하고 있다. 잘 알려진 모델 가운데 하나가 VARK 모델이다. 이 모델은 개인의 학습 유형을 네 가지로 구분한다. 시각형Visual, 청각형Auditory, 읽기/쓰기형Read/Write, 운동감각형Kinesthetic이 그것이다. 교육학자 닐 플레밍Neil Fleming이 1987년에 발표했다. VARK 모델은 1970년대 월터 버크 바브(Walter Burke Barbe, 1926~2020)와 그의 동료들(Barbe et al., 1979)이 제안한 VAK 모델에 '읽기/쓰기' 유형을 추가한 학습 유형 모델이다.

- **시각형**visual learners 그림pictures, 도형diagram, 도표graph, 비디오, 동영상, 애니메이션 영화 등 시각적인 학습 자료로 공부하는 방식을 좋아한다.

- 청각형auditory learners   강의, 팟캐스트, 토론 등 교수자의 설명을 듣거나 타인이 알려 주는 정보를 들음으로써 학습하는 것을 선호한다.
- 읽기/쓰기형reading/writing learners   관련 자료article나 책을 찾아 읽거나 자신이 필기taking notes하고 써 봄essay으로써 학습하는 방식을 선호한다.
- 운동감각형kinesthetic learners   가만히 앉아서 공부하는 것보다 실험experiments이나 역할극role playing에 참여하고, 직접 만들어 보기building models와 체험 활동hands-on experiences을 통해 몸을 움직이면서 학습하는 것을 선호한다.

필자가 EBSi 사이트를 운영하는 담당 부장이었을 때 'EDT 학습 유형 진단' 서비스를 구축했다. EDT^{EBS Diagnostic Evaluation & Treatment System} 검사는 온라인으로 자신의 실력을 진단받고 학습 성향을 파악할 수 있는 검사로 연세대학교 연구팀과 공동으로 개발했다. '학습 유형 진단'은 학습하는 과정에서 선호하는 사고 유형, 학습 성격, 행동 조절 방식을 중심으로 자신의 학습 유형을 가늠할 수 있다. 인지적 측면, 정의적 측면, 행동적 측면을 모두 진단하여 학생의 학습 유형을 여덟 가지(① 플라톤형, ② 가우디형, ③ 마리 퀴리형, ④ 슈베르트형, ⑤ 루스벨트형, ⑥ 스티븐 스필버그형, ⑦ 셜록 홈즈형, ⑧ 나이팅게일형) 가운데 하나로 판별한다.

우리 아이의 평소 학습 성향은 여덟 가지 가운데 어떤 유형에 가까울까? 첫째, 플라톤Platon형은 절대적 참 실재인 '이데아'를 추구한 플라톤과 같이, 종합적인 이해를 위해 노력하는 학습자다. 공부를 통해 스스로 성장하는 것에 관심이 있으며, 냉철한 이성으로 자기를 관리한다.

둘째, 안토니 가우디Antoni Gaudí I Cornet형은 종합적인 구조를 자신만의 개성으로 표현한 건축가 가우디와 같이, 전체 구조를 이해하고 스스로 공부를 하는 목적을 찾아가는 학습자다. 기분과 상황에 따라 자유롭게 공부하는 것을 선호한다.

셋째, 마리 퀴리Maria Curie형은 모든 원소를 빠짐없이 조사하기 위해 철저하게 자기 관리를 했던 마리 퀴리와 같이, 공부하는 주제에 대한 꼼꼼한 확인, 외부 환경에 굴하지 않고 공부에 집중하려는 태도, 냉정하게 감정을 조절하려는 학습 특성을 갖고 있다.

넷째, 슈베르트Franz Peter Schubert형은 섬세하고 개성적으로 자신의 감성을 표현한 슈베트와 같이 공부하는 내용을 자세히 이해하고 즐기면서 스스로 공부한다. 자신의 마음 변화에 즉각적으로 반응하고, 이를 공부에 반영하려는 스타일이다.

다섯째, 프랭클린 루스벨트Franklin Delano Roosevelt형은 많은 사람들에게 미치는 영향을 세심하게 고려하여 미국 경제 정책의 큰 그림을 그려 낸 루스벨트 대통령과 같이, 공부하는 내용의 큰 구조에 관심을 두는 학습자다. 공부하는 과정에서 다른 사람들과 비교하면서 철저하게 계획을 실천해 나가려 한다.

여섯째, 스티븐 스필버그Steven Allan Spielberg형은 영화의 큰 흐름을 중심으로 관객과 감성적으로 소통하는 스티븐 스필버그와 같이, 공부하는 내용의 큰 흐름을 이해하기 위해 노력한다. 자신의 감정과 상황들을 수시로 살펴보고 다른 사람들과 자신의 실력을 견주며 공부한다.

일곱째, 셜록 홈즈Sherlock Holmes형은 아서 코난 도일(Sir Arthur Conan Doyle, 1859~1930)이 쓴 추리소설 시리즈에서 사건의 증거들을 세심하게 살피고 의뢰인을 위해 사건을 해결하는 명탐정 셜록 홈즈처럼, 공부하는 내용을 자세하고 명확하게 확인하려고 노력하는 학습자다. 다른 사람들을 의식하면서 신중하고 체계적으로 자신을 관리하려는 모습을 보인다.

마지막으로 나이팅게일Florence Nightingale형은 환자들의 회복을 위한 방안들을 꼼꼼하고 세심하게 고민한 나이팅게일과 같이 구체적인 정보에 집중하고 다른 사람들을 의식하면서 공부하는 유형이다. 편안한 마음으로 자신의 기분에 맞춰 공부하는 것을 선호한다.

우리 아이 학습 유형을 여덟 가지 유형 가운데 하나로 당장 단정 짓기 힘들다면, 부모가 원하는 우리 아이 학습 유형은 무엇인지, 우리 아이의 평소 성격, 행동 유형, 학습 스타일로 볼 때 어느 유형으로 자신의 꿈을 향해 나아가기를 바라는지, 우리 아이가 어떤 인재로 성장하기를 바라는지를 구체적으로 정하기 위해서라도 미래학자, 산업계, 교육계의 논의에 귀 기울일 필요가 있다. 교육학자가 분류하는 학습 유형을 참고 삼아 우리 아이의 공부 패턴을 부모가 파악할 때 부모와 자녀는 올바른 관계를 만들어 갈 수 있다. "공부해라."라는 마구잡이식 다그침보다 때로는 스파링 파트너sparring partner로서, 때로는 함께 달려 주는 마라톤 경주의 페이스메이커pacemaker가 될 때 아이와의 거리를 더욱 좁힐 수 있다.

AI 기반 영어 말하기 시스템

챗봇Chatbot은 채팅chatting과 로봇robot을 합성해서 만든 단어다. 인공지능 개발 초기인 1964년 '엘리자Eliza'를 필두로 챗봇이 등장한 이후, 정신과 상담이나 고객 응대 도구로 폭넓게 이용되고 있다. 초기에는 문자로 입력하고 문자로 대답하는 방식에 머물렀으나, 음성 인식speech recognition 기술이 발달하면서 음성을 문자로 변환하거나(Sound To Text, STT), 문자를 음성으로 들려주는(Text To Sound, TTS) 대화가 가능해졌다. 인간 모습을 한 휴머노이드humanoid 로봇이 인간과 자연스럽게 일대일 대화를 할 수 있는 수준에 올랐다.

챗봇을 영어 공부에 활용하면 어떨까? 한국전자통신연구원ETRI은 1990년대부터 한국어 음성 인식 기술과 자연어 대화 처리 기술을 개발해 왔었다. 2010년, 자연어 처리 기술에 빅데이터 기술과 머신 러닝 기술을 결합하여 영어 교육에 활용할 수 있는 어플리케이션을 선보였다. 2019년에는 ETRI가 개발한 인공지능 기술에 EBS가 보유한 영어 콘텐츠를 접목시켜 초등학생을 위한 영어 말하기 앱을 만들었고 'AI 펭톡'으로 명명했다. 2021년 3월 공식 서비스를 시작했다. 기존 영어 회화 교재는 정해진 상황에 고정된 대화를 읽고 따라하는 방식이었던 데 비해, AI 펭톡은 정해진 시나리오 없이 이용자가 어떤 질문을 던져도 마치 사람과 대화하는 것처럼 자연스럽게 대화를 이어갈 수 있다.

'AI 펭톡'은 성인이 아닌 초등학생의 음성 높낮이와 발음에 최적화했다. 2020년 45개 초등학교 4학년들을 대상으로 시범 활용에 들어갔고, 사용 학교는 점차 늘어났다. 이용자가 늘어날수록 AI 펭톡의 대화 수준은 향상되었고, 영어 공부에 도움된다는 이용자 반응이 많았다. AI 펭톡은 해외 재외국민 자녀들을 위한 한국어 말하기 학습 서비스로도 개발돼 해외 한국어 보급을 지원하는 세종학당에도 보급됐다. AI 펭톡의 눈에 띄는 장점은 학교 교육과정과 연동해서 영어를 배울 수 있다는 점이다. 학교에서 영어를 배우는 초등학교 3~6학년 학생들이 펭톡을 활용해 영어 말하기 연습을 할 수 있다. 또한 AI 펭톡은 초등 영어 교과서와 EBS 영어 콘텐츠에서 주요 내용을 추출하여 학습시켰기 때문에 학생들은 학교 수업과 연계하여 복습하거나 예습할 수 있다(오지윤 외, 2022).

챗봇으로 외국어를 공부할 수 있는 앱들은 'AI 펭톡' 이외에도 여러 종류가 있다. 듀오링고Duolingo는 특정 상황을 가정하여 가상 인물과 실시간으로 학습할 수 있다. 콴다, 스픽도 AI를 적용한 어학용 앱이다. 뮤지오Musio는 일본에서 개발된 영어 교육용 챗봇으로 유치원생부터 대학생까지 활용할 수 있다. 미국 아마존이 개발한 알렉사Alexa, 구글의 어시스턴트Google Assistant도 어학 학습용 챗봇으로 널리 이용되고 있다. 최근에는 챗GPT를 개발한 오픈 AI와 연계해서 풍부한 콘텐츠를 제공하고, 정보 기술 발달로 지연 시간 없이 실시간으로 대화할 수 있는 수준으로까지 발전했다. 국내 기업 네이버가 선보인 클로바 챗봇CLOVA Chatbot 엔진도 한국어 처리 능력에서 글로벌 앱과 비교할 수 없는 성능을 보인다는 평가를 얻고 있다.

인공지능 기술은 이미 학습 영역에 깊숙히 들어와 있다. 과거 원어민 전화 영어, 오프라인 회화 학원을 인공지능 영어 말하기 시스템이 빠르게 대체하고 있다. 산업적인 효과가 증명되면서 글로벌 기업들까지 군침을 흘린다. 가속도가 붙고 있는 AI 기반 교육 시스템은 개인의 경쟁력은 물론 국가 경쟁력에도 중요한 부분으로 자리 잡고 있다.

AI 사설 학원, 일본 큐비나

일본 AI 에듀테크 기업 '콤파스COMPASS'는 2012년 사설 학원으로 출발했다. 설립자 진노 겐키(神野 元基)는 아이들에게 21세기형 미래 역량을 길러 주고 싶었다. 문제는 현실이었다. 다가올 미래, 변화될 미래를 얘기해도 학생과 학부모들이 귀담아 듣지 않았다. 당장 학원 가기에 바쁜데 어떻게 멀게만 느껴지는 미래를 대비하라는 말인가. 진노 겐키는 부모에 떠밀려 학원에 시간을 빼앗기는 아이들에게 그들의 시간을 돌려주고 싶었다. 개인에 맞추어 커리큘럼을 짜고, 효율적으로 배울 수 있는 방법이 무엇일까? 테크놀로지를 활용하기로 마음먹고 실천에 들어갔다. 학생들이 학교에서 배우는 교과목 가운데 에듀테크로 구현하기 쉽고 효과가 높을 것으로 기대되는 수학 과목에 주목했다. 2014년 인공지능 기반 '큐비나Qubena'를 창업했다. 큐비나는 태블릿에 탑재된 디지털 교재다. 학생들은 학교에서 공부하듯 문제를 태블릿에서 풀어 나가면 된다. 초등학교 고학년을 위한 산수와 중학교 1학년 수학 교재를 우선 개발했다. 학생들은 종이 대신 태블릿 화면에 수직이등분선을 그리거나, 그래프를 그려 가며 공부할 수 있다. 틀렸는지 맞았는지는 컴퓨터가 자동으로 판정한다.

큐비나는 새로운 개념을 애니메이션과 슬라이드로 만들어 학생들이 스스로 학습할 수 있도록 했다. 학생들이 문제를 풀면 정답인지 오답인지를 판별하는 데서 나아가 어떤 과정으로 풀었는지, 문제를 푸는 데 몇 초나 걸렸는지, 무엇을 모르고 어디에서 막혔는지 알아내, 학생 수준에 맞는 다음 문제를 제시한다. 학생이 공부를 중단하지 않고 집중력을 유지하도록 적절한 문제들을 제공한다. 정답률이 올라가면 난이도를 올린다. 공교육에서는 불가능한 다음 학년 수준으로 월반도 가능하다. 큐비나에 사용된 인공지능 딥러닝과 자동문자인식 기능으로 학생 개인별 수준에 맞춰 최적화된 학습 솔루션을 제공했다. 딥러닝 기술은 수집된 정보를 활용, 학생이 어느 단원에서 걸림돌을 만나는지 알 수 있도록 지원했다(神野 元基, 2017).

큐비나의 특징은 학습을 학생에게만 맡겨 두지 않고, '큐비나 매니저'를 동시에 운영하는 데 있다. 매니저를 위한 시스템을 별도로 제공하기 때문에 매니저는 클래스에 소속된 학생들이 얼마나 숙제를 했는지 한눈에 파악할 수 있다. 한 문제당 문제를 푸는 시간은 몇 분쯤 되는지, 몇 시 몇 분에 어떤 공부를 얼마나 했는지를 시각화한 관리자 화면에서 실시간으로 확인할 수 있다.

큐비나는 기술의 힘은 빌리되, 배움의 자세나 응용력, 사고력, 대화 등 인간만이 할 수 있는 일은 인간 선생님이 코칭하도록 설계했다. 인공지능을 활용한 수학 과목 사교육 프로그램이지만 컴퓨터에만 맡기지 않고, 교육의 특성을 반영하여 관리 선생님과 함께 공부하도록 한 것이다. 최근에는 공교육 현장에서도 큐비나를 활용하고 있다. 사이타마현(埼玉県) 초등학교에서는 수업에서 배울 단원의 예습과 배운 단원 복습에 큐비나를 적용했다. 하루 15분씩 학생 개인별로 단원을 스스로 선택해 공부하도록 했다. 일본에서 아이를 보내고 싶은 중학교 1위에 꼽히는 도쿄에 있는 공립 고지마치중학교(麴町中学校)의 모든 학년 '미래 교실' 수업에서도 큐비나를 채택했다.

그렇다면 중학생에게 큐비나를 적용해서 수학을 공부하도록 했을 때 효과는 어땠을까? 일반 학교 수업에서는 2학기에 걸쳐 65시간을 배워야 하는 중학교 수업 내용을 큐비나를 활용할 때, 학생들은 그 절반에 해당하는 32시간 학습으로 모두 마쳤다. 중학교 수학 과정을 단기에 마치고, 남은 시간은 다음 학년 공부를 하거나 STEAM(Science(과학), Technology(기술), Engineering(공학), Arts(인문·예술), Mathematics(수학)) 교육에 할애했다. 기존 교육 방식으로는 현장에 적용하기 힘들었던 STEAM 교육을 큐비나 덕분에 실천할 수 있게 된 것이다. 코로나19로 학교가 폐쇄되었을 때, 큐비나는 학교 선생님 대신 학부모가 자녀의 수학을 코칭할 수 있도록 '큐비나 위즈'를 개발, 40일간 무상으로 이용하도록 했다. 2021년도에는 초등학교와 중학교 5개 교과목의 AI형 교재를 개발했고, 학습 포털 서비스를 제공했다. 2023년 말 현재, 큐비나는 170개 지자체의 2,300개 초·중학교에서 100만 명이 이용하는 서비스로 자리 잡았다(Compass, 2023).

교과서와 포털, 그리고 AI 교재를 결합한 큐비나는 평가 문항을 늘려 가며, 지방자치단체와 협력해 보급을 확장하고 있다. 진노 겐키 대표의 삶도 흥미롭다. 일본 게이오대학을 중퇴하고 미국 실리콘밸리로 넘어갔다. 그곳에서 사람의 감정을 읽는 회사를 차렸다. 곧 특이점이 온다는 사실을 알고, 일본으로 돌아온다. 특이점이 가져오는 변화가 19세기 산업혁명이 사회에 미친 영향력보다 클 것이라는 데 주목하고 보다 실천적인 인공지능 교육 서비스 기획에 착수했다. 그의 그런 신념이 큐비나 시스템을 탄생시켰다. 큐비나 솔루션은 무미건

조한 이미지를 풍기는 인공지능과 테크놀로지의 약점을 인간 교사가 보완한다. 테크놀로지와 결합한 에듀테크 서비스로서 개인별 맞춤형, 적응형 학습의 프런티어라는 점에서 주목할 만하다.

일부에서 인공지능 기술을 교육에 어떻게 활용할지 논란이 존재한다. 과제를 작성할 때 챗GPT 사용을 금지하는 학교도 많다. 새로운 기술이 교육을 만날 때 매번 반복되었던 문제다. 계산기를 활용할 때 아이들의 연산 능력 저하를 우려하고, 인터넷 검색이 등장했을 때, 독서를 외면하는 부작용을 우려했다. 인공지능은 이전의 것들과 비교할 수 없는 초강력 교육수단이다. 여러 가지 문제점은 여전히 존재할지라도 이를 외면하기는 힘들다. 현명한 이용자가 되는 수밖에 없다. 계산기는 매번 정확한 결과물을 제시하지만, 챗GPT는 가끔 오답을 제시하는 경우가 있다. 모래 섞인 쌀로 밥을 지을 수 없듯이. 드물지만 오답이 제시된다면 믿음은 급격히 사그라진다. 그럼에도 프롬프트에 키워드를 입력할 때, 챗봇이 보여 주는 결과물은 상상을 초월한다. 감전의 위험을 안고 전기가 등장했듯이, 일정 부분 부작용을 안고 전기처럼 인공지능이 나타났다. 전기가 암흑을 깨워 못 보던 세계를 보여 주었듯이 인공지능은 우리가 미처 몰랐던 미지의 세계로 안내할 것이다. 여느 기술과 도구에 비할 수 없을 정도다. 유용한 지식 확장 수단으로 지목된다. AI는 진화를 거듭해 더 똑똑해지고 더 빨라지고 있다. 그럴수록 놓치지 말아야 하는 대목이 있다. 계산기를 믿고 연산을 놓을 수 없듯 인공지능을 믿고 우두커니 서 있을 수 없다. 원리와 본질을 이해하지 못할 때 인공지능이 쏟아내는 결과는 나의 것이 아니라 그의 것이다. AI가 설명하지 않는 원리를 이해하고, 모래를 걸러 낼 수 있는 통찰력을 갖춰야 한다. AI 기술 발달에도 불구하고 인간의 지식 확장 노력이 중단 없이 이어져야 하는 이유다.

Chapter 05
AI 시대 인재의 요건

　특정 분야 전문가로서 제대로 역량을 갖춰야 그 분야에서 성공할 수 있다. 일생 동안 인생의 전환기가 2~3회에 그치는 인생에서는 특정 분야 전문가로서 지위가 절대적이다. 하지만 N차례 전환기를 거쳐야 하는 장수 인생에서는 두려움 없이 낯선 도전을 펼치고, 다양한 사람과 공감할 줄 아는 보편적인 역량이 한층 중요해졌다. 여러 차례 전환기를 거치려면 적응력과 회복력 또한 중요한 역량들이다. 그동안 경제, 경영을 중심으로 미래 인재가 갖춰야 할 역량에 관한 논의가 활발하게 전개되어 왔다. 각계 전문가 그룹에서 인공지능 시대, 자동화 시대를 살아가기 위한 핵심 경쟁력으로 지목하는 것들은 무엇일까? AI 시대 세상을 이끌어 갈 인재의 요건은 무엇일까?

개인의 핵심 역량

미래 인재상과 핵심 역량에 관한 다양한 접근

유튜브 크리에이터로서 다수 구독자를 확보한 인플루언서influencer가 되는 게 요즘 초등학생들의 희망 직업 1순위다. 불과 5년 전 만해도 유튜버YouTuber, YouTube Creator는 지금처럼 주목받는 직업이 아니었다. 챗GPT로 대표되는 생성형 인공지능 서비스도 5년 전에는 존재조차 상상하지 못했던 AI 서비스였다. 과거를 되짚어 볼 때, 향후 5년 뒤, 10년 뒤에 유튜버를 앞지르는 어떤 직업이 등장할지는 아무도 알 수 없다. 아직 등장하지 않은 미지의 직업, 아직 상상할 수 없는 새로운 사회적 과제, 아직 아무도 접해 보지 못한 어떤 기술이 등장할지 모르는 불확실한 미래에 대비해야 하는 상황이다. 인재 양성에 관심을 쏟아 온 전문가들, 좋은 인재를 뽑아 최고의 인재로 키우려는 기업들의 인재 확보 전쟁, 국가 미래 인재 양성을 위한 학교 교육과정에서 내세우는 인재상을 찬찬히 들여다보면 시대가 요구하는 인재상을 파악할 수 있다.

아쉽게도 부모들은 이런 논의에서 한발 물러선 양상이다. 이런 분야에 관심을 가져야 할 사람들은 그 분야 전문가들이지 학부모가 아니라는 인식이 여전히 이어져 오고 있다. 인공지능 시대에는 다르다. 학부모도 마음만 먹으면 인터넷 검색만으로 전문적인 자료를 쉽게 구할 수 있다. 지금 우리 아이가 어디를 향해 나아가고 있으며 어떤 인재로 길러야 하는지를 가장 먼저 알아야 할 사람은 부모님들이다. 다행스러운 점은 최근 들어 교육 당국에서도 학부모 교육의 비중을 넓혀 간다는 점이다. 부모가 원하는 우리 아이의 미래가 곧 미래 인재상일 수 있다. 앞서가는 인재로 살아가기 위해서는 어떤 역량을 갖추어야 할까.

다양한 전문가 집단에서 미래 인재의 핵심 역량에 관한 보고서를 쏟아낸다. 교육적 차원에서 접근하는 부류와 경제적 관점에서 접근하는 부류로 크게 나눌 수 있다. 교육적 차원에서 접근하는 대표적 단체로는 교육과정 재설계 센터(Center for Curriculum Redesign, CCR)와 21세기 스킬 파트너십(Partnership for 21st Century Skills, P21)이 있다.

CCR이 지향하는 바는 개개인이 충실한 삶을 누리고 사회 발전을 위해 익혀야 할 핵심 역량 제시다. 그들은 핵심 역량을 네 가지(지식, 스킬, 인성, 메타 학습)로 구분하여 서술하고 있다. 첫째, '지식' 차원은 알고 이해하는 것을 말한다. 전통적인 교과목을 배우고, 학제를 넘나들면서도 현대적인 지식을 갖추어야 한다. 현대적인 지식에는 디지털 문해력, 글로벌 문해력, 시스템적 사고, 디자이너적 사고 등이 포함된다.

둘째, '스킬' 차원은 아는 것을 활용하는 방법이다. 지금까지는 지식을 학습하는 데 치중했으나, 미래 사회에서는 아는 데 그치지 않고 실제로 적용할 수 있어야 한다는 것이다. 이를 위해 창의력, 비판적 사고, 의사소통, 협업, 문제 해결 능력, 의사결정 능력 등을 강조하고 있다.

셋째, '인성' 차원은 행동하고 참여하는 방식에 관한 사항이다. 개인적인 인성과 사회적인 인성을 포괄한다. 마음 챙김mindfulness, 호기심, 용기, 회복 탄력성, 윤리성, 리더십 등이다. 마음 챙김은 명상 수행이나 불교 참선에 뿌리를 둔 개념으로, 자신의 생각과 주위를 둘러싼 시각적 자극, 소리, 냄새, 맛에 완전히 집중한 상태를 뜻한다. 마음 챙김에는 자기 인식, 양심, 공감, 상호 연결성, 사회적 인식 등이 포함된다.

마지막으로 '메타 학습' 차원은 학습 방법에 대한 학습을 말한다. 지식, 스킬, 인성 차원의 역량을 키워 가는 과정에서 상황에 맞춰 목표를 수정하면서 중단 없이 학습하는 메타 인지metacognition*와 성장 마인드셋growth mindset을 포함한다.

'P21'은 2002년에 설립된 비영리 연구 기관으로 교육과 기업, 정부 지도자들이 모여 21세기 인재들이 갖춰야 할 핵심 역량을 도출했다. 그들은 핵심 역량을 세 가지 차원(① 학습과 혁신, ② 정보·미디어·기술, ③ 삶과 직업 능력)으로 구분 지었다. P21이 제시한 역량은 학습과 혁신 차원에서 많이 알려진 4C^{Critical thinking, Communication, Collaboration, Creativity}를 포함하여, 비판적 사고, 문제해결 능력, 의사소통 및 협력, 창의성 및 혁신이다. 정보·미디어·기술 차원은 크게 말해 디지털 리터러시로, 정보 리터러시, 미디어 리터러시, 정보통신 기술 리터러시를 포함한다. 삶과 직업 능력 차원에서는 유연성 및 적응력, 추진 및 자기 주도성, 사회·다문화적 상호작용, 생산성 및 책임성, 리더십 및 책임감을 포괄한다.

CCR과 P21이 제시하는 핵심 역량은 개인적인 차원과 사회적 차원으로 구분하여 교집합을 끌어낼 수 있다. 개인적 차원에서는 공히 4C에 기반한 역량을, 사회적 차원에서는 글로벌에 대한 이해와 소통, 정보통신 발달과 미디어에 대한 이해를 21세기 핵심 역량으로 제시하고 있다.

미래 인재가 갖춰야 할 핵심 역량을 보다 현실적으로 접근하는 집단은 경제 관련 국제 기구들이다. 대표적으로 경제협력개발기구(Organisation for Economic Co-operation and Development, OECD)와 세계경제포럼(World Economic Forum, WEF)이 있다.

---

* 메타 인지(meta認知, metacognition)란 자신의 생각을 제3자적인 입장에서 바라보고 판단하는 능력으로, 내가 무엇을 알고 무엇을 모르는지를 구분하는 능력으로도 볼 수 있다. 1970년대에 발달심리학자 존 플라벨(John Flavell)이 만들어낸 개념으로, 《논어》에 나오는 "아는 것을 안다고 하고, 모르는 것을 모른다고 하는 것, 그것이 곧 앎이다(知之爲知之 不知爲不知 是知也)."라는 말로 설명할 수 있다.

경제협력개발기구 OECD는 1997년부터 2003년까지 새로운 시대 인재들이 갖춰야 할 핵심 역량이 무엇인지에 대해 연구하는 '핵심 역량 정의 및 선정 프로젝트(Definition and Selection of Competencies, DeSeCo)'를 가동했다. 6년 연구 끝에 도출된 3대 핵심 역량은 '① 도구의 상호 교감적 사용 역량using tools interactively, ② 이질적 집단에서의 상호작용 역량joining and functioning in socially heterogeneous groups, ③ 자율적 행동 역량acting autonomously'이다.

주의 깊게 들여다볼 사항은 핵심 역량별 세부적인 하위 행동을 기술한 대목이다. 첫째, 도구를 상호적으로 사용하는 역량은 목표 달성을 위한 기술 활용using technology to accomplish goals, 정보 및 지식의 수집, 분석, 활용gathering, analyzing and using knowledge and information, 문해력literacy, 수리력numeracy으로 구성된다.

둘째, 이질적 집단 속에서 상호작용 역량은 좋은 대인 관계 형성relating well to others, 갈등 관리 및 해결managing and resolving conflict, 시너지를 도출하는 활동acting in synergy, 집단 내 협업cooperating, working in groups, 타인을 안내하고 지원하기guiding and supporting others, 집단 내 적극적 참여participating in a collective를 하위 행동으로 규정한다.

셋째, 자율적으로 행동하는 역량은 자신의 자원, 권리, 제한점, 요구를 규정하고 평가하며 지켜내기identifying, evaluating and defending one's resources, rights, limits and needs, 프로젝트 실행 및 기획forming and conducting projects, 전략 개발developing strategies, 상황, 체제, 관계 등을 분석analyzing situations, systems, relationships, and force fields하는 능력으로 구성된다(OECD, 2005).

OECD는 DeSeCo 프로젝트에서 도출된 결과를 바탕으로 'OECD 교육 2030The future of education and skills: Education 2030' 프로젝트를 추진하고 있다. DeSeCo 프로젝트에서 미래 사회 성공적인 삶을 살아가는 데 필요한 역량을 도출했다면 'OECD 교육 2030프로젝트'는 그 후속 작업으로 학교 교육 혁신의 방향 설정을 위한 연구다.

OECD는 혁명적인 기술 변화 시기 '사회적 고통'을 겪는 기간을 단축하고, 모두가 '번영'을 누리는 기간을 늘려 나가기 위해 획기적인 교육 시스템의 변화가 필요하다고 강조한다. OECD는 '교육과 기술의 미래 2030' 프로젝트를 지난 2015년부터 시작했다. 1단계 2015년부터 2019년까지 5년간은 기술 발달 시대에 더 나은 삶을 영위하고 개인과 사회 발전을 위해 개인이 갖춰야 할 역량(지식, 기술, 태도 및 가치)이 '무엇'인지 도출했다. 2019년 이후 2단계에서는 1단계에서 도출된 역량을 키우기 위해서 학습 환경과 커리큘럼을 '어떻게' 구현해야 하는지 검토했다.

"21세기 학생들을 19세기 학교 체제에서 20세기 교육학을 익힌 교사가 가르치고 있다."라는 한탄에 대한 해답 찾기라고 볼 수 있다. OECD는 미래 세계를 살아갈 학생들이 갖춰야 할 역량으로 지식과 기술뿐만 아니라 태도와 가치를 개발하는 지원을 강조했다. 그래야만 개개인이 윤리적인 소양을 갖고 책임 있는 행동을 할 수 있다는 것이다. 개인별 창의적인 독창성을 개발할 필요성도 강조된다. 이런 핵심 역량을 기를 수 있도록 지원하기 위해서는 과거처럼 일방적으로 가르치고, 학생은 받아들이는 방식으로는 한계가 분명하다. 예측하기 힘든 미래에 개인이 경쟁력을 갖고 자신의 자리를 잡기 위해서는 시대 변화에 맞춰 수시로 업데이트 되는 네비게이션을 장착해야 한다.

OECD는 '역량'을 "복잡한 요구를 충족하기 위해 지식, 기능^{skill}, 태도와 가치를 동원하는 능력"으로 정의하며, 각각의 하위 구성 요소를 구체적으로 나열하고 있다. 지식은 학문적 지식, 간학문적 지식, 인식론적 지식, 절차적 지식으로 세분화했다. 기능은 인지적·메타 인지적 기능, 사회적·정서적 기능, 신체적·실천적 기능으로 구성된다. 태도와 가치는 개인적 태도와 가치, 지역적 태도와 가치, 사회적 태도와 가치, 글로벌적 태도와 가치를 구성 요소로 제시했다.

지난 인류 역사에서 기술 발전에 따른 혁명적 변화가 일어났고, 세계경제포럼WEF에서는 이를 네 차례 혁명으로 요약한 바 있다. 미래 세대에게 기술 혁신은 더 이상 혁명이 아니라 삶의 일부다. 수십 년에 한 번 일어났던 변화는 이제 불과 몇 년 간격으로 일어난다. 그러는 사이 기술 변화에 적응한 사람과 그렇지 못한 사람 간 격차가 발생한다. 19세기 산업혁명이 일어났을 때도 계층 간 불평등은 심화되었다. 이른바 공장식 학교 교육이 등장하여 격차를 완화하고, 불평등을 줄이는 데 이바지했으나 인공지능 시대에도 과거 산업혁명기와 같은 양상이 되풀이되고 있다. 기술 혁신만큼이나 교육에서도 혁명적인 변화가 진행되지 않는다면 시대에 뒤처진 교육으로 시간과 사회적 자원을 낭비할 뿐 아니라, 미래 세대가 기술의 주인 지위를 놓치고 기술에 종속될 가능성도 배제할 수 없다.

딱딱하고 정형화된 표현들의 나열처럼 보일지라도 핵심 역량 논의가 다수 전문가 집단이 도출한 결과인 만큼 눈여겨 볼 필요가 있다. 다가오는 2030년대를 슬기롭게 준비하기 위해서는 다양한 방면의 지식을 함양해야 함은 두말할 나위 없다. 우리 아이들이 기계와의 경쟁에서 밀려나지 않기 위해서는 기계가 잘하는 것과 못하는 것을 파악해야 한다. 가령, 추상적인 작업, 사람 손이 가지 않으면 안 되는 작업, 인간 경험을 반영해서 즉각적인 판단을 해야 하는 작업, 윤리적인 판단이 중요한 작업은 기계보다 사람이 낫다. 인공지능과 자동화 기술은 일과 인간, 인간과 기술 간 관계에도 변화가 있을 수밖에 없다. 이런 세상을 마주하기 위해서는 자신의 문제를 스스로 해결할 수 있어야 하고, 타인을 존중하며 공동체와 어울릴 수 있는 공감 능력을 반드시 갖춰야 한다.

교육과정 변천으로 보는 핵심 역량

2024년 현재 우리나라 초·중등학생에게 적용되는 교육과정은 '2015 교육과정'이다. 최신 교육과정은 '2022 교육과정'으로 초등학교 1, 2학년은 이미 적용되었으며, 중학교 1학년은 2025년, 중학교 2학년은 2026년부터 적용된다. 교육과정은 필연적으로 사회 변화와 시대의 요구를 반영한다. 과거 교육과정 변천을 되짚어 보고, 현재 적용되는 교육과정과 다음에 등장하는 교육과정에서 어떤 인재상을 추구하는지, 미래 인재가 갖춰야 할 역량을 무엇인지를 가늠할 수 있다는 점에서 의미 있다.

우리나라 교육과정은 대한민국 정부 수립 이후 열 차례에 걸쳐 크게 개정되었다. 1954년 공표된 제1차 교육과정은 전쟁으로 파괴된 국가 재건을 위해 현실 생활 개선과 사회 개선 의지를 반영하고, 반공 교육과 실업 교육을 앞세웠다. 2차 교육과정(1963년)은 학교의 지도 아래 학생들이 갖는 경험을 강조했다. 초등학교에 '반공 도덕' 과목이 주당 한 시간씩 고정 배정되었다. 1973년 3차 교육과정은 학문 중심 교육으로, 1982년 공표된 제4차 교육과정은 정부의 과외 금지 조치에 따라 인간 중심 교육으로 구성되었다. 1987년 5차 교육과정은 과외 금지 조치 해제와 맞물려 통합 중심 교육이 등장했다. 남녀 학교별로 분리하여 가르치던 기술·산업, 가정·가사 과목을 기술·가정으로 통합했다. 1992년 6차 교육과정은 21세기 미래상을 위한 교육에 방점을 두었다. 2022 교육과정은 초등학교와 중학교에 학교 자율 시간을 도입했다. 창의적 체험 활동 영역을 재구조화하고 시수를 20% 범위에서 증감할 수 있다. 1998년 1월에 발표된 7차 교육과정은 학생 중심 교육과정으로 초등학교 1학년부터 고등학교 1학년까지 10년을 국민 공통 기본 교육 기간으로 설정했다. 이후 2009 개정 교육과정, 2015 개정 교육과정을 거쳐 2022 개정 교육과정에 이르렀다.

교육과정을 바꾸면서 우리나라는 시대별로 어떤 인간상을 강조했을까? 제4차 교육과정 시기인 1980년대에는 건강한 사람, 심미적인 사람, 능력 있는 사람, 도덕적인 사람, 자주적인 사람을 내세웠다. 제5차 교육과정(1987~1992)에서는 '능력 있는 사람' 대신 '창조적인 사람'으로 변경했다. 2009 개정 교육과정에서는 개성의 발달과 진로를 개척하는 사람, 창의성을 발휘하는 사람, 품격 있는 삶을 영위하는 사람, 공동체 발전에 참여하는 사람은 인간상으로 제위했다. 인성 교육과 공동체를 강조한 점이 눈에 띈다. 그렇다면 최근 2015 교육과정과 2022 교육과정은 어떨까? 2015 교육과정은 자주적인 사람, 창의적인 사람, 교양 있는 사람, 더불어 사는 사람을 인간상으로 제시하고 있다.

2022 교육과정이 추구하는 인간상은 '① 전인적 성장을 바탕으로 자아 정체성을 확립하고 자신의 진로와 삶을 스스로 개척하는 자기 주도적인 사람, ② 폭넓은 기초 능력을 바탕으로 진취적 발상과 도전을 통해 새로운 가치를 창출하는 창의적인 사람, ③ 문화적 소양과 다원적 가치에 대한 이해를 바탕으로 인류 문화를 향유하고 발전시키는 교양 있는 사람, ④ 공동체 의식을 바탕으로 다양성을 이해하고 서로 존중하며 세계와 소통하는 민주시민으로서 배려와 나눔, 협력을 실천하는 더불어 사는 사람'이다(교육부, 2022). 그렇다면 이런 인간상을 실현하려면 어떤 역량을 키워야 할까?

우리나라 교육이 교실 수업에서 배우는 교과 교육과 창의적 체험 활동을 통해 중점적으로 키우려는 역량은 여섯 가지로 요약된다. 초·중등학교에서 배움을 통해 갖춰야 할 핵심 역량은 모든 교육 주체가 곱씹어야 할 내용이다.

1. 자아 정체성과 자신감을 가지고 자신의 삶과 진로를 스스로 설계하며 이에 필요한 기초 능력과 자질을 갖추어 자기 주도적으로 살아갈 수 있는 자기 관리 역량

2. 문제를 합리적으로 해결하기 위하여 다양한 영역의 지식과 정보를 깊이 있게 이해하고 비판적으로 탐구하며 활용할 수 있는 지식정보 처리 역량
3. 폭넓은 기초 지식을 바탕으로 다양한 전문 분야의 지식, 기술, 경험을 융합적으로 활용하여 새로운 것을 창출하는 창의적 사고 역량
4. 인간에 대한 공감적 이해와 문화적 감수성을 바탕으로 삶의 의미와 가치를 성찰하고 향유하는 심미적 감성 역량
5. 다른 사람의 관점을 존중하고 경청하는 가운데 자신의 생각과 감정을 효과적으로 표현하며 상호 협력적인 관계에서 공동의 목적을 구현하는 협력적 소통 역량
6. 지역·국가·세계 공동체의 구성원에게 요구되는 개방적·포용적 가치와 태도로 지속 가능한 인류 공동체 발전에 적극적이고 책임감 있게 참여하는 공동체 역량

2022 교육과정에서 제시하는 인간상과 핵심 역량은 대다수 부모가 자녀에게 거는 기대와 크게 다르지 않을 것이다.

여섯 가지 핵심 역량(자기 관리, 지식정보 처리, 창의적 사고, 심미적 감성, 협력적 소통, 공동체 역량)을 키우기 위해 중학교 교육과정에서는 어느 부분에 집중해야 할까? 조금 더 쉽게 정리하면 이렇다.

첫째, 심신의 조화로운 발달로 자아 존중감을 길러 주자.

둘째, 다양한 지식과 경험을 통해 책임감을 가지고 적극적으로 삶의 방향과 진로를 탐색하도록 기회를 제공하자.

셋째, 학습과 생활에 필요한 기본 능력 및 문제 해결력을 바탕으로, 도전 정신과 창의적 사고력을 길러 주자.

넷째, 자신을 둘러싼 세계에서 경험한 내용을 토대로 우리나라와 세계의 다양한 문화를 이해하고 공감하는 태도를 기르자.

다섯째, 공동체 의식을 바탕으로 타인을 존중하고 서로 소통하는 민주시민의 자질과 태도를 길러 주자.

최신 2022 교육과정에서 무엇보다 주목한 대목이 인공지능 시대의 개막이다. 급격한 정보 기술 발달과 코로나19 팬데믹으로 사회적 불확실성이 늘어난 점도 빠트리지 않았다. 오랜 세월 느리게 진행되어 오던 인류의 역사가 4차 산업혁명을 필두로 가파른 속도로 변화하다 보니 2022 교육과정은 어떤 새로운 상황에 닥치더라도 슬기롭게 적응할 수 있는 핵심 역량을 강조하고 있다. 이전에는 없었던 전혀 새로운 시대 상황, 일자리 변화에 대응하기 위한 공통의 역량을 규정하고 있다. 과거 교육과정처럼 그 시대에 맞는 능력을 양성하는 수준의 접근이 아니다. 이런 측면에서 2022 교육과정이 담고 있는 인간상, 핵심 역량, 교육 목표를 자녀 교육을 위한 나침반으로 삼아도 무방하다.

아인슈타인의 두뇌는 다를까?

1955년 4월 18일, 알버트 아인슈타인Albert Einstein이 세상을 떠났다. 천재의 뇌는 일반인과 어떻게 다를까? 프린스턴대학의 토머스 하비Thomas Harvey 박사는 무척이나 궁금했다. 급기야 아인슈타인의 뇌를 기증받아 해부했다. 두 개의 단지에 담아 방부 처리를 한 뒤, 지하실에 보관했다. 아인슈타인의 뇌를 240개로 조각내어 샘플을 채취하고 수십 장의 뇌 사진을 촬영했다. 이러한 노력에도 불구하고 하비 박사는 아인슈타인의 뇌가 일반인의 뇌보다 오히려 가볍다는 점 이외 특이 사항을 찾아내지 못했다.

하비 박사는 다른 나라 과학자들에게 아인슈타인의 뇌 사진을 보내 함께 연구할 것을 제안했고, UC버클리대학 메리언 다이아몬드Marian Diamond 박사가 동참했다. 다이아몬드 박사는 1985년 연구에서 아인슈타인의 뇌는 일반인들의 뇌보다 뉴런을 보호하는 신경교세포neuroglial cell가 유의미하게 많다는 사실을 발견했다. 그때까지만 해도 신경교세포는 단순한 방관자로 알려졌었다. 다이아몬드 박사가 신경교세포가 뇌 발달에 중요한 역할을 맡는다는 사실을 밝혀낸 것이다. 2012년에는 플로리다 주립대학교 딘 포크Dean Falk 박사가 아인슈타인 뇌 사진 12장을 입수해 분석했고, 다른 뇌 연구에서 드러난 것보다 아인슈타인의 전전두엽 피질 등에서 특이하고 복잡한 이랑과 고랑ridges and furrows 패턴을 발견했다. 시공간을 인지하고 수학적 사고를 돕는다고 알려진 두정엽 부위 뇌세포가 상대적으로 더 넓은 표면적을 차지하고 있었다(Jandial, 2019; Falk et al., 2013).

여느 과학자보다 더 열심히 연구에 매진한 아인슈타인의 뇌는 해당 뇌신경세포 활동이 활발해졌고, 그 결과 수학 천재가 될 수 있었다. 아인슈타인의 뇌에 얽힌 연구는 연구 윤리나 연구 방법 측면에서 문제점을 지적받기도 한다. 그럼에도 관련 연구는 개인에게 주어진 자원을 끊임없이 단련시킬 때 탁월한 능력자의 경지에 오를 수 있음을 밝혀냈다. 아이들의 뇌는 무한한 성장 가능성을 안고 있다. 조금 느릴 수 있어도 불가능은 없다. '하면 된다'는 동기를 아이들에게 심어 주고, 그에 앞서 부모부터 '과연 될까?'라는 의구심을 버려야 한다. 아인슈타인의 뇌가 말해 준다. 꺾이지 않는 마음으로 목표를 향해 나아가면 분명 그곳에 다다를 수 있다.

양말 짜는 기계를 발명한 윌리엄 리

지금으로부터 약 430여 년 전 윌리엄 리(William Lee, 1563-1614)는 세계 최초로 양말을 짜는 기계를 발명했다. 엘리자베스 1세(Elizabeth I, 1533~1603) 여왕이 1583년 누구나 뜨개 모자를 써야 한다는 칙령을 공표하자, 집집마다 여성들이 등잔불 아래에서 뜨개질에 매달렸다. 이를 본 윌리엄 리는 어머니와 누이의 고생을 덜기 위해 옷감을 짜는 기계를 떠올린다. "바늘 두 개와 실 한 가닥으로 뜨개질하는 방식을 바늘 여러 개와 여러 가닥의 실을 이용해서 한꺼번에 하면 되지 않을까?"라는 발상으로 직물 기계 발명에 들어갔다. 6년의 노력 끝에 윌리엄 리는 마침내 양말 짜는 기계를 만드는 데 성공했다.

그는 특허권을 얻기 위해 런던을 찾았다. 특허권을 얻기 위해서는 엘리자베스 1세 여왕의 허락이 필요했다. 윌리엄 리는 여왕 앞에서 발명 기계를 시연했다. 여왕은 기계 발명을 높이 평가하면서도 특허를 거부했다. 여왕은 "양말 짜는 기계는 너무 많은 백성들의 일감을 박탈해 궁핍한 생활로 내몰 것"이라는 이유를 들었다. 크게 실망한 윌리엄 리는 프랑스로 넘어가 양말 생산을 시작했으나 고생만 했을 뿐, 그곳에서도 특허권을 얻지 못했다. 그가 죽은 뒤 그의 견습생이었던 존 애시턴John Aston이 윌리엄 리의 기계를 발전시켜 영국 런던과 노팅엄에 뜨개질 센터를 열었고, 사업적으로 이익을 거뒀다. 살아생전에는 빛을 보지 못했을지라도 윌리엄 리의 양말 짜는 기계는 산업혁명에 기여했으며, 직물 산업을 자동화하는 데 핵심 기술로 이용되었다.

윌리엄 리가 양말 짜는 기계를 발명한 과정은 여러 생각할 거리를 제공한다. 우선 어머니와 누이의 고충을 덜어 주기 위한 그의 이타심이다. 그는 침침한 등잔불 아래에서 밤늦도록 뜨개질에 매달려야 하는 가족과 이웃의 고된 노동을 덜어 주기 위해 고민했다. 또한, 윌리엄 리의 끈기와 실천력도 주목할 만하다. 성직자가 되기 위해 캠프리지대학교에서 다른 대학으로 옮기고, 힘들게 성직자가 된 이후에도 본연의 역할을 뒤로하면서까지 기계 발명에 매달렸다. 본인의 계획을 생각하는 데 그치지 않고, 실천에 옮기고 마침내 발명에 성공하는 과정은 그의 열정과 집중력을 보여 준다.

윌리엄 리의 양말 짜는 기계 발명 스토리가 주는 교훈은 여기에 그치지 않는다. 특허권을 획득하려는 의도는 다른 사람이 자신의 기계를 무단 복제하는 일을 막기 위함이었다. 윌리엄 리가 당시 창조적 파괴를 막는 걸림돌이었던 정치권을 설득하는 일을 마다하지 않은 점도 주목할 대목이다. 《국가는 왜 실패하는가Why nations fail》를 저술한 MIT대학교 경제학과 대런 애쓰모글루Daron Acemoglu 교수와 하버드대학교 정치학과 제임스 로빈슨James Robinson 교수는 엘리자베스 1세 여왕이 윌리엄 리에게 특허권을 부여하지 않은 이유가 엘리자베스가 말한 대로 "일자리를 잃게 될 백성이 가여워서"가 아니라 "백성들이 정치 불안을 불러오고, 자신들의 권력 기반을 흔들 위협 때문"이었다고 해석했다(Acemoglu & Robinson, 2012).

양말 짜는 기계는 윌리엄 리가 기계를 발명하고 사망할 때까지 25년 동안 세간의 주목을 끌지 못했다. 특허권 거부가 기존 수공업을 얼마간 연명시켜 주었을지언정, 결국 기술 발전의 흐름을 거스를 수 없었다. 윌리엄 리가 보여 준 창의성, 끈기, 도전 정신, 인류애, 창조적 파괴는 인공지능 시대를 이끌 인재들의 핵심 역량으로 꼽히는 항목들이다.

태양의 서커스의 다니엘 라마르

무대에 불이 켜지면서 환상적인 곡예가 펼쳐진다. 공연에 참여하는 아티스트만 천 명이 넘는 대규모 공연으로, 곡예와 마술 공연을 예술로 이끌었다고 평가받는 〈태양의 서커스Cirque du Soleil; Circus of the Sun〉다. 최근 펼치는 공연은 〈루치아Luzia〉. 물줄기와 물보라가 보석처럼 흩날리는 연출이 돋보인다. 지난 2016년에 첫 선을 보였다. 공연을 맨 앞에서 이끈 사람은 다니엘 라마르

Daniel Lamarre다. 캐나다 텔레비전 채널 CEO를 거쳐 지금은 태양의 서커스 부회장을 맡고 있다. 태양의 서커스는 캐나다 길거리 공연자 기 랄리베르테Guy Laliberté가 1984년 만든 엔터테인먼트 회사다. 아티스트 1,300명 포함, 전 세계에서 일하는 직원만 15,000명에 달한다. 기업 가치는 1조 8천 3백억 원으로 평가받는다. 다니엘 라마르도 2001년 태양의 서커스에 영입되었다. 그리고 5년 뒤 최고 경영자CEO 자리에 올랐다. 그는 태양의 서커스 CEO를 맡으면서 총괄 프로듀서 역할을 동시에 수행했다. 비틀즈와 마이클 잭슨 이야기 등 45편을 서커스 공연에 올려 흥행에 성공했다. '아바타Avatar'의 아버지로 불리는 영화감독 제임스 카메론James Cameron처럼 창의력을 인정받는 아티스트들과 공동 작업을 진행했다. 문화예술 경영자 반열에 오른 다니엘 라마르가 여전히 강조하는 단어는 '창의성'이다.

다니엘 라마르는 2024년 EBS 〈위대한 수업, 그레이트 마인즈〉에서 태양의 서커스 성공 비결을 털어놓았다(EBS, 2024). 태양의 서커스는 캐나다 퀘벡의 작은 마을 길거리 공연에서 시작됐다. 그들의 묘기와 곡예는 태양의 서커스라는 이름으로 1984년 정식 공연을 시작했다. 미국 라스베이거스에서 상설 공연을 펼치면서, 전 세계 90개 나라 450개 도시를 돌며 공연하고 있다. 우리나라에도 여섯 차례 다녀갔다. 태양의 서커스는 곡예를 예술로 승화시켰다는 뜻에서 '아트 서커스'라 불린다. 경영학계에서는 블루 오션 전략을 설명할 때 단골로 등장하는 예시다. 서커스 공연은 워낙 경쟁이 심해 레드 오션red ocean이었다. 그들은 사양산업이었던 서커스에 연극, 음악, 발레를 결합시켜 경쟁자 없는 새로운 시장 블루 오션blue ocean을 개척한 것이다(Kim & Mauborgne, 2014). 코로나19 여파로 직원 90%를 해고하고 파산 보호 신청을 하면서 문을 닫을 뻔했지만, 뜻밖의 인수자가 나타나면서 살아났다. 지금은 코로나19 이전을 뛰어넘는 수준으로 관객을 끌어모으고 있다.

태양의 서커스 누적 관객 수는 2억 명이 넘는다. 동물이 나오는 서커스를 아예 없애고, 연극과 음악, 퍼포먼스로 승부한다. 단순한 서커스 공연이 아니라 뮤지컬, 연극, 의상, 분장술도 한몫한다. 다니엘 라마르는 한국 공연에 공을 들이는 이유를 한국이 미국 뉴욕, 영국 런던에 이어 세계 세 번째 뮤지컬 공연 시장이면서, 한국인들의 예술적 이해가 높기 때문이라고 설명했다. 2023년 서울과 부산 공연은 매진 흥행을 기록했다. 라마르가 설명하는 태양의 서커스 공연 기획 과정도 흥미롭다. 루치아를 예로 들면, 20명의 전 세계 공연 기획자가 컨셉을 만들고, 그 후 1년 간 회사 차원에서 검토 과정을 거친다. 그런 다음 배우를 캐스팅하고 리허설 과정을 거치면서 엔터테인먼트 쇼로 만들어 간다. 새로운 공연을 선보이기 위해 2년이 소요된다는 얘기다. 다니엘 라마르의 역할은 2개월에 한 번씩 개발 과정을 모니터링하는 것이다. 루치아 제작에 2,400만 달러(약 313억 원)가 투입됐다. 치밀한 기획과 안정적인 투자에 힘입어 고품질 문화 콘텐츠 상품이 탄생한 것이다.

다니엘 라마르의 진면목은 그의 창의성과 도전 정신에 있었다. 그는 대학에서 커뮤니케이션을 전공하고, 저널리스트로 활동했다. 1997년부터 2000년까지는 캐나다 퀘벡Quebec주에서 가장 큰 민영 지상파 방송사 TVA의 CEO로 일했다. 다니엘 라마르는 캐나다 방송국에서 안정적인 생활을 영위할 수 있었음에도 47세 나이에 자신의 이전 경험과 다른 공연 문화 산업에 뛰어들었다. 그는 캐나다를 떠나 전 세계 공연장을 돌아다녀야 하는 힘든 여정을 마다하지 않았다. 다니엘 라마르는 단호하게 말한다. "캐나다 몬트리올이라는 도시의 한낱 샐러리맨이 태양의 서커스와 함께 세계시민이 되기로 한 그 결정이야말로 인생 최고의 결정이면서 가장 큰 모험"이었다고(Larmarre, 2022). 창의성이 도전 정신, 새로운 일을 마다하지 않는 실천력, 기업가 정신, 그리고 글로벌 마인드와 만나 꽃을 피운 셈이다.

노력과 끈기 '그릿'

펜실베이니아대학교 심리학과 앤절라 더크워스$^{Angela\ Duckworth}$ 교수가 지난 2013년 테드^{TED} 강연* 무대에 섰다. 그녀가 수행한 연구를 소개하는 것으로 강연의 문을 연다. 미국 육군사관학교 학생들을 대상으로 실시한 인내력에 관한 실험 연구다. 어떤 생도들이 중도에 탈락하지 않고 군사훈련을 끝까지 잘 마칠까? 동일한 훈련 상황에서 어떤 생도들은 끝까지 버티는데 어떤 생도는 그렇지 못하는 이유는 왜일까? 중·고등학교 교실에서도 마찬가지다. 어떤 학생은 어려운 과제를 끝까지 수행하는 데 비해 어떤 아이들은 그렇지 못하다. 무엇 때문일까? 타고난 재능이나 지능지수가 어느 정도 영향을 미칠까? 더크워스가 다년간 연구한 결과, 성공의 열쇠는 천부적인 재능이나 지능지수가 아니었다. 성공은 하루아침에 이뤄지지 않았다. 여러 해에 걸쳐 인내하고 열정을 쏟아부을 때 가능했다. 성공에 가장 큰 영향력을 발휘하는 요인은 열정적 끈기, 즉 그릿^{grit}이었다. 그릿은 본인의 장기적인 목표를 향한 열정과 인내심을 말한다.

그렇다면 사관학교 입학생들의 그릿을 측정하면, 어떤 학생이 중도에 탈락할 가능성이 높을지 예측할 수 있지 않겠는가. 그래서 탈락 가능성이 있는 생도들에게 그릿을 키울 수 있는 처방을 내리면 그들이 군사훈련을 완주할 가능성을 높일 수 있다는 계산이 나온다. 더크워스 교수는 그릿을 측정할 수 있는 도구를 만들었다. 그렇다면 그릿을 길러 줄 수 있는 방법은 또 무엇일까? 열정적 끈기, 그릿을 키워 줄 수 있는 해답은 '성장 마인드셋$^{growth\ mindset}$**'에 있었

---

* 강연 영상:
  https://www.ted.com/talks/angela_lee_duckworth_grit_the_power_of_passion_and_perseverance
** 성장 마인드셋(growth mindset)은 미국 스탠퍼드대 심리학과 캐롤 드웩(Carol Dweck) 교수가 말한 개념으로, 자신이 주도적으로 결과를 수행함으로써 결과를 변화시킬 수 있다고 보는 마음가짐이다. 노력해도 변화가 없다고 보는 고정 마인드셋(fixed mindset)에 대비되는 개념이다.

다. 성장 마인드셋은 스탠포드대학 캐롤 드웩Carol Dweck 교수에 의해 만들어진 개념이다.

학습자들의 학습 능력은 고정되어 있지 않다. 노력 여하에 따라 달라질 수 있다. 더크워스 교수는 《끈기Grit》에서 재능과 노력, 성취 간 관계를 다음의 공식으로 표현했다(Duckworth, 2016).

재능talent × 노력effort = 기량skill
기량skill × 노력effort = 성취achievement

앤절라 더크워스Angela Duckworth는 기량을 갖추고 성취를 이끌어 내는 데 공통적으로 필요한 요건으로 '노력effort'을 지목했다.

> 노력하지 않을 때 당신의 재능은 위력 없는 잠재력일 뿐이다. 재능이 기량으로 발전할 수도 있지만, 노력 없이는 불가능하다. 노력은 재능을 기량으로 발전시켜 주는 동시에 기량이 성취로 이어지게 해 준다. (Duckworth, 2016, 3장 '재능보다 두 배는 중요한 노력' 중).

> Without effort, your talent is nothing more than your unmet potential. Without effort, your skill is nothing more than what you could have done but didn't. With effort, talent becomes skill and, at the very same time, effort makes skill productive.

더크워스는 끈기에 관한 또 다른 실험 연구를 소개한다. 1940년대 하버드대학교에서 실시한 연구로 2학년 학생 130명에게 러닝머신에 올라 5분 동안 뛰라고 요구했다. 경사를 가파르게 세팅하고 속도를 최대로 높였다. 보통 4분 이상을 넘기지 못했다. 겨우 1분 30초 정도에 그친 학생들도 나왔다. 이것은 단지 학생들의 체력을 측정하기 위한 실험이 아니었다. 다소 무리한 상황에서 개인별로 얼마나 스스로를 다그치면서 오래 버티는지를 알아내기 위한 의학 연구였다.

하버드대 연구팀은 러닝머신을 열심히 뛰었던 학생들을 대학 졸업 이후에도 추적 관찰했다. 2년마다 수입, 승진, 사회 활동, 직장과 가정에서 만족도, 정신과 치료 여부 등을 조사했다. 러닝머신을 뛰게 한 지 40여 년이 흐른 뒤, 정신과 의사 조지 베일런트George Vaillant는 20대에 러닝머신을 달린 시간과 졸업 후 심리적 적응 관계를 분석했다. 청년기 체력이 성인이 된 다음 행복하고 성공적인 삶을 사는 데 도움이 되었는지도 살펴보았다. 연구 결과, '20대에 러닝머신을 달린 시간과 졸업 후 정신 건강 간 상관관계가 있음'을 발견했다. 러닝머신에서 달린 시간이 길수록 정신 건강도 좋았다. 건강한 체력으로 끈기를 갖고 버틸 줄 아는 학생들이 성인이 되어서도 정신적으로 건강하게 살아간다는 사실을 증명했다(Heath, 1945).

미래 인재의 요건

인공지능이 가질 수 없는 것, 공감

공감은 인간만이 가질 수 있는 특징이다. 기계가 흉내낼 수 없는 인간만의 강점이다.

👤 짝사랑하던 그녀가 글쎄, 결혼을 한대. 흑.

🤖 봉숙님께서 하시는 말씀에 제가 토를 달아 무슨 소용이 있겠어요.

👤 근데 내 마음이 왜 이렇게 아프냐?

🤖 아플 때는 병원을 찾아야죠. 진료는 의사에게 약은 약사에게.

👤 아휴, 너랑 대화하는 내가 바보지. 무슨 위로를 받겠다고.

🤖 바보하면 영구와 맹구죠. 하지만 주인님이 원하신다면 저도 가끔 바보가 될 때가 있죠.

👤 얘 뭐래니?

🤖 죄송해요. 제가 좀 둔해서요.

👤 에잇. 정말. 왜 사람 말을 공감을 못하냐. 그 어렵다는 바둑은 잘 두면서 사람 감정 하나를 읽지를 못하니 인공지능이 만능은 아닌거야.

인간을 위협하는 인공지능이 절대 가질 수 없는 한 가지. 바로 공감이다 (EBS, 2017). 그렇다면 '공감한다'는 어느 정도 수준을 말할까? 함께 슬퍼하고 함께 기뻐해주면 되는가. 동정의 눈빛을 보내면 공감하는 것인가?

연민을 넘어 공감으로: '타인의 고통'

앤디 워홀(Andy Warhol, 1928~1987)이 마릴린 먼로Marilyn Monroe 초상화를 그리기 시작한 때가 1962년이다. 마릴린 먼로가 사망한 이후 워홀은 새로운 기법으로 먼로의 얼굴을 화폭에 담았다. 1962년 작품 〈황금빛 마릴린 먼로Gold Marilyn Monroe〉는 먼로가 잘나가던 시절 출연했던 영화 〈나이아가라Niagara〉의 홍보용 사진을 보고 그린 초상화다. 2년 뒤 1964년에 선보인 〈샷 세이지 블루

마릴린Shot Sage Blue Marilyn〉은 앤디 워홀이 그린 먼로 초상화 가운데 완성도가 높은 작품으로 평가받는다. 이 작품은 2022년 뉴욕 크리스티 경매장Christie's Auction House에서 약 2,470억 원(1억 9,500만 달러)에 거래됐다. 이로써 앤디 워홀 작품이 "20세기에 제작된 미술품 가운데 최고가 작품"에 등극했다.

스마트 미디어 시대에 워홀의 작품은 흔하지 않게 만날 수 있다. 집 근처 카페 벽을 장식하고, 인스타그램 등 다양한 SNS를 통해 공유된다. 그의 작품이 처음부터 호평을 얻은 것은 아니다. 앤디 워홀이 먼로 초상화를 선보였을 때 많은 평론가들은 "근거 없는 퇴폐적인 예술 형식"이라며 얕잡아 보았다. 자본주의가 드러내는 현실을 피상적이고 분별없이 찬양한다는 것이다. 과연 먼로 초상화가 워홀의 한낱 '장난'에 지나지 않았을까? 이러한 분위기 속에서 평론가 수전 손택(Susam Sontag, 1933~2004)의 평가는 달랐다. '캠프Camp'라는 용어로 여타 평론가들과 다른 시선으로 앤디 워홀의 작품을 해석했다. 캠프는 케케묵고 속된 것임에도 멋있어 보이는 태도나 예술 표현을 뜻한다. 손택은 에세이 《캠프에 관한 노트Note on Camp》(1964)에서 1960년대 사회 문화 현상을 '캠프'라는 용어로 표현했다. 손택은 보기에 이상하고 저속한 사물을 흉내 내어 미적 가치를 표현하는 '키치Kitsch'보다 비록 촌스러워 보일지라도 흉내가 아니라는 점에서 '캠프'를 더 옹호했다.

'캠프의 여왕'으로 불리는 수전 손택은 미국을 대표하는 여류 작가다. 미국 펜클럽 회장(1987~1989)이던 1988년 노태우 정부 시절 한국을 방문해 김남주 시인 등 구속된 문인의 석방을 촉구했다. 9·11 사건 직후에는 미국에 불어닥친 '테러와의 전쟁'을 두고 '언제 끝날지 모르는 테러라는 주제를 내걸고 뭐든 마음대로 언제까지나 할 수 있는 권한을 스스로 부여한 것'이라고 비판했다. "9·11 사건은 미국이 스스로 자처한 것"이라고 말해 자국민들로부터 비난을 받기도 했다. 그래서 손택은 주저하지 않고 도발적인 질문하는 지식인, 행동하는 지식인으로 기억되고 있다.

《타인의 고통Regarding the pain of others》은 그녀가 숨을 거두기 1년 전, 9·11 사건 발생 2년 후에 발간된 책이다. 이전 발행한 저서들에 서문을 일절 쓰지 않았던 손택이《타인의 고통》한국어판에서는 서문을 실어 독자의 이해를 도왔다. 원저에는 사진이 없지만, 한국어판에는 사진도 여러 장 담았다. 손택은 독자들에게 단지 이미지 감상에 머물지 말 것을 요구한다. "사진 이미지를 다룬 책이라기보다는 전쟁을 다룬 책"이라는 설명이다. 전쟁 사진을 보고 환멸을 느끼는 것만으로 인간의 도리를 다한 게 아니다. 전쟁이나 기근, 폭력, 재해 등 다른 나라에서 일어나는 고통을 담은 사진 한 장을 보고 이미지에만 빠져들어 연민에 그쳐서는 안 된다. 사진에 담겨 있는 이야기를 읽어 내고, 이해하고 이면을 파헤쳐야 한다고 요구한다.

사진은 사회가 생각해보자며 선택한 것이면서, 발생한 일을 영원히 기억하게 만든다. 다만, 작가가 구도를 잡는 순간부터 무엇인가 선택함과 동시에 대부분을 프레임 밖으로 배제한다. 손택은 전쟁과 기근 사진을 보면서 "다 같이 슬퍼하자. 그러나 다 같이 바보가 되지는 말자."라고 제안한다. 연민에 그쳐서는 안 된다. 연민은 변하기 쉬운 감정일 뿐이다. 고통받는 사람들의 사진을 보고 연민을 느끼는 것에 그친다면 관음증과 크게 다르지 않다. 고통받는 사람들을 보고 감상에 그치는 일은 '나는 연루되어 있지 않다. 내가 저지른 일이 아니다. 그래서 나는 무고하다.'라고 느끼는 것이다. 손택은 연민이 아니라 그들과 연대하고, 관조가 아니라 함께 행동할 것을 촉구한다(Sontag, 2003).

공감하는 능력은 인공지능 시대 인재가 갖춰야 할 중요한 덕목으로 꼽힌다. 공감은 다른 사람의 고통을 외면하지 않는 데서 출발한다. 타인의 고통을 보고 그저 안타까워하는 사람이 아니라 책임 의식을 갖고 행동하는 사람이 되자는 손택의 주문에서 미래 사회 리더의 조건을 발견한다. 앤디 워홀의 작품을 다르게 해석하는 그녀의 혜안, 타인의 고통을 이용하는 자들에 대한 질타, 약자의 아픔을 감상하고, 연민을 갖는 데 그치지 말아야 한다는 조용한 외침들이 모여 그녀를 미국 지성사의 콤플렉스를 없애 주는 통찰력 있는 학자, 미국을 대표하는 지성의 자리에 올려놓지 않았겠는가.

가슴 없는 인간의 이중성

C.S 루이스(Clive Staples Lewis, 1898~1963)는 20세기를 대표하는 영국 작가다. 어린이들이 가상 세계 '나니아Narnia'에서 펼치는 모험 이야기《나니아 연대기The chronicles of Narnia》를 썼다. 그는 1943년 영국 더럼대학Durham University에서 강의한 내용을 정리한《인간 폐지The abolition of man》에서 '가슴 없는 인간'에 대해 한탄했다. 사람이 사람일 수 있는 이유는 "인간의 뇌가 아니라 가슴이 있기 때문"이라며 성품의 중요성을 강조했다.

> 지성은 훈련된 감정의 도움 없이 동물적 유기 조직에 맞서기에 무력하다. 나는 사기꾼들 틈에서 자란 어떤 완벽한 논리를 갖춘 도덕 철학자보다 윤리에 대해 상당히 회의적이다. 그러나 '신사는 속이지 않는다.A gentleman does not cheat.'라는 말을 믿고 자란 사람을 더 신뢰한다. 포탄이 쏟아지는 전쟁터에서 끝까지 제자리를 고수하게 하는 힘은 그 무슨 삼단논법이 아니다. 자기 군대에 대한 유치하기 그지없는 감상주의가 실은 더 도움이 된다. 이는 이미 오래전 플라톤이 한 말이다. 왕이 신하들을 통해 나라를 다스리듯, 인간 내부의 이성은 '심혼(心魂)적 요소spirited element'를 통해 욕망을 통치해야 한다. 머리는 가슴을 통해 배를 다스린다. 알라누스(Alanus de Insulis, 프랑스 신학자, 시인. 1128~1202)의 말처럼, 가슴은 도량(관대함, 훈련된 습관을 통해 안정된 정서로 조

직화된 감정)이 거(居)하는 자리다. 가슴chest - 도량magnanimity - 정서 sentiment는 소위 말해 인간의 뇌(지성)와 장(본능)을 연결하는, 없어서는 안 될 연결선이다. 사람이 사람일 수 있는 것은 다름 아니라, 이 중간 요소 때문이라고 말할 수 있다. 왜냐하면 인간은 지성으로 볼 때 영(靈, spirit)에 불과하지만, 욕망으로 볼 때는 동물에 불과하기 때문이다.

— C.S 루이스 《인간 폐지》 중에서 —

〈가슴 없는 인간Men Without Chests〉은 《인간 폐지》의 첫 장에 등장한다(Lewis, 2001). 루이스는 교사 두 명이 초등학교 고학년 학생들을 위해 쓴 책을 비평하면서 발행 목적과 형식의 괴리를 꼬집는다. 비록 책을 펴낸 의도가 좋을지라도, 초등학생이 읽기에 내용과 표현이 적절하지 않다고 지적한다. 결국 루이스가 얘기하는 바는 자기중심적 사고에서 벗어나 상대방의 입장에서 생각해야 한다는 것이다. 루이스는 '가슴 없는 인간' 비유를 교육 전반으로 확장했다. 우리 교육이 아이들을 가슴 없는 사람을 만들어 놓고 그들에게 덕과 모험적 기상을 기대하는가 하면, 평소 명예로움을 비웃으면서 정작 배신자가 나타나면 충격을 받는 이중적인 모습을 보인다는 것이다. 상대에 대한 올바른 이해 없이 공감으로 이어질 수 없다. 가슴을 열어 상대와 공감할 때, 진정한 소통이 가능해진다.

여우이면서 고슴도치인 사람

아르킬로코스(Archilochus, 기원전 680~645)는 고대 그리스의 시인이다. 형식적인 언어로 표현하는 서사시epic poetry에서 벗어나 개인적인 내용을 보다 대화적인 언어로 전달하기 위해 운율법을 적용했다. 그의 운율법은 혁명으로 간주되며 서정시 발전의 기초를 마련한 것으로 평가받는다. 아르킬로코스는 그의 단편에서 여우와 고슴도치를 비교했다. "여우는 많은 것을 알지만 고슴도치는 한 가지 중요한 것을 알고 있다A fox knows many things, but a hedgehog one important thing." 《우신예찬(愚神禮讚)In praise of folly》으로 잘 알려진 에라스무스(Desiderius Erasmus, 1446~1536)는 그의 저서 《격언집》에서 "여우는 여러 가지 기상천외한 방식으로 사냥꾼을 속이지만 마침내 붙잡힌다. 반면, 고슴도치는 단지 하나의 방법으로 사냥개의 공격을 피한다. 고슴도치가 몸을 말아 바늘로 날을 세우면 그 누구도 고슴도치를 붙잡을 수 없다."라며, 여러 가지 일에 손을 대는 사람보다 한 가지 일에 집중하는 사람이 더 큰 성취를 이룰 수 있다고 말했다.

아르킬로코스의 여우와 고슴도치 비유는 다양한 해석을 낳는다. 자유를 소극적 자유와 적극적 자유로 구분한 철학자 이사야 벌린(Isaiah Berlin, 1909~1997)은 그의 에세이집 《고슴도치와 여우》에서 인간을 두 부류로 구분 지었다(Berlin, 1953). '톨스토이의 역사관에 관한 에세이An Essay on Tolstoy's View History'라는 부제를 붙인 책에서 인간을 고슴도치형과 여우형으로 나눈다. 고슴도치형은 변하지 않는 하나의 원칙을 좇아 외골수로 나가는 사람이고, 여우형은 오지랖 넓게 이것저것 온갖 것에 관심을 갖는다. 벌린은 플라톤, 헤겔, 도스토예프스키를 고슴도치형으로, 헤로도토스, 에라스무스를 여우형으로 구분 지었다.

벌린은 톨스토이(Leo Tolstoy, 1828~1910)를 두고 독자들은 그가 여우이길 바랐지만, 정작 톨스토이 자신은 고슴도치라고 믿는 여우였고, 그래서 불행했다고 평가했다. 벌린은 톨스토이를 '콜로누스Coloneus에서 떠돌던 앞을 볼 수 없는 노인'이라는 말로 신화 속 오이디푸스Oedipus에 비유했다. 오이디푸스는 자신이 누구인지 모르고, 길에서 만난 노인이 한때 테베의 선왕이었던 자신의 아버지 라이오스Laius인 줄도 모르고 죽인다. 그리고 괴물 스핑크스에 맞서 "아침에는 네 발로 걷고, 점심에는 두 발로 걷다가, 저녁에는 세 발로 걷는 동물은 무엇인가?"라는 수수께끼를 풀어 왕위에 오른다. 벌린은 자신의 어머니인 줄 모르고 아내로 삼은 오이디푸스에 비유해서 톨스토이를 설명했다.

　AI와 함께 장수 시대를 살아갈 우리 아이는 고슴도치형 인간이 되는 게 좋을까, 여우형 인간이 되는 게 좋을까? 대세는 고슴도치형이면서 여우형인 사람이다. 일본 도요타가 회사 이름의 첫 글자를 따서 명명한 'T자형' 인재다. 특정 영역에서는 스페셜리스트specialist가 되고, 조직에서는 다양한 경험과 지식을 갖춘 제너럴리스트generalist여야 한다는 뜻이다. 삼성그룹 이건희 회장은 한때 "고객의 생각을 읽을 줄 아는 직관력과 시장 판단력을 가진 인재 한 명이 제대로 된 전략과 전술을 구사할 때 천 명을 먹여 살릴 수 있다."는 천재경영론을 펼쳤다. 이 회장은 이후 천재경영론에서 벗어나 'T자형 인재'를 삼성의 새로운 인재상(人材像)으로 제시했다.

　인재상은 시대에 따라 변화한다. 1980년대 이전에는 혼자서 여러 가지 일을 처리할 줄 아는 제너럴리스트, '한 일자(一)형 인재'가 환영받았다. 1980년대 중반에는 특정 분야의 전문가를 선호했다. 'I자형 스페셜리스트' 시대였던 셈이다. 1990년대 말 IT 업종이 부상하면서 특정분야의 전문성은 물론 폭넓은 지식을 갖춘 사람, 'T자형 인재'가 인기를 끌었다. 인공지능 시대에 손에 꼽히는 인재상은 융합형 인재다. 융합형 인재는 자신의 전문 영역은 물론 인공지능에 대한 이해와 활용, 인문학, 문제해결 능력, 창의력을 두루 갖춘 인재를 일컫는다. 원형(O)으로 표시된다. 기하급수적으로 발달하는 시대, 언제 어느 환경에서나 무리 없이 적응할 수 있는 인재상으로 등장했다.

"교양 없는 도쿄대 졸업생"

계몽주의를 대표하는 프랑스 철학자 콩도르세(Nicolas de Condorcet, 1743~1794)는 교육의 목적을 "현 제도의 추종자를 만드는 것이 아니라, 제도를 비판하고 개선할 수 있는 능력을 배양하는 것"에 두어야 한다고 설파했다.

일본의 사회평론가 다치바나 다카시(立花隆)는 그의 저서《도쿄대생은 바보가 되었는가 東大生はバカになったか: 知的亡国論+現代教養論》에서 '바보'는 기본적인 지적 능력이 부족하다는 뜻이 아니라 콩도르세의 말을 인용, '제도를 비판하고 개선할 수 있는 능력이 없는' 사람이라고 설명했다. 그러면서 교양을 가르치지 않는 대학 시스템, 특히 도쿄대마저 바보를 만들어 내고 있다며 거침없이 비판했다. 교양이란 서양에서 리버럴 아트liberal arts로 표현한다. 학부에서는 교양과목을 중시해야 하건만, 일본 대학은 그렇지 못하다는 다카시의 지적이다. 전공과목은 격이 높은 진정한 학문으로 간주하면서 일반 교양과목은 그에 비해 낮게 보는 것이야말로 변질된 고등교육이라는 주장이다. 그러면서 미국의 고등교육은 학부에서는 리버럴 아트 중심으로 가르치고, 전문교육은 대학원 'graduate school'에서 가르친다고 설명했다. 미국의 스쿨은 대학을 졸업한 후 들어가는 직업 전문 교육기관이다. 로스쿨law school, 메디컬 스쿨medical school이 대표적인 예다.

일본의 산업화 시대를 국가가 주도해서 열었고, 오랜 전통을 가진 도쿄대도 문부성 중심의 관료들이 주도해서 만들었다. 그렇다 보니 자유로운 교양인 육성보다는 국가에 필요한 인재 양성에 치우쳤다. 우선 행정 관료가 필요했고, 국가 행정 관료는 대부분 법률직이 차지했다. 다치바나 다카시는 '도쿄대학 법학부 졸업생은 교양이 없다'고 단언한다. 물론 소수를 제외한 법과대학 대다수 학생들을 말한다. 법률직 시험을 치러 관료가 되거나, 사법시험을 통과하기 위해서는 머릿속을 법률로 가득 채워야 할 뿐, 폭넓은 지식이나 다양한 사고방식을 다질 여유가 없다는 것이다. 학업에 필요한 책 이외에 순수하게 교양을 갖추거나 정신적으로 자신을 완성시키기 위한 책을 읽는 경우는 거의 없다. 더욱이 도쿄대학 법학부 전공 수업을 분석한 결과 교양을 넓힐 수 있는 강좌는 일절 없었다. 교양학부에서 리버럴 아트 교육을 받아야 하지만 이미 붕괴되어 있는 데다 전공 수업에서도 교양을 다루지 않다 보니 도쿄대 법학부 졸업생의 머릿속에는 대부분 법률과 규칙만 들어있을 뿐이라는 것이다.

다치바나 다카시가 말하는 교양은 무엇일까? 어떻게 기를 수 있을까? 강의를 잘 듣고, 받아 적은 다음 외우는 것이 아니라 스스로 공부하는 능력이 필요하다. 선생님이나 교수가 가르치는 양은 제한적일 수밖에 없고, 학생들이 그 몇 배나 되는 지식을 스스로 익혀야 한다. 다카시는 교수와 학생의 관계를 주전자와 찻잔에 비유했다. 학생은 강의실에 정렬되어 있는 '찻잔'이고, 교수는 그 찻잔을 채우는 '주전자'다. 교육이 이래서는 안 된다. 찻잔에는 노벨상이 주어지지 않는다. 스스로 생각해서 답을 찾아내는 능력이 중요하다(立花隆, 2004).

'교양'의 영어와 프랑스어 표현은 문화culture다. 경작한다는 뜻을 가진 동사다. 독일어로는 Bildung(빌둥)으로 표기하며, 형성, 생성, 육성, 교육이라는 의미를 담고 있다. 교양은 "외우는 것이 아니라 갖추는 것"으로 무언가를 갖추기 위해서 "실천적인 활동을 통해 대상을 깊고 넓게 이해하는 것"이다. 프랑스 철학자 미셸 푸코(Paul-Michel Foucault, 1926~1984)는 학생들에게 "철학은 지식이 아니다. 모든 것을 문제로 삼고 반성하는 방법이다."라고 가르쳤다. 교양 역시 지식이 아니다. 교양은 철학할 수 있는 능력이다. 다치바나 다카시는 괴테(Johann Wolfgang von Goethe, 1749~1832)가 그의 저서 《빌헬름 마이스터의 편력 시대》에서 남긴 말로 교양을 설명한다.

"다른 사람이 좀처럼 흉내 낼 수 없을 만큼, 원리부터 철저히 이해하고 확실하게 아는 것이 중요하다. 한 가지 문제를 잘 이해한다는 것은 백 가지 문제를 어설프게 이해하는 것보다 훨씬 더 깊이 있는 교양을 갖추게 한다."(Von Goethe, 1962)

AI 시대, 검색엔진이 아무리 발달하더라도 개인이 배경지식을 얼마나 갖추었는지는 중요한 문제다. 배경지식 수준에 따라 검색 결과를 얼마나 이해할 수 있는지가 결정되기 때문이다. 결과를 제대로 이해하지 못하면 비판적 사고로 연결될 가능성은 낮다. 단기간에 암기로 기억한 지식은 다카시가 말하는 교양과 거리가 멀다. 다양한 방면에 오랜 기간 호기심을 갖고 탐구할 때, 배경지식과 교양이 쌓인다. 검색엔진이 출력한 결과, 챗GPT가 쏟아낸 결과가 매번 정답은 아니다. 합리적 의심을 갖고 비판적으로 접근할 때, 기술이 주는 혜택을 제대로 누릴 수 있다.

차별 철폐에 나선 로자 팍스

1955년 12월 초 어느 날 저녁이었다. 나는 앨라배마주 몽고메리 시내버스 좌석에 앉아 있었다. 백인들은 버스 앞쪽 백인 구역에 앉아 있었다. 더 많은 백인들이 탔고 백인 구역에 빈 자리가 없었다. 이런 일이 일어났을 때 우리 흑인들은 백인들에게 자리를 양보해야 했다. 하지만 나는 움직이지 않았다. 백인 운전사는 "백인들이 좌석에 앉게 하라."라고 지시했다. 나는 일어나지 않았다. 나는 백인들에게 굴복하는 것에 지쳐 있었다. 운전사가 경찰을 불렀고 백인 경찰 두 명이 출동했다(Parks & Haskins, 1999).

로자 팍스(Rosa Parks, 1913~2005)가 당시 살았던 곳은 미국 남부 앨라바마주 몽고메리시Montgomery County다. 그녀가 백화점 지하 양복점에서 일을 마치고 퇴근하는 길이었다. 당시 미국 남부에는 흑인과 백인을 차별하는 「짐 크로 법 Jim Crow laws」*에 따라 흑인과 백인은 분리되었어야 했다. 버스아 기차에서도 마찬가지다. 몽고메리시에서는 버스 좌석을 엄격히 구분했다. 앞에서 열 번째 줄까지는 백인이 앉고, 흑인은 뒷자리에만 앉을 수 있었다. 중간 좌석은 흑인과 백인 구분하지 않고 앉을 수 있었으나 백인 좌석이 꽉 차면 흑인들이 양보해야만 했다. 버스기사가 대번 "백인에게 자리를 양보하라."라고 지시했을 때, 로자 팍스는 꿈쩍하지 않았다. "안 돼요."라고 말하며 단호하게 거부했다. 로자 팍스는 풍기문란죄로 법정에서 유죄를 선고받았다.

그날 오후, 몽고메리 홀트가Holt Street에 있는 침례교회에서 몽고메리권익개선협회의 주도로 집회가 열렸다. 5천여 명이 모여 로자 팍스의 저항을 지지하며 용기를 보냈다. 교회 안에서 마이크를 잡고 연설하는 사람은 26세의 마틴 루터 킹 주니어(Martin Luther King Jr., 1929~1968) 목사였다. "압제의 무쇠 같은 발에 짓밟히는 삶도 이제 참을 만큼 참았다. 사람들이 인생의 7월 반짝이는 햇빛에서 밀려나 알프스 11월의 살을 에는 듯한 추위 속에 서 있는 것도 끝이 다가온다." 목사는 로자 팍스의 용기에 박수를 보냈다. 로자 팍스는 그냥 조용히 서 있었다. 로자 팍스의 소극적 저항은 몽고메리시 전역 버스 보이콧 운동으로 번졌다. 사람들은 걸어서 출근하고, 모르는 사람끼리 카풀했다. 버스 보이콧 운동은 382일 동안이나 지속되었다. 로자 팍스가 법정에 선 날은 몽고메리시 흑인

---

* 「짐 크로 법(Jim Crow laws)」이라는 말은 1904년에 미국어 사전에 처음으로 실렸다. '짐 크로'라는 명칭은 백인이 얼굴을 검게 칠하고 흑인으로 분장하여 출연한 뮤직 코미디 <민스트럴 쇼(Minstrel Show)>의 1828년 히트곡 <점프 짐 크로(Jump Jim Crow)>에서 유래한다. 짐 크로는 시골의 초라한 흑인을 희화화한 캐릭터였다. 1838년 '짐 크로'는 검둥이 '니그로'라는 경멸적인 말로 쓰였고, 19세기에 시행된 흑인을 겨냥한 인종 분리 정책을 「짐 크로 법」이라고 불렀다. 1964년 7월, 미국 36대 대통령 린든 존슨(Lyndon Baines Johnson, 1908~1973) 행정부가 「시민권법(Civil Rights Act)」을 제정하면서, 「짐 크로 법」은 폐지되었다.

95%가 버스 보이콧 운동에 동참할 만큼 저항의 기세가 높았다(Theoharis, 2015).

인종 분리 정책에 대한 로자 팍스의 저항은 흑인 인권 운동에 불을 지폈다. 1863년 미국 제16대 대통령 에이브러햄 링컨(Abraham Lincoln, 1809~1865)이 「노예 해방 선언emancipation proclamation」을 공표해 노예제도는 사라졌지만 흑백 차별은 여전했다. 로자 팍스는 병든 어머니가 있었음에도 항소하기로 결심했다. 인권 운동가들의 요구를 받아들여 소송을 이어 갔다. 소송에 나서기 위해서는 자신의 일자리는 물론 남편의 일자리까지 잃을 것을 감수해야 했다. 마을에서 가장 높은 전신주에 매달려 죽을 위험을 감수하는 일이나 마찬가지였다. 로자 팍스의 신실한 신앙, 인권 운동에 참여한 경험이 있는 정직한 시민, 조용하고 말 없는 그녀의 성향이 힘을 발휘했다. 1956년 11월 13일, 미국 연방 대법원은 마침내 흑인과 백인을 분리하는 몽고메리시 버스 좌석 규정이 미국 헌법에 위배된다고 판결했다. 대법원 판결은 인종 차별 폐지 운동을 미국 전역으로 확산시켰다. 1964년 미국 의회는 끝내 인종과 종교 차별을 금지하는 「시민권법Civil Rights Act」을 통과시켰다.

로자 팍스는 승리했다. 그리고 흑인 인권 운동에 불을 지핀 사람으로 기억됐다. 하지만 그녀는 고향을 떠나야만 했다. 지역 백인들과 백인 우월주의 단체 KKK가 그에게 위해를 가하려고 끊임없이 협박했기 때문이었다. 그녀는 남편과 함께 북부 미시건주 디트로이트City of Detroit로 터전을 옮긴 뒤 인권 운동과 권익 향상 운동을 이어 갔다. 빌 클린턴Bill Clinton 대통령은 1996년 로자 팍스에게 미국 정부가 민간인에게 수여하는 최고 훈장인 '대통령 자유메달'을 수여했다. 마틴 루터 킹 주니어 목사와 함께 흑인 인권 운동을 상징하는 인물이 된 로자 팍스는 2005년 세상을 떠났다. 버락 오바마Barack Hussein Obama 대통령은 2015년 12월 흑인 인권 운동을 기리는 성명을 발표하면서 "로자 팍스는 선출직 공직자가 아니었고, 재력이나 권력을 가진 집에서 태어나지도 않았지만, 60

년 전 오늘 로자 팍스는 미국을 변화시켰다."라며 칭송했다.

필자는 2005년 5월 미국 몽고메리시에 머물 기회가 있었다. 그곳에 있는 미국 지상파 방송 네트워크인 Fox 계열 민간 방송사에서 2주 간 디지털 방송 실무 연수를 받았는데, 그 기간에 로자 팍스가 체포된 장소에 세워진 2층짜리 로자 팍스 박물관을 찾았었다. 박물관은 그녀의 인생 여정을 연대순으로 정리한 사진과 영상으로 꾸며져 있었다. 당시 로자 팍스가 탔던 버스도 전시되어 있었는데, 관람객이 직접 탑승하여 그녀가 앉았던 좌석에 앉아볼 수 있었다. 박물관은 당시 사건의 의미를 이해하고, 로자 팍스와 간접적으로나마 대화할 수 있도록 만들어진 교육장이었다. 사회 변화를 이끈 시민 참여의 힘을 느낄 수 있었던 장소였다.

로자 팍스는 깨어 있는 시민 한 사람이 사회를 얼마나 변화시킬 수 있는지 보여 준다. 수입이 많고, 안정적이면서 유망한 직업을 찾아 각자도생만을 꿈꾼다면 공동체는 일그러지고 만다. 민주주의 체제에서는 모두가 시민이며 권리의 주체다. 누구나 권리를 갖는다. 덕목을 갖춘 시민은 어떻게 키워 낼까? 민주 시민의 덕목은 누구나 동등한 권리를 누릴 자격이 있고 그럴 수 있도록 힘쓰는 일에서 출발한다. 차별받는 다른 사람의 권리를 찾아 주려는 마음, 공동체를 위해 자신의 것을 내줄 수 있는 정신, 권리자로서 책임감과 주인으로서 실천하는 사람이야말로 인공지능 시대에도 여전히 중요한 시민의 덕목 아니겠는가.

인공지능 시대 안정된 일자리를 갖고 고소득을 얻기 위해 치열하게 경쟁하는 사회일수록 이타심을 갖고 타인의 권리에 관심을 가진 사람이 리더의 자리에 오를 수 있다. 개인의 이익을 쟁취하는 데 온 힘을 쏟고, 무턱대고 사다리의 꼭대기에 오르기 위해 경쟁하는 아이가 아니다. 민주주의 발전과 사회 전체의 이익을 위해 봉사할 줄 아는 아이야말로 AI 시대의 인재다.

EBS 대표 강사 윤혜정 연구

　EBS에서 수능 강의를 하는 윤혜정 선생님은 자타공인 1타 강사다. 현직 교사로서 2007년에 EBS 강의를 시작하여 지금까지 이어 오고 있다. 필자가 EBS 수능 강의 사회 탐구 영역 CP와 수능 교육 부장으로 수능을 총괄하던 2010년과 2015년에도 윤혜정 선생님은 EBS 대표 강사로서 지위가 공고했다. 도대체 윤혜정 선생님은 무슨 비법이 있기에 학생들이 이토록 따를까? 답을 찾아 나섰다. 2014년 교육학 석사 학위 논문의 연구 문제로 정해서 탐구했다. 두 분의 선생님이 동시에 동일한 교재로 동일한 강좌를 개설하고 있어 비교하기 용이했다.

　〈윤혜정의 개념의 나비효과〉라는 저자 직강 겨울방학 강좌는 당시에 12만 명 이상의 수강생을 자랑했다. EBS가 자체적으로 실시하는 강사 선호도 조사에서도 매우 높은 점수를 기록했다. 윤혜정 선생님의 〈수능 특강〉 강좌를 다면적으로 분석하기 위해 여러 방법을 동원했다. 강좌별 강의 구성에서는 어떤 차이가 있는지, 강의 수강을 넘어 자세하게 강의를 관찰하면서 특징을 찾았다. 온라인 게시판에 수강생들이 어떤 글을 올리는지, 여기에 윤혜정 선생님은 어떻게 답변하는지 한 줄 한 줄 주의 깊게 들여다보았다. 윤혜정 선생님에게 질문지를 미리 준 다음 심층 면담을 실시했다. 질의응답 내용은 A4 용지 12장 분량에 달했다. 수년 간 윤 선생님의 강좌를 도맡아 제작하던 제작 PD와도 심층 인터뷰를 실시, 화면에 담기지 않은 강사의 특징을 찾아내려고 시도했다.

　분석 결과, 윤혜정 선생님은 비교 대상 선생님에 비해 교재 내용을 상세하고 쉽게 설명하는 편이었다. 강의 시간에 학생들에게 던지는 질문 횟수도 다른 선생님에 비해 많았다. 다른 선생님들은 학생들에게 질문을 던지는 횟수가 수업 시간 1분당 2회 정도에 그치는 데 비해 윤혜정 선생님은 3.2회에 달했다. 학습자와 원만하게 상호작용 할 수 없는 온라인 강의의 한계를 줄이기 위해 자주 질문하고 답하는 과정을 반복했다. 학교 수업과 온라인 강의에 특별한 차이를 두고 강의하느냐는 질문에 "학교 수업과 다를 바 없다. 학교에서도 학생들에게 눈을 맞추며 자주 질문한다. 다만, 학생들에게 답을 다그치거나 마냥 기다리지 않는다. 질문을 던진 다음 2~3초가 지나면 내가 답한다. 이는 온라인 강의에서도 마찬가지다."라고 대답했다. 요즘 학생들이 눈을 마주치고 대화하기를 꺼리는 경향이 있어 선생님의 자문자답으로 끝낸다는 것이다. 질의응답으로 학습 효과를 달성하되, 학생들이 불편하게 생각하지 않고 선생님의 강의에 집중하도록 하는 효과가 있었다.

온라인 게시판을 활용한 질의응답도 활발했다. 수능 교육을 전담하는 부서의 관리자로 일하던 시절, 입시 설명회 강단에 설 기회가 자주 있었다. 그때마다, 윤혜정 선생님이 어느 회의 자리에서 했던 말을 소개하곤 했다. "아침에 일어나 보면 키보드를 껴안고 있을 때가 있다." 윤혜정 선생님은 온라인 게시판에 답변을 달다가 잠들고, 일어나면 학교에서 수업하고, 틈날 때마다 EBS 강의를 준비하고, 교재를 집필하는 성실함의 대명사였다. 윤혜정 선생님은 학습 지도 측면은 물론, 온라인이라는 한계에도 불구하고 학생들의 질문과 걱정을 상담하면서 상호작용을 이어 가고, 수강생들의 학습을 촉진하기 위해 지속적으로 동기를 부여했다. 강의 초반부에 동기부여에 도움되는 일화를 소개하거나 학습 욕구를 자극하는 말들을 인용했다. 단원별로 학습에 도움을 주는 학습 자료를 꾸준히 제작하여 자료실에 업로드했다. 학생들은 그 자료를 다운로드받아 다음 수업을 미리 준비할 수 있었다.

학습 지도와 학습 촉진에 쏟아붓는 열정, 강의 준비와 학생 상호작용에서 확인되는 교과 전문성, 그리고 학습을 독려하고 동기를 부여함으로써 강사와 학생 간 강력한 유대감을 형성하고 있음을 확인할 수 있었다. 온라인 강의를 다시보기(Video On Demand, VOD) 수준에 머물지 않고 온라인 게시판 활용과 학습 자료 제공으로 학습자와 부단히 '공감empathy'하고 있음을 확인했다. 윤혜정 선생님의 사례 연구를 통해 매체는 단지 강의를 전달하는 수단일 뿐, 강의와 강사에 대한 학습자들의 선호도는 온라인 게시판, 질의응답 등 교재 해설 강의 이외 요소들이 영향을 미치고 있음을 확인할 수 있었다(신삼수, 2014).

수험생들의 선호도가 가장 높은 EBS 강사인 만큼, 사설 학원에서도 여러 차례 접촉을 시도한 것으로 알고 있다. 수십억 원을 주겠다는 제안을 뿌리치고 윤혜정 선생님은 오늘도 EBS 강의에 매진하고 있다. 2020년에는 구체적으로 특정 사설 학원으로 이적한다는 얘기가 무성했었다. 그런 얘기가 나올 때마다 공교육 안에서 교사로서 책무를 다하겠다는 입장을 밝힌 바 있다. 윤혜정 선생님의 강점은 무엇보다 제자들과 마음으로 통하려는 노력, 즉 공감을 위해 몸소 최선의 노력을 실천하는 데 있다.

Chapter 06

미디어 바로 읽기와 커뮤니케이션

　　디지털 네이티브로 불리는 우리 아이들에게 미디어는 어떤 의미일까? 우리 세대는 미디어라면 라디오와 텔레비전 정도를 떠올린다. 조금 더 나이 드신 분들은 여기에 종이 신문을 더할 것이다. 최근 들어 가장 보편적으로 이용되는 미디어는 무엇인가? 단연 스마트폰이다. 방송통신위원회는 해마다 방송 매체 이용 행태 조사를 실시한다. 설문 가운데 "일상생활에 꼭 필요한 매체가 무엇인가?"라는 물음에 "스마트폰"이라고 답한 사람이 70%에 달한 반면, 텔레비전이 필수 매체라고 답한 사람은 27%에 그쳤다. 10대들은 95% 이상이 스마트폰을 필수 매체로 인식하고 있다(방송통신위원회, 2023). 스마트폰은 이미 지난 2015년부터 텔레비전을 앞질러 필수 매체로 자리 잡았다. 왜 미디어가 중요할까? 미디어는 세상과 나 자신을 들여다보는 창(窓)으로 작동한다. 이용자들의 생각과 행동에 영향을 미친다. 스마트폰인가 텔레비전인가 하는 매체 형식은 물론, 내용을 표현하는 양식, 즉 장르에 따라 영향력은 다르다. 본 장에서는 이용자에게 미디어가 갖는 의미를 통해 우리 아이들이 살아가는 세상의 미디어, 다가오는 미래 미디어는 어떻게 변화할 것인지를 가늠해 본다.

책을 읽는 게 좋을까? 유튜브를 보는 게 좋을까? 아니면 블로그 포스팅을 읽는 게 나을까? 전자책이 좋을까? 상당수 어른들은 유튜브보다 책을 읽는 것, 스마트폰으로 블로그 포스팅이나 전자책을 보는 것보다 종이책을 읽는 게 낫다고 답할 것이다. 과연 그럴까? 도구주의intrumentalism와 결정주의technological determinism로 양분하여 쉽게 논의할 수 있다. 도구주의는 책, 스마트폰, 유튜브 채널 등 형식이 어떻든 이용자가 유용한 도구로 활용하면 된다는 접근이다. 이에 비해 결정주의는 매체 형식이 이용자에게 미치는 영향이 크기 때문에 이용자의 행태 변화에 주목하는 접근 방식을 말한다. 인터넷이라는 세상, 모바일이라는 네트워크는 가장 높은 곳에서 가장 멀리 볼 수 있는 유용한 도구로 자리매김했다. 우리 아이들에게는 스마트폰이 인터넷이고, 모바일이며 네트워크 연결 장치다. 인공지능 기술 또한 상당 부분 스마트폰을 통해 접근한다. 매체로서, 지식 콘텐츠의 보고로서, 언제 어디서나 지식을 만날 수 있는 도구로서 미디어는 어떻게 활용하는가에 따라 풍요의 엔진이 될 수 있고, 격차의 수렁이 될 수도 있다. 미디어를 모르면 지식의 확장은커녕, 오늘을 바로 읽고 내일을 조망하기 힘든 세상이다.

미디어는 어떻게 발달해 왔으며, 인류에 어떤 영향을 미쳤는가? 인공지능을 비롯하여 새로운 미디어 서비스를 보다 광범위하고 다차원적으로 들여다봐야 할 때다. 미디어 학자들은 물론 AI 시대를 살아가는 학부모도 예외가 아니다.

알고 보는 미디어

간략한 미디어 발달사

　미디어 발달의 역사는 인류 진화 역사만큼이나 현실을 바로 보는 데 유용한 지식을 제공한다. 간략하게나마 미디어 발달사를 훑어보는 이유다. 선사 시대에는 말로만 자신의 의사를 표현할 수 있었다. 문자가 발명되면서 의사소통할 수 있는 미디어가 늘어났다. 말은 쉬웠으나 글은 달랐다. 어떤 이는 읽고 쓸 수 있었던 반면, 어떤 이는 그렇지 못했다. 어쩔 수 없이 문자 정보는 문해력을 가진 몇몇 지식인의 전유물이었다. 또다른 책 한 권을 만들기 위해서는 손으로 직접 베껴 쓰는 필사(筆寫)에 의지하는 수밖에 없었다. 1440년 구텐베르크가 인쇄술을 발명하면서 상황은 달라졌다. 책을 대량으로 인쇄, 배포할 수 있어 문자의 대중화가 이뤄졌다. 단연 베스트셀러는 성경이었다. 약 400년이 흐른 뒤 이미징 기술이 등장했다. 1827년 프랑스 발명가 조세프 니엡스(Joseph Niépce, 1765~1833)가 사진술을 발명했다. 자신의 집 창가에서 8시간 정도 노출 시간을 거쳐 창밖 건물 벽을 이미지로 남겼다. 태양Helios이 그린 그림Graphos이라는 뜻의 헬리오그래피Heliography 기술이었다. 빛을 받은 부분은 딱딱하게 굳고 그렇지 않은 부분은 아스팔트가 녹아내려 흑백 사진을 만드는 방식이었다. 1860년 미국에서는 남북전쟁에서 처참하게 사망한 병사들의 사진이 신문에 실려 독자들을 놀라게 했다. 저널리즘에서 생생한 사진 한 장, 이미지의 힘이 발휘되었다. 지금은 너무나 당연하지만, 당시 독자들에게 사진 한 컷은 가히 충격이었다.

　1864년에는 영국 물리학자 맥스웰(James Maxwell, 1831~1879)이 전파의 존재를 주장했고, 1888년 독일인 헤르츠Heinrich Hertz가 전파의 존재를 실험으로 증명했다. 그의 이름은 주파수의 단위 헤르츠(Hz; Hertz)가 되었다. 1895년에 이탈리아 전기공학자 마르코니(Guglielmo Marconi, 1874~1937)가 무선통신 기술을 선보였고, 1901년에는 대서양을 가로지르는 무선통신 실험에 성공했다. 마르코니는 무선통신 기술 발명으로 1909년 노벨상을 수상했다. 무선통신 기술에 힘입어 1920년 11월 미국 웨스팅하우스Westinghouse사가 피츠버그에서 세계 최초로 정규 라디오 방송을 시작했다. 1922년 라디오 방송을 시작한 영국 공영방송 BBC는 1936년 브라운관 TV 방송을 개시했다. 1950년 이후 텔레비전과 라디오는 대중의 눈과 귀를 사로잡았다. 1960년 미국 대통령 선거에서 처음으로 후보들이 텔레비전 토론을 펼쳤다. TV 토론에 힘입어 젊은 존 F. 케네디(John Fitzgerald Kennedy, 1917~1963)는 부통령을 지내 인지도가 높았던 공화당 리처드 닉슨(Richard Nixon, 1913~1994)을 제쳤고, 미국 최연소 대통령에 올랐다. 우리나라는 1995년 지방선거에 처음으로 TV 선거 방송을 도입했고, 1997년 제15대 대통령 선거에서 TV로 선거 방송을 시작했다. 대통령 후보 간 상호토론 방식은 2002년 제16대 대선에서 처음으로 이뤄졌다. 새천년 민주당 노무현 후보가 한나라당 이회창 후보를 제쳤다.

캐나다 미디어학자 마셜 맥루한Marshall McLuhan은 1960년대 초반 전자 기술 발달로 '지구촌Global village' 시대가 펼쳐질 것이라고 예언했다. 책이 개인화 시대를 촉진했다면, 전자 미디어가 전 세계인을 다시 하나의 부족민처럼 묶을 것이라는 예측이었다. 집집마다 텔레비전을 갖게 되고, 1980년대 개인용 PC가 등장하고, 네트워크를 형성하는 인터넷이 등장하면서 맥루한의 예언은 현실이 되었다. 스마트폰이 현대인의 손바닥을 점령하고, 소셜 미디어가 사람과 사람을 마치 신경망처럼 연결하면서 세계는 본격적인 지구촌 시대, 새로운 부족 국가 시대에 접어들었다.

스마트폰으로 대표되는 모바일 미디어는 어디에서나 미디어를 이용할 수 있는 편의성을 향상시켰다. OTT^{Over The Top}는 언제 어디서나 프로그램을 즐길 수 있는 환경을 제공함으로써 시청자들을 방송 편성표로부터 해방시켰다. 국내 OTT '웨이브(Waave, 舊pooq)'는 지상파 TV 콘텐츠를 앞세워 우리나라를 대표하는 OTT로 자리 잡는가 싶더니 금세 글로벌 OTT '넷플릭스^{Netflix}'에 선두를 내주고 말았다. OTT 서비스로 원하는 시간에 텔레비전 프로그램과 영화를 볼 수 있게 되면서 미디어 이용 행태를 바꿔 놓았다. OTT를 통해 내가 보고 싶을 때, 원하는 프로그램을 몰아서 한꺼번에 볼 수 있다. 인터넷, 모바일 기술은 상호작용이 가능한 쌍방향 미디어 환경을 제공한다. 텔레비전을 보면서 스마트폰으로 정보를 검색하거나 이메일을 주고받을 수 있다. 시청자는 더 이상 수용자로만 머물지 않는다. 시청자는 이제 보기만 하는 수동적인 존재가 아니다. 시청자가 텔레비전 프로그램에 대해 직·간접으로 의견을 개진할 수 있는 다양한 통로가 마련되었고, 직접 채널을 만들어 개인 방송을 내보낼 수도 있다. 그래서 '시청자'라는 말 대신 '이용자'라는 말을 사용한다. 생산자이면서 동시에 소비자라는 것이다. 1979년 앨빈 토플러가 《제3의 물결^{The third wave}》에서 생비자^{prosumer}를 얘기할 때만 해도 미래 전망에 머물렀다(Toffler, 1979). 하지만 이제는 현실에서 보편화되었다. 대중은 이제 이용자이면서 생비자다.

2022년 말 오픈 AI가 선보인 생성형 인공지능 서비스 '챗GPT'는 인터넷 기반 산업에 거대한 변화를 불러올 것으로 주목받고 있다. 인공지능이 인간을 앞서는 '특이점^{singularity}'이 머지않았다는 예측이 나오고, 인공지능이 인간의 일자리를 빼앗고, 거대 글로벌 자본의 영향으로 빈익빈 부익부는 더욱 심화할 것이라는 전망이다. 《제2의 기계시대^{The Second machine age}》의 공동 저자인 미국 스탠포드대학교 에릭 브린욜프슨^{Erik Brynjolfsson} 교수는 기술의 발달이 "번영의 엔진이면서 동시에 격차의 엔진이 될 것"을 우려했다. 인공지능이 "기술을 보유한 소수의 시장 지배력은 증폭시키고, 나머지 대부분 사람들의 소득은 끌어내린다."라는 진단이다(Brynjolfsson & McAfee, 2014).

끝없이 새로운 모습으로 나타나는 새로운 미디어의 홍수 속에서 우리는 과연 살아남을 수 있을까? 제아무리 유용한 도구일지라도 그 가치를 알지 못하거나, 유익한 방식으로 사용할 줄 모른다면 무용지물이나 다름없다. 누가 뭐래도 인공지능 시대, 다양한 측면에서 가장 큰 도움을 주는 미디어는 인터넷, 모바일 네트워크 아닐까? 얼마나 유용하게 사용하는가에 따라 그 가치는 달라진다.

도구가 사회에 미치는 영향: 돌도끼와 쇠도끼

호주 북부 요크 반도Cape York Peninsula의 서쪽에 이루 요론트Yir Yorint 부족이 살고 있었다. 1623년에는 네덜란드 원정대가 요론트 족을 습격했고, 1864년에는 유럽 원정대의 총격을 받아 부족민 일부가 사망하는 일을 겪었다. 콜맨 강Coleman River 어귀에 자리 잡은 요론트 부족은 1915년까지 쇠도끼 대신 돌도끼를 사용했다. 아니 쇠도끼의 존재 자체를 모르고 있었다. 그들은 사냥과 낚시로 생계를 이어 갔다. 식물 재배 기술도 없었다. 필요할 때 숲에서 채집 활동으로 먹을거리를 얻었다. 매끄럽게 다듬어진 돌도끼는 그들의 생활에서 없어서는 안 될 중요한 연장이었다. 20세기에 사실상 구석기인들과 같은 삶을 살아온 셈이다. 자급자족하는 요론트 부족의 권력 구조는 돌도끼를 중심으로 형성됐다. 돌도끼를 제작할 수 있는 성인 남성들이 부족 내 높은 지위를 차지했으며, 돌도끼는 창과 불을 피우는 막대와 함께 요론트 부족 남성들의 상징이 되었다.

1915년 요론트 부족에게 혁명적 변화가 일어난다. 성공회 선교회가 요론트 부족을 방문해서 그들과 함께 생활하면서부터다. 선교사들은 원주민들의 생활수준을 높여 주기 위해 몇 가지 서양 문물을 건넸다. 그 가운데 요론트 부족이 가장 관심을 보인 물건은 단연 쇠도끼였다. 대량의 쇠도끼가 요론트 원주민의 손에 쥐어졌다. 여성과 청년들이 더 이상 돌도끼를 가진 사람들에게 매달릴 이유가 사라졌다. 쇠도끼는 과연 요론트 부족에게 어떤 변화를 불러왔을까? 미국 코넬대학 인류학자 로리스톤 샤프Lauriston Sharp 교수가 1930년대 중반 요론트 부족 마을에 들어갔다. 13개월 동안 숲속에서 그들과 함께 생활하면서 그들의 얘기를 들었다. 나이 드신 분들의 옛이야기를 통해 그들이 걸어온 과거를 파악하고, 요론트 부족의 문화 변동을 관찰했다(Sharp, 1952).

돌도끼 대신 쇠도끼를 사용하면서 기술적인 진보가 일어날 것이라는 가정은 빗나갔다. 쇠도끼를 사용하면서 여가 시간이 늘어나 생활이 나아지고 예술 활동이 더 활발해질 것이라던 예측도 마찬가지로 엇나갔다. 실제는 달랐다. 원주민들은 남는 시간을 잠을 자는 데 쓸 뿐이었다. 선교사에게 잘 보이면 쇠도끼를 얻게 된다는 사실을 알면서 젊은이들과 여성들은 요론트 부족의 나이 든 사람들보다 선교사에게 더 잘 보이려 애썼다. 자주적인 생활을 버리는 대신 의존적으로 변해 갔다. 과거 백인에 대한 아픈 경험을 가진 나이 든 사람들은 백인을 경계한 반면, 젊은 사람들과 여성들은 달랐다. 돌도끼를 사용할 일이 없게 되자 젊은이들과 여성들이 점차 독립적으로 생활하면서 성별, 연령에 따른 구분이 퇴색했다.

가뭄이 계속될 때 부족에서 열리던 축제와 성년식에 참석하는 사람들도 크게 줄어들었다. 쇠도끼를 얻는 데 부족 축제가 그리 도움이 되지 않는다는 사실을 알게 된 것이다. 축제에 참석한 사람들 역시 축제가 예전만큼 즐겁지 않았다. 부족 간 일체감은 약해졌고, 부족에서 일어나는 일에 대한 흥미도 떨어졌다. 가족 단위로 모일 뿐 다른 친족과 공동체의 관심사를 등한시했다. 지도력을 발휘했던 추장의 권위도 점차 낮아졌다.

그 다음이 더 문제였다. 선교사와 백인들의 영향력이 높아지면서 그들이 지도자로 나섰다. 선교사들은 원주민들이 자신들을 지도자로 생각하도록 강요했다. 쇠도끼를 무기로 원주민의 생각과 행동을 통제하기 시작했다. 그들은 원주민을 자신들의 명령에 따라 일하는 막노동꾼쯤으로 무시했다. 쇠도끼는 결국 원주민들의 전통적인 생각과 감정, 그동안 소중하게 생각해 오던 가치들에 큰 혼란을 야기했다. 결국 요론트 문화는 파괴되었고, 허탈감만 남았다. 로리스톤 샤프는 선교사와 백인이 침투하면서 다양한 문물과 문화가 유입되었기 때문에 그 모든 변화가 쇠도끼 때문이라고 단정하기는 힘들다면서도 생활과 가장 밀접한 도구였던 쇠도끼가 가져온 변화는 실로 컸다고 해석했다.

도구는 사회 체계를 바꾸고, 사람들의 인식 구조, 감정은 물론 문화를 바꾼다. 도구는 매개체로서 미디어다. 그 역 또한 성립한다. 미디어는 생활 속의 중요한 도구 가운데 하나다. 이루 요론트 부족 연구는 미디어가 사회에 얼마나 커다란 영향을 미치는지 잘 설명하고 있다. 책이 가져온 변화, 라디오와 텔레비전이 가져온 사회 변화, 인터넷과 스마트폰이 가져온 혁명적 기술 진보는 쇠도끼가 요론트 부족에게 미친 영향을 뛰어넘어 더 큰 영향을 미친다.

책, 라디오, 텔레비전, 위성방송 등 과거 미디어는 눈에 보이는 형태였다. 그러나 인공지능 시대 미디어는 눈에 보이는 미디어를 넘어선다. 소프트웨어, 알고리즘, 챗GPT, 자동 번역. 딥러닝, 인공지능 등 다양한 형태로 등장한다. 더 이상 눈에 보이는 사물이 아니다. 눈에 보이지 않기에 더욱 위협적일 수 있다. 마셜 맥루한은 미디어가 사람들의 지각과 인식 체계를 꾸준하게, 아무런 저항 없이 바꾸어 놓는다고 말했다. 그는 흥미롭고 자극적인 콘텐츠를 두고 "정신의 감시견을 따돌리기 위해 도둑이 미끼로 던져 놓은 고깃덩어리에 불과"하다고 빗대어 표현했다. 개별 콘텐츠에 대한 관심 못지않게 새로운 미디어 서비스에 대해 좀 더 큰 차원에서 생각하도록 만든다. 새로운 미디어 기술이 미치는 영향 또한 소리 없이 우리의 인식과 감정, 가치관을 바꾸고 있음을 자각할 때다.

인공지능 기술은 미디어 생태계에도 변화를 불러오고 있다. 로봇이 사람을 대신해 기사를 작성하는 일은 벌써 흘러간 옛이야기가 되었다. 오픈 AI는 2024년 초 '소라Sora'라는 이름으로 동영상 생성 AI 기술을 발표해 영상을 제작하는 사람들을 놀라게 했다. 소라는 텍스트 입력만으로 캐릭터를 만들고, 원하는 동작을 동영상으로 구현해 준다. 시제품 공개만으로 충격을 안겼다. 굳이 어렵게 드론을 띄워 촬영할 이유가 없고, 굳이 해외 로케이션이 없어도 된다. 인공지능이 그림자까지 섬세하게 표현하는 고화질 영상을 제작한다. 방송국에서 일하는 사람에게는 더욱 큰 충격적인 사건으로 다가왔다. 인공지능이 그림을 그려 주는 이미지 생성 AI '달리DALL-E'나 '미드저니Midjourney'가 안겨 준 놀라움과는 비교할 수 없을 정도다. 기자와 PD 등 미디어 관련 직업은 요즘 아이들이 선망하는 직업 가운데 상위에 랭크된다. 인공지능 기술이 미디어 종사자들의 내일을 어떻게 바꿔 놓을까?

AI가 바꾼 저널리즘

한국은 '네이버로 뉴스 보는 나라'다. '다음'의 점유율이 낮아지면서 네이버 쏠림 현상은 더해졌다. 다른 나라와 비교하면 어떤 차이가 있을까? 일단 디지털 뉴스를 주로 포털로 보는 비율이 66%로 전 세계 1위다. 뒤를 이어 일본이 65%로 우리나라와 비슷하다. 다른 나라는 32%대에 머문다. 우리나라의 절반에 그친다. 한국언론진흥재단이 영국 옥스포드대학교 로이터저널리즘연구소 Reuters Institute for the Study of Journalism와 협력해서 매년 발행하는 《디지털 뉴스 리포트 2023 한국》에 실린 조사 결과다. 우리나라를 포함 세계 46개 나라가 함께 참여한다. 2023년 조사 결과에서 눈에 띄는 대목은 유튜브YouTube 플랫폼의 급부상이다. 유튜브, 카카오톡, 인스타그램, 페이스북 등 10개 소셜 미디어 플랫폼을 제시하고 '지난 한 주 동안 뉴스 검색, 읽기, 보기, 공유 또는 뉴스에 대한 토론을 위해 이용한 플랫폼이 무엇인지 묻고 복수로 선택'하도록 했더니 유튜브가 단연 압도적 1위였다. 한 해 동안 9%p가 늘어 53%에 달했다. 우리나라 성인 2명 가운데 1명은 유튜브로 뉴스를 본다는 얘기다. 이 또한 46개 나라 평균 30%에 비해 현저히 높은 수치다(최진호 외, 2023).

남녀노소를 불문하고 블랙홀에 빨려 들어가듯이 유튜브에서 점점 더 눈을 떼지 못한다. 이미 2011년에 인터넷 뉴스 소비가 텔레비전 뉴스 소비를 앞질렀다. 네이버로 대표되는 인터넷 뉴스 소비가 이제는 글로벌 플랫폼 기업 유튜브에 밀려나는 형국이다. 문자보다 영상 소비를 선호하는 MZ세대, 10~20대의 유튜브 쏠림 현상은 더욱 두드러진다. 이용자의 뉴스 소비 행태 변화가 기자들의 앞날에는 어떤 영향을 미칠까?

국내 미디어 규제 체계에서 유튜브는 방송의 범주에 속하지 않는다. 전기통신망법의 규제를 받는 통신 콘텐츠일 뿐이다. 방송법 규제와 통신망법의 규제는 어떻게 다를까? 방송은 '허가'를 받거나 국가에 신고해야 한다. 더욱이 뉴스를 방송할 수 있는 보도 전문 채널과 종합 편성 채널은 방송통신위원회의 '승인'을 얻어야 한다. 주기적으로 재승인을 받아야 하고, 공익에 부합하는 역할을 수행해야 한다. 대기업은 일정 비율 이상 지분을 갖지 못한다. 광고 수입의 일부를 기금으로 납부해야 하며, 뉴스에 대해서도 법이 정한 가이드라인을 준수해야 한다. 반면, 유튜브를 포함한 인터넷 매체는 방송법 규제 대상이 아닌데다, 누구나 구글 계정을 열어 채널을 개설할 수 있다.

미처 법과 제도가 시대를 좇아가지 못한 틈을 타, 뉴스 플랫폼이 '누구나의 것'으로 자리 잡았다. '방송'은 대규모 투자가 필수적이었기에 대표적인 장치산업으로 간주되었다. 하지만 인터넷과 유튜브가 등장하면서 방송은 더 이상 장치산업이 아니다. 누구나 소규모 자본으로도 쉽게 채널을 만들 수 있다. 이용자들의 뉴스 소비 행태도 달라졌다. 스마트폰이 필수 휴대기기가 되고, 시청각 미디어 소비를 위한 필수 매체로 자리 잡았다. 스마트폰은 사람들이 가장 많이 뉴스를 소비하는 매체로 등극했다. 그 사이 신문 구독은 현격하게 줄어들었다. 텔레비전 시청자도 큰 폭으로 감소했다. IP TV, 케이블 TV의 등장으로 이용자와 광고 수입이 분산된 데다, 인터넷이 보편화되면서 기존 텔레비전의 입지는 더욱 줄었다. 여기에 '유튜브'라는 영상 플랫폼, 민주화된 뉴스 플랫폼으로 이용자가 몰려들면서 기존 방송들은 역사적인 유물legacy로 전락하고 있다.

기자는 '우리 주변에서 일어나는 각종 사고・사건, 정치・경제 소식, 생활 정보 등을 신문, 잡지, 라디오, TV, 인터넷 등을 통해 일반인에게 신속하게 알려 주는 일'을 한다. 권력과 자본으로부터 독립된 지위를 보장받아 성역 없이 취재할 수 있을 때 저널리스트로서 힘을 발휘할 수 있다. 그런 지위를 보장받기 위해서는 소속 매체가 언론사로서 탄탄한 경영 구조와 타당한 지배 구조를 갖춰야 한다. 과거 중앙 일간지, 지상파 방송, 보도 전문 채널 등이 그 역할을 수행했으나, 최근 들어 하나 같이 경영 위기로 내몰리고 있다. 매체 이용 행태 변화로 구독자가 현저히 줄어든 데다, 기업들의 광고 수요가 글로벌 OTT와 유튜브 등으로 몰리면서 기존 언론사들의 경영 상황은 악화되고 있다. 기업들의 광고가 줄어들자 정부 광고에 매달리고, 한정된 정부 광고 또는 지방자치단체의 정책 홍보 예산을 두고 벌이는 쟁탈전은 더욱 치열해졌다. 언론사에 불어닥친 경영 위기는 소속 기자의 독립성과 정체성을 흔드는 요인으로 작용한다.

더 큰 위협은 '유튜브'다. 누구나 채널을 만들어 구독자 확보에 열을 올린다. 진보, 보수 가리지 않고 정치인, 시민 단체, 개인이 채널을 만들어 가감 없이 목소리를 높인다. 훈련된 기자의 목소리를 일반 시민이 읽고 시청하는 시대에 누구나 목소리를 낼 수 있게 되면서 가히 '시사・정보 채널 홍수'에 가깝다. 인터넷 방송 유튜브는 '방송'이 아니기에 보도 매체로서 규제는 사실상 없는 상태나 마찬가지다. 기계적인 균형, 품격 있는 언어 사용은 남 얘기다. 필터 버블filter bubble*과 에코 체임버(反響室, echo chamber)** 현상을 부르는 유튜브의 추천 알고리즘 또한 뉴스 소비의 급격한 변화를 부르는 데 한몫하고 있다. 규제의 틀을 벗어난 시사, 비평, 토론 채널의 폭증에 이어, 인공지능 기술을 활용한 콘텐츠 제작까지 더해지면서 기자가 설 자리는 위태로움 그 자체다.

한국직업능력개발원 연구팀이 지난 2020년 기자라는 직업에 인공지능이 어떻게 활용되고 있으며, 향후 인공지능 시대에 기자가 살아남기 위해서는 어떤 역량을 갖추어야 하는지 조사했다. 인공지능 기술로 로봇 기자가 등장했다. AI 앵커가 사람을 대신한다. 과거에는 조간과 석간, 낮 뉴스와 저녁 뉴스로 구분되었으나 인터넷이 등장하면서 기사 마감 시간이 사라졌다. 실시간 속보 경쟁의 나날이다. 기자 한 명이 하루에 작성해야 하는 기사량도 늘어났다. 단순 반복적인 기사는 컴퓨터에게 맡기려는 움직임이 일었고, 데이터 정보에 기반한 단순 반복적 기사는 일부분 기계가 작성하고 사람이 데스킹을 맡는 방식으로 바뀌었다(장주희 외, 2020).

우리나라에서는 2016년 경제 전문 〈파이낸셜 뉴스〉에서 증권시장 관련 기사를 컴퓨터에 넘겼다. 우리나라는 인공지능 기술을 활용한 기사 작성이 아직은 본격화되지 않은 상황이었다. 미국에서는 지난 2010년 스포츠 기사를 인공

---

* 필터 버블(filter bubble)은 플랫폼이 알고리즘을 이용해 이용자 개인의 취향이나 선호도에 맞춰 특정 정보를 제공함으로써 다양성과 균형을 해쳐 편향된 사고에 빠져드는 악순환을 부르는 현상이다.
** 에코 체임버(反響室, echo chamber)는 소리가 밖으로 새어 나가지 않고 메아리처럼 울리도록 만든 방으로, 방송 녹음할 때 메아리 효과를 만드는 공간을 말한다. 즉 인터넷에서 같은 의견을 가진 사람들의 의견이 메아리처럼 반복되어 증폭되는 상황을 뜻한다.

지능에 맡긴 사례가 있다.

지난 2010년 1월 10일자 미국 공영방송 NPR^{National Public Radio}이 새로운 기술 동향에 대한 뉴스를 전했다. 스포츠 기사를 인간 기자가 아닌 컴퓨터 프로그램이 작성했다는 소식이다. 컴퓨터 프로그램 '스탯몽키^{StatsMonkey}'가 2009년 4월 25일 열린 야구 경기 결과를 정리했다(npr, 2010).

UNIVERSITY PARK — An outstanding effort by Willie Argo carried the Illini to an 11-5 victory over the Nittany Lions on Saturday at Medlar Field. Argo blasted two home runs for Illinois. He went 3-4 in the game with five RBIs and two runs scored. llini starter Will Strack struggled, allowing five runs in six innings, but the bullpen allowed only no runs and the offense banged out 17 hits to pick up the slack and secure the victory for the Illini.

The Illini turned the game into a rout with four in the ninth inning. Strack got the win for Illinois. It was his fourth victory of the season. Strack allowed five runs over 6 2/3 innings. Strack struck out two, walked three and surrendered six hits. Mike Lorentson suffered his sixth loss of the season for Penn State. He went four innings, walked none, struck out two, and allowed six runs. Illinois closer John Anderson got the final seven outs to record his second save of the season.

유니버시티 파크 – 윌리 아르고^{Willie Argo}의 뛰어난 활약으로 일리니^{Illini}는 메들라 필드에서 열린 니타니 라이온스^{Nittany Lions}와의 토요일 경기에서 11-5로 승리했다. 아르고는 일리노이에서 홈런 2개를 터뜨렸다. 그는 경기에서 4타수 3안타로 5타점 2득점을 기록했다.

일리니 선발 윌 스트랙Will Strack은 6이닝 동안 5실점하며 고전했지만, 불펜진은 무실점했고 공격진은 17안타를 때려내며 여유를 되찾아 일리니의 승리를 확정했다.

'스탯몽키'는 노스웨스턴대학교Northwestern University의 지능형 정보 연구소 Intelligent Information Laboratory에서 개발한 뉴스생성 프로그램이다. 야구 통계 시스템에서 정보를 가져와 작성했다. 야구 경기 결과를 정리해서 내보내는 수준이다. 정리된 데이터를 가져와 정해진 패턴에 따라 작성하는 정도다. 깊이 있는 분석을 한다거나 수십 년 전 메이저리그 기록을 인용하면서 기사를 작성할 수준까지는 아니었다. 그럼에도 틈새시장을 메울 수 있다는 평가와 함께 인간 기자의 역할 변화를 예고하기에 충분했다.

인공지능이 도입되면서 기자의 역할이 점차 바뀌고 있다. 데이터 정보를 모아 정리하고 확인하는 일은 물론, 정해진 양식에 데이터 정보를 대입시켜 단순 반복적인 기사를 작성하는 일과 기사 내용에 어울리는 사진 자료를 찾아 매칭시키는 일은 인공지능의 몫으로 넘어갔다. 인간 기자는 심층 보도 기획이나 새로운 뉴스를 직접 취재하고 개발하는 일을 맡는다. 인공지능 기술이 도입되면서 로봇 기자의 도움을 받아 효율을 높이되, 로봇이 작성한 기자의 오류를 정정하거나, 확인하고 선별하는 작업자로 인간 기자의 역할이 바뀐 것이다. 가령, 기업의 실적을 다루는 기사는 인공지능이 데이터를 획득하는 즉시, 기사를 자동으로 작성한다. 이후 인간 기자가 맥락을 파악하고 추가 취재를 통해 기사를 완성한다.

매주 실시되는 로또 복권 추첨 기사도 증권 시황이나, 정기적인 기업 매출 기사와 비슷하다. 로또 당첨 번호가 확정되면 로봇이 자동으로 데이터를 수신해서 즉시 기사를 작성할 수 있다. 과거에는 인간 기자가 로또 복권 추첨 생방송을 시청하여 당첨 번호를 확인한 다음 기사를 썼던 방식이었다. 그렇다면 인공지능 시대 인간 기자가 경쟁력을 갖고 살아남기 위해서는 어떤 강점을 갖추어야 할까? 직업능력개발원 연구팀은 로봇과 차별적인 인간 기자만의 강점을 갖춰야 하고, 인공지능이 대체하지 못할 해설이나 심층적인 기사를 작성하는 능력이 중요하다고 주문했다. 이를 위해서는 전통적으로 기자의 필수 역량이었던 비판적 사고, 글쓰기, 논리적 사고력, 인문학적 소양 또한 여전히 중요하다(이윤진·장주희, 2021).

사회적으로 기자가 전문직으로 인식되고 있음에도 의사나 변호사, 교사처럼 고정된 양성체계를 갖추고 있지 않다. 대학이나 대학원에서 형식적인 교육으로 길러지기보다는 언론사에 입사하기 전후 연수 훈련과 현장에서 도제식 교육으로 전문성을 쌓아 간다. 인공지능 시대에는 기술 발전 속도가 워낙 빨라 과거 기자 양성체계를 유지하기 힘들어졌다. 기술 변화에 맞춰 스스로 역량을 길러 가는 수밖에 없다.

스포츠, 증권 시황, 기업 매출 실적 보고, 로또 당첨 정보 이외에도 사건, 사고 기사도 얼마든지 컴퓨터가 작성할 수 있다. 그렇다면 컴퓨터가 작성한 기사의 신뢰도는 어느 정도일까. 독자들은 과연 어떻게 인식할까? 독자들은 인간 기자가 작성한 기사와 컴퓨터가 작성한 기사를 구분할 수 있을까? 최근 연구, 챗GPT와 같은 생성형 AI가 작성한 기사를 얘기할 필요조차 없이 이미 10년 전 연구에서 흥미로운 결론이 나왔다(Clerwall, 2014; 2017). 컴퓨터가 작성한 기사와 인간 기자가 작성한 기사를 비교 실험한 결과, 일관성 있게 작성했고, 읽기에 흥미롭다는 측면에서 인간 기자 작성 기사가 상대적으로 조금 더 높은 평가를 받았을 뿐, 정보 전달력이 좋고, 정확하고, 신뢰할 만하다는 측면에서는 컴퓨터 작성 기사가 더 높은 평가를 받았다.

연구는 컴퓨터가 작성한 기사와 인간 기자가 쓴 기사를 놓고 기자들과 독자들에게 비교를 요청했다. 컴퓨터가 작성한 기사를 주고 사람이 썼는지 기계가 작성했는지 물었더니, 27명 가운데 17명은 컴퓨터가 작성한 기사로, 10명은 인간 기자가 작성한 기사라고 대답했다. 반대로 인간 기자가 작성한 기사를 주고 판단을 요청했더니 8명만이 기자가 작성했다고 답했고, 10명은 컴퓨터가 작성한 기사라고 응답했다. 인공지능 기술이 적용되지 않던 시절의 연구 결과다. 10년 전 인간 대 컴퓨터의 비교 연구에서 활용했던 컴퓨터가 작성한 기사는 최근 등장하는 생성형 AI가 작성한 기사와 비교조차 안 될 정도로 품질에 차이가 있다. 생성형 AI가 등장하지 않았던 시절에도 독자들은 인간 기자가 작성한 뉴스와 컴퓨터가 작성한 기사를 쉽게 구분하지 못했다. 하물며 요즘은 어떻겠는가?

기계 기자의 등장은 기계가 작성할 수 있는 영역은 기계에 맡기고, 인간 기자는 보다 품질 높은 기사를 작성하는 데 집중할 수 있는 장점을 제공한다. 사실을 발견하고 알아내서 정리하는 수준의 기사 작성으로부터 인간 기자를 해방시켰다. 다시 한번 사실을 확인하고, 본인의 경험과 관점으로 분석을 더해 더욱 친절하게 설명하는 기사 작성에 더욱 집중할 수 있다. 인공지능의 역할은 더욱 확대될 전망이다. MIT미디어연구소를 설립한 니콜라스 네그로폰테(Nicholas Negroponte, 1943~)는 1995년 《디지털이다Being digital》에서 '손을 한 번만 움직이면 신문사 모든 직원이 만들듯이 이슈의 중요성과 독자들의 관심을 반영해 타이틀과 관련 기사를 작성해 주는 디지털 신문이 등장할 것'이라고 전망했다. 네그로폰테가 제시한 '나만의 신문DailyMe'이 당시에는 너무 앞서간 예측으로 간주됐다. 하지만 개인 맞춤형 뉴스 서비스가 현실화된 지 이미 오래되었다(Susskind & Susskind, 2015). 네그로폰테는 1985년 MIT미디어랩을 설립하기 6년 전이었던 1979년에 이미 '방송과 컴퓨터, 출판이 2000년대에 접어들면 하나로 융합될 것'으로 내다봤다. 스포츠를 제외하면 실시간 방송을 고집할 이유가 없어지고, 텔레비전은 대형화될 것이라고 전망했다. 비디오 스트리밍 보편화 시대는 40년 전부터 예견된 일이었다.

그렇다면 언론사를 소유한 기업 입장에서는 어떨까? 수백 명의 인간 취재 기자를 유지할까? 아니면, AI 기자의 비중을 늘려 갈까? 뉴스 소비 환경은 어떻게 변화할까? 기자는 어떤 일을 할까?

인공지능 기술은 기자의 영역은 물론 프로그램을 기획하고 제작하는 방송 프로그램 연출 영역에서도 활용되기 시작했다. MBC는 2024년 2월 인공지능 PD 'M파고'가 연출한 예능 프로그램을 방송했다. 〈PD가 사라졌다〉라는 제목으로 방송된 4부작 프로그램은 'M파고'가 기획은 물론, 출연자 캐스팅, 편집, 출연료까지 결정했다. 디지털 휴먼으로 등장해 출연자들과 소통하면서 PD 역할을 톡톡히 해냈다. 출연자 10명에게 게임을 제시하고 미션을 수행하도록 하는 형식이었다. 새로운 게임을 생각해 내는 일도 AI 프로듀서 'M파고'의 몫이었다. 아직은 MBC의 실험 프로젝트 수준이지만 인공지능이 방송사 PD가 수행하는 업무에 어느 정도까지 관여할 수 있는지 가늠하게 해 준다.

미디어는 도구다. "미디어는 메시지다 The Medium is the message."라는 유명한 경구(警句)를 만든 마셜 맥루한은 그의 책 《미디어의 이해 Understanding media: The extensions of man》에서 바퀴, 옷, 시계, 돈, 도로, 라디오, 텔레비전 등 다양한 도구를 미디어의 범주에 놓고 언론학을 중심으로 역사적, 문화적 관점 등 다양한 시각에서 분석했다. 새로운 미디어가 등장할 때마다 그들은 하나같이 '뉴미디어'였다. 이전에 없던 것들이었으니 생경하게 다가왔고 그 쓰임새는 사람마다 달랐다.

니체의 타자기와 그의 글

독일의 철학자이자 시인, 프리드리히 니체(Friedrich Wilhelm Nietzsche, 1844~1900). 본Bonn대학에서 신학과 문헌학을 공부하지만 한 학기를 듣고 난 후 중도에 그만둔다. 문헌학자 리츨F. W. Ritschl을 따라 라이프치히대학으로 옮겨 문헌학을 계속 공부한다. 어느 날 헌책방에서 쇼펜하우어(Arthur Schopenhauer, 1788~1860)의 책을 만나 마력에 빠진다. 1869년 그의 나이 스물넷에 리츨의 강력한 추천을 받아 바젤대학 고전문학 촉탁 교수로 위촉되었으나 몇 해 지나지 않아 교수 자리에 회의를 느꼈다. 그러던 차에 1872년 그의 첫 저술 《비극의 탄생Die Geburt der Tragödie aus dem Geiste der Musik》을 내놓았다. 그는 《비극의 탄생》에서 그리스의 고전과 근대를 넘나드는 예술론을 펼쳤다. 문명이 발전할수록 사람들은 권태에 젖고, 말초적인 쾌락을 좇아 문화적 타락의 늪에 빠진다고 보았다. 작곡가 바그너(Wilhelm Richard Wagner, 1813~1883)에게 헌정하는 저서로 공들였음에도 평가는 별로였다.

니체는 "스물네 살에 대학 교수가 돼서는 안 된다."라는 말을 남기고 1879년 바젤대학 교수 생활을 접는다. 건강이 나빠진 것이 결정적이었다. 강단을 떠난 뒤 처음으로 신의 죽음을 선언한 《즐거운 학문》(1882)과, 위버멘쉬Übermensch*를 얘기한 《차라투스트라는 이렇게 말했다》(1885) 등을 저술했다. 훗날 프랑스 철학자 질 들뢰즈(Gilles Deleuze, 1925~1995)가 1962년에 펴낸 그의 저서 《니체와 철학Nietzscheetla phllosophle》에서 "현대 철학은 대부분 니체 덕으로 살아왔고, 여전히 니체 덕분에 살아가고 있다."라고 말할 만큼, 니체는 관습을 넘어 새로운 가치를 좇은 철학자로 인정받고 있다.

* 위버멘쉬(Übermensch)는 니체가 삶의 목표로 제시한 인간상을 뜻하는 용어다. 있는 그대로 모두에 대해 긍정적이며, 고통마저 자신을 성장시키는 기회로 삼고, 외부 힘이나 절대자에 의지하기보다는 자신의 삶에 집중함으로써 스스로의 가치를 만들어 나가는 사람을 말한다.

니체가 서른다섯의 젊은 나이에 바젤대학을 그만두고 유럽을 배회할 때, 세상에 타자기가 등장했다. 날씨가 서늘한 가을에는 남쪽 지중해 연안을 찾았고, 봄이면 스위스 알프스와 독일 라이프치히 근처 어머니 댁으로 옮겨 다니던 니체는 시력이 나빠졌고, 심한 두통과 구토에 시달렸다. 글쓰기를 그만둬야 할 지경이었다. 1881년 이탈리아 항구 도시 제노바에 자리 잡았을 때였다. 니체는 덴마크제 몰링 한센Malling Hansen 타자기를 주문해서 사용하기 시작했다. 1865년에 발명되고, 1878년 파리 만국박람회에서 선보였던 제품이었다.

몰링 한센 타자기는 인체 공학적 설계를 적용, 볼록한 반구형 표면에 자판을 배열한 방식으로 '라이팅 볼writing ball'이라고 불렸다. 황금색을 띤 축구공 모양 바늘 방석 같은 모양새였다. 구 표면에 대문자와 소문자, 숫자 키 52개를, 왼쪽에는 모음을, 오른쪽에는 자음을 동심원으로 배치했다. 자판 하나하나를 내려 치면, 아래 종이에 글자가 찍히는 방식이었다. 자판을 누를 때마다 종이가 이동해, 당시 발명된 타자기 가운데 가장 빠른 타이핑이 가능한 기종으로 휴대 가능한 크기였다. 문제는 내구성이었다. 잦은 고장으로 말썽을 피웠다. 그래도 니체는 한센 타자기 덕분에 저술 활동을 이어 갈 수 있었다. 한센 라이팅 볼은 잉크 리본을 사용한 타자기가 등장하면서 점차 사라졌다.

펜으로 써 내려간 니체의 글과 라이팅 볼에 쳐 내려간 니체의 글에는 어떤 차이가 있었을까? 그의 오랜 친구면서 작곡가인 하인리히 쾨젤리츠Heinrich Köselitz가 미묘한 변화를 감지했다. 라이팅 볼로 작성한 니체의 글은 압축적이면서 간결해졌다. 새로운 힘이 느껴졌다. 니체의 생각이 라이팅 볼이라는 기계를 통과해 종이에 찍힌 활자로 거듭나 읽는 사람에게 새로운 모습으로 다가왔다. 쾨젤리츠는 니체에게 보낸 편지에 "내가 어떤 펜을 사용해 어느 종이에 음악을 써 내려가는지에 따라 가끔 달라지듯이, 네가 라이팅 볼을 사용하면서 새로운 언어를 갖게 된 듯하다."라고 적었다. 니체는 이에 대해 "친구, 자네 말이 맞아. 어느 글쓰기 도구를 활용하는지에 따라 생각이 달라질 수 있네."라고 답했다(Carr, 2010).

하마터면 글쓰기를 그만두어야 할 때, 자신의 생각을 남길 수 있는 유용한 도구가 되었던 몰링 한센 타이핑 볼을 두고 니체는 재치 있는 시 한 편을 남겼다. 1882년 2월 16일에 쓴 작품이다.

> 타자기는 나와 같은 물건. 철로 만들어졌지.
> 하지만 여행 중에는 쉽게 손상이 되지.
> 많은 인내와 요령이 필요하고,
> 우리를 사용하기 위해서는 튼튼한 손가락도 필요하다네.

> The writing ball is a thing like me: made of iron
> Yet easily twisted on journeys.
> Patience and tact are required in abundance,
> As well as fine fingers, to use us.

타이핑 볼은 고장 나면 고치기 힘들었고, 타이핑을 마친 다음에야 완성된 글을 볼 수 있어 불편했다. 또한 타이핑을 하려면 엉성한 자세를 취할 수밖에 없었다. 무엇보다 의도하지 않게 글쓰기 스타일을 바꿔 놓았고, 창작에 영향을 미쳤다. '니체의 타자기'는 기술이 매개될 때 인간과 기계가 어떻게 상호작용하는지, 새로운 매개체가 인간의 인지 작용에 어떤 영향을 미치는지를 방증한다.

타자기는 인간의 신체적 능력을 배가시켜 주는 연장에 그치지 않는다. 호미, 삽, 긴 낫, 쟁기처럼 맨손으로 할 수 없는 일을 보완하는 수준의 발명품에 그치지 않는다. 니체처럼 신체적으로 불편한 사람이 글을 쓸 수 있도록 지원하는 측면도 일부 존재하지만, 지적 능력을 보완하는 차원이 더 크다. 주판, 지구본,

책, 신문, 컴퓨터, 스마트폰과 크게 다르지 않다. 인공지능 시대 주목받는 챗 GPT 역시 인간의 지적 능력을 보완하고 확장하는 차원에서 보면 타자기와 기술적 측면에서는 흡사하다. 21세기 초반 우리가 인공지능 대화형 챗봇 서비스를 개인 비서처럼 활용할 수 있는 것에 놀라듯이, 19세기 후반 선조들은 타자기의 등장에 놀라지 않았던가.

인간의 지적 능력에 관련된 미디어는 극히 일부 엘리트 집단만 가지는 지식, 이성적 사고의 틀을 대중에게 확산시킨다는 차원에서 그 영향력을 가늠할 수 있다. 책이 그렇고, 인터넷이 그렇다. 학교라는 교육 시스템도 마찬가지다.

독일 철학자 발터 벤야민(Walter Benjamin, 1892~1940)은 그의 저서《기술복제시대의 예술작품Das kunstwerk im zeitalter seiner technischen reproduzierbarkeit; The work of art in the age of mechanical reproduction》에서 이전과 다른 관점을 제시했다 (Benjamin, 1935). 기술이 발달하면서 예술 작품이 원본과 동일한 품질로 복제되어 보급되던 시기였다. 그는 예술 작품의 원본이 풍기는 "아무리 가까이 있어도 멀리 있는 것처럼 나타나는 것"을 '아우라aura'로 표현했다. 복제 기술이 아우라를 파괴하는 것은 맞지만 예술 작품을 더 이상 고귀하고 성스러운 것으로 모셔 두거나, 신분이나 재력을 과시하는 수단이 되어서는 안 된다고 보았다. 복제 기술로 예술 작품이 대중에게 다가갈 수 있었다. 명화를 무한 복제함으로써 무엇이 원본인지 알 수 없는 시대, 특히 영화는 어느 상영관에서 상영되는 게 원본인가라는 논의 자체가 무색해졌다. 이런 현상을 두고 벤야민은 "아우라는 파괴될지언정 예술의 민주화에 이바지할 것"이라고 말했다.

인간의 지적 능력과 관련된 기술들은 공통적으로 '지식의 민주화'에 기여한다. 계산기가 발명됨으로써 수학적 문제풀이보다 연산 그 자체에 소모되는 시간을 획기적으로 줄였듯이, 타자기, 챗GPT, 인터넷, 스마트폰이 등장하면서 도서관을 방문하여 서가를 누비면서 원하는 책을 찾고, 그 책을 대출받아 눈을 비벼 가며 읽을 이유가 없는 세상이 되었다. 이러한 변화가 우리 자신과 우리 아이들의 뇌 구조, 사고방식의 틀에는 어떤 변화를 가져오고 있을까?

구텐베르크의 인쇄기 발명

활판 인쇄기를 발명한 독일인 구텐베르크(Johannes Gutenberg, 1397~1468)는 금(金) 세공인이었다. 금을 다듬는 기술을 살려 나름의 발명품을 구상하고 있었다. 필경사들이 직접 손으로 써서 복사본을 만드는 일을 기계로 대신할 수 없을까? 1440년경, 구텐베르크는 마인츠Mainz에 가게를 내고 기계 발명에 필요한 부품과 재료를 구입했다. 금속을 녹인 합금으로 한 글자씩 알파벳 활자를 만들었다. 한 페이지를 찍어 낼 수 있는 조판틀 안에 활자를 옮겨서 배열했다. 조판 틀에 앉힌 활자는 눌러 찍는 기계를 거쳐 종이에 자국을 남겼다. 조판틀을 눌러 찍는 기계는 와인 만들 때 포도를 으깨는 데 쓰던 압축기를 개조해서 만들었다. 이제 잉크만 있으면 활자를 인쇄할 수 있다. 잉크가 종이에 스며들어 글씨가 너무 번졌다. 방법이 없을까? 고민 끝에 해법을 찾았다. 펜글씨용 수성잉크 대신 유성잉크를 사용하는 방법이었다. 냄새가 나기는 했지만 유성잉크는 금세 마르고 번지지 않았다. 한 장씩 찍어 묶어 내니 마침내 한 권의 책이 되었다.

구텐베르크는 인쇄 사업 초기에는 면죄부를 인쇄해 교회에 납품했다. 그가 인쇄한 면죄부는 인쇄 품질이 좋아 교회의 만족도가 높았다. 주문이 계속되었다. 교회를 상대로 사업을 계속하면서 구텐베르크는 성경을 인쇄하기로 마음먹는다. 1452년부터 성경 출판에 착수했다. 페이지마다 2단으로 판형을 만들고 42줄씩 인쇄되도록 활자를 배치했다. 1,200페이지짜리 두 권, 한 세트의 성서를 기획했다. 독일에서 필사를 가장 잘한다는 필경사의 고딕 서체를 본떠 활자를 디자인했다. 성경을 활판으로 인쇄해서 서책으로 제작하는 데 꼬박 3년 이상 걸렸다. 성경은 꽤나 높은 가격에 팔렸다. 필사본으로 만들 때보다 15배나 빠른 속도로 성경을 제작할 수 있었다. 인쇄 품질이 좋아 인기를 얻었다. 하지만 순탄치만은 않았다. 180권을 인쇄하고 났더니 사업 자금이 바닥나고 만 것이다. 구텐베르크는 요한 푸스트Johann Fust에게 인쇄기와 설비를 담보로 꽤 많은 사업 자금을 대출받았으나 이자를 갚지 못해 끝내 인쇄 기술을 넘겨줘야 했다. 푸스트는 구텐베르크 밑에서 일하던 인쇄공 페터 셰퍼Peter Schoeffer를 불러들여 여러 가지 책을 만들었다. 유통망을 구축해 독일은 물론 프랑스에서도 책을 팔았다. 푸스트가 흑사병으로 죽고 난 이후 페터 셰퍼는 유럽 각지에 인쇄소를 차렸다. 인쇄업이 주목을 끌자 구텐베르크로부터 인쇄 기술을 배웠던 다른 인쇄공들도 유럽 각지에 인쇄소를 냈고, 인쇄된 책은 유럽 전역에 보급되었다(Man, 2002).

우리나라《직지심체요절》은 구텐베르크 성서보다 78년 먼저 금속활자로 인쇄한 서책으로 기록되었다. 하지만 대량 보급에는 실패했다. 이후 대량 제작된《농사직설》,《동의보감》은 목판으로 만들었다. 이에 비해 구텐베르크 활판 인쇄술은 유럽 전역으로 급속히 보급돼 필사본을 밀어냈다. 인쇄술 발명 이후 50년 동안 3만 종 2,000만 부의 책이 만들어졌다. 이는 구텐베르크가 인쇄술을 발명하기 이전 인류가 만든 책보다 더 많은 양이다.

인쇄업으로 큰돈을 벌기 위해 발명된 활판인쇄기는 다방면에 영향을 미쳤다. 빠른 제작 속도에 힘입어 책이 대량으로 만들어졌다. 대량생산은 가격을 낮췄고, 값이 내려간 책은 보편적으로 보급되었다. 날개를 달아 지식이 널리 퍼져 나갔다. 개인의 사상과 철학이 책을 매개로 학자들 사이에 공유되었다.

삽화가 들어간 책들도 다수 만들어졌다. 인쇄술은 책을 만드는 일뿐만 아니라 동일한 형식과 문장이 반복되는 행정 양식 제작에도 유용하게 활용되었다. 책은 어느새 사회적인 변화를 이끌기 시작했다. 종교개혁이 일어나는 데 인쇄술도 한몫했다. 마틴 루터(Martin Luther, 1483~1546)의 연설문과 논문은 독일어로 번역돼 불길처럼 퍼져나갔고, 신교와 구교 간 지각변동으로 이어졌다. 인쇄술이 아니었다면 마틴 루터가 그토록 짧은 기간에 독일인을 사로잡을 수 없었다는 게 후세 역사가들의 평가다.

무엇보다 책이 소형으로 만들어져 휴대할 수 있었다. 자연스럽게 독서가 대중화되었다. 책을 읽게 되면서 사람들의 사고방식에 변화가 일었다. 글을 써내려가듯 순차적이고 선형적linear인 구조로 생각했다. 문학적 사고를 하게 되면서 예술과 과학 분야에도 변화가 일었다. 이런 변화는 상상력을 견인했고 르네상스로 이어졌다. 책은 사람들의 이성적인 사고를 독려했고, 창의성을 이끌어 과학기술 발달에도 영향을 미쳤다. 그래서 구텐베르크 인쇄술은 산업혁명을 부른 발명으로도 꼽힌다.

영아기 TV 시청과 주의력 결핍 장애

3세 이전 TV 시청이 아이들의 주의력 결핍에 영향을 미칠까? 미국 워싱턴주 시애틀에 있는 워싱턴대학교 의과대학 소아과 교수이면서 아동건강연구소 소장인 디미트리 크리스타키스Dimitri Christakis 박사팀이 분석에 들어갔다. 1990년부터 2000년까지 1세 아기 1,278명, 3세 아이 1,345명을 상대로 조사된 TV 시청 행태 데이터를 분석했다. 1세 아기들은 하루 평균 2.2시간, 3세 아이들은 평균 3.6시간을 TV를 보면서 지냈다. 연구 결과, 1세와 3세 아이들의 TV 시청

시간이 1시간 늘어날 때마다 7세가 되었을 때 주의력 결핍 장애가 발생할 확률이 10%씩 올라갔다. 아주 어렸을 적 텔레비전 시청이 주의력 결핍 장애와 관련이 있음이 드러났다. 물론 연구에 한계점도 있었다. 얼마나 텔레비전을 보는지를 일상을 들여다보며 측정하지 못했다. 부모들이 알려 주는 정보에만 의지해서 몇 시간을 시청하는지 알아냈다. 그리고 TV 시청 때문에 주의력 결핍이 생기는지, 아니면 주의력 결핍 때문에 TV를 더 보는지 명확하게 인과관계를 밝혀내지 못했다. 그럼에도 불구하고 연구는 영아기 텔레비전 시청이 주의력 결핍에 미치는 영향을 실증적으로 연구했다는 점에 의의가 있다(Christakis et al., 2004).

TV 화면에 등장하는 장면과 소리는 일상적인 현실과 다르다. TV는 일상에 비해 장면 전환이 빠르고, 빛의 변화가 커 더욱 자극적이다. 크리스타키스 박사는 "TV 시청을 많이 할수록 아이들의 뇌로 하여금 아주 높은 수준의 자극을 기대하도록 만들고, 아이들은 현실보다 TV 자극을 오히려 정상으로 받아들인다."라고 말한다. TV가 주는 시청각 자극에 익숙해진 아이들은 일상을 지루하게 느낀다. 주의력 결핍, 과잉 행동 장애, 집중력이 부족한 아이들에게서 나타나는 현상과 비슷하다는 것이 크리스타키스 박사의 설명이다.

1990년대 아이들에 비해 요즘 아이들이 눈과 귀를 디스플레이와 이어폰에 빼앗기는 시간은 비교할 수 없을 만큼 많다. 스마트폰 시대가 되면서 언제 어디서나 영상을 시청할 수 있다. 영아기 어린이들만의 문제가 아니다. 중학생들도 마찬가지다. 전자기기를 하루 1시간 미만 사용하는 10대보다 3시간 사용하는 10대는 35%, 5시간 사용하는 10대는 71%나 자살 위험이 높다는 연구가 나왔다(Twenge, 2017). 또한 이 연구에서 소셜 미디어를 많이 사용하는 중학교 2학년 학생들이 그렇지 않은 학생보다 우울증에 걸릴 확률이 27% 높게 나타났다. 10대 때 우울증을 경험할 경우 나중에 또 우울증에 걸릴 확률이 상당이 높다. 반면 스마트폰 대신 친구들과 어울려 운동을 즐기거나, 함께 모여 숙제하는 청소년들은 우울증에 걸릴 위험이 낮았다. 청소년 스마트폰 과용이 이처럼 사회적인 문제로 떠오르자 애플사 주요 주주들은 이사회에 서한을 보냈다. 전문가 위원회를 꾸려 대책을 마련하고, 부모를 위한 연구와 교육 자료 제공을 늘리라는 요구였다(Rosenstein & Sheehan, 2018).

KBS 〈시사기획 창〉에서는 청소년들의 스마트폰 과다 사용 문제를 지적했다. 학교와 학생, 학부모가 협약을 맺고 수업 시작 전부터 하교할 때까지 스마트폰을 일절 사용하지 않기로 한 경기도의 모 중학교를 소개했다. 한 여학생은 "평일에 5~6시간, 주말에는 10시간 정도 스마트폰을 한다."라고 말한다. 학부모의 바람에 간절함이 넘친다. "공부를 못해도 좋으니 스마트폰만 안 했으면 좋겠다."라는 하소연이다. 수학 문제를 풀면서도 스마트폰을 손에서 놓지 못하고, 틈만 나면 스마트폰 게임에 빠져든다. 친구와 어울릴 때도 각자 이어폰을 낀 채 스마트폰을 갖고 논다(KBS, 2019). 말 그대로 '어울려 있되 따로'다. 미국 MIT대학교 셰리 터클Sherry Turkle 교수가 말하는《외로워지는 사람들Alone together》의 현실판이다(Turkle, 2011).

스마트폰이 몸의 일부가 된 시대, 청소년의 뇌를 변화시킬 정도로 강력한 스마트폰으로부터 우리 아이를 어떻게 구할 것인가. 우리 시대 가장 큰 난제 가운데 하나다. 과하지 않으면서 유용하게 사용하는 습관은 분명 필요하다. 빛이 강할수록 그림자 또한 짙다. 스마트폰의 허와 실에 대해 허심탄회하게 얘기하고, 때로는 스마트폰으로부터 온 가족이 해방되어 오프라인 활동이나 대화의 시간을 일부러 만드는 것도 방법이다. 경기도 고양의 한 중학교에서 펼친 실험처럼 일주일 중 몇 시간만이라도 온 가족이 스마트폰을 집에 두고 외출하는 협약을 맺어 보면 어떨까? 대화의 물꼬를 틀 수 있는 의미 있는 시간으로 만들 수 있을 것이다. 그에 앞서 부모부터 솔선수범하는 자세, 스마트폰에 종속되지 않는 삶을 살아가는 모습을 보이는 것이 우선이다.

"스마트폰 그만해라"

책을 읽지 않아 걱정이다. 독해력이 우려된다. 문해력이 문제라는데 손에서 스마트폰을 내려놓지 못한다. 스마트폰에 빠져서 허우적거린다. "스마트폰 그만하고 공부해라." 거의 모든 학부모의 아우성이다. 한마디로 대책이 없다. 몇 년 전까지 텔레비전 뉴스와 다큐멘터리, 신문 특집 면에서 청소년 스마트폰 중독을 얘기하더니 언제부터인가 그마저 사그라들었다. 아이들은 스마트폰을 더욱 손에서 놓지 못하는데, '중독' 문제는 오히려 조용해졌다. 왜일까?

뉴미디어는 등장 초기, 대부분 '중독'을 부른다. 책이 등장했을 때 책에 빠져 밤새는 독자들이 많았다. 라디오도 마찬가지다. 심야 음악 프로그램에서 DJ$^{Disc\ Jockey}$가 우편엽서로 보낸 사연과 함께 신청곡을 틀어 줄 때 청취자들은 그 재미에 푹 빠져든다. 텔레비전이 등장했을 때는 어떤가? 마을 한두 집에만 있을 때는 텔레비전을 보기 위해 그 집으로 모여들었고, 집집마다 텔레비전이 보급됐을 때는 사람들의 시간과 시선을 강탈하는 데 텔레비전에 비할 만한 광고·홍보 매체가 없었다. "텔레비전 그만 보고 이제 공부 좀 해라." 부모들이 입이 닳도록 했던 주문이다. 인터넷 세상이 열리더니 금세 모바일로 넘어갔다. 이제는 스마트폰을 아예 달고 산다. 밥을 먹을 때나 등하교 때 심지어 길을 걸으면서도 스마트폰 화면에서 눈을 떼지 못한다. 미디어학자 마셜 맥루한이 "미디어를 인간의 확장"이라고 표현했을 때만 해도 다소 생소했다. 1960년대 초반이었으니 그럴 만하다.

시간이 지날수록 맥루한의 예언은 현실이 되었고, 어느새 그는 사상가 반열에 올랐다. 그의 말대로 요즘이야말로 스마트폰 없이는 살 수 없을 지경이다. 스마트폰 없이 집을 나설 수 있는가? 스마트폰은 이미 신체의 일부가 되었다. 모바일 네트워크에 나를 연결해 주는 어댑터^{adapter}다. 소셜 미디어를 통해 다른 사람과 연결할 수 있는 거의 유일한 소켓socket이다. 이름은 '폰'이건만 대화를 주고받는 데 쓰는 데이터 용량보다 인터넷으로 검색하거나 소셜 미디어로 다른 사람과 소통하는 데 소모되는 '데이터'가 훨씬 많다.

청소년들이 하루 중 스마트폰을 얼마나 사용할까? 학교 수업 시간을 제외한 시간 내내, 말 그대로 '달고' 산다. 언제나 뉴스를 읽을 수 있고, 블로그를 이용할 수 있다. 음악을 들을 수 있고, 인터넷 강의를 수강할 수 있다. 유튜브 동영상을 시청할 수 있으며, 자신의 채널이 있다면 영상을 촬영해 업로드할 수도 있다. 상황이 이 정도면 이제 낯선 뉴미디어가 아닌 일상 속 생활도구 아닐까? 텔레비전에 중독되었다고 말하지 않듯이 자연스레 스마트폰 중독이란 말도 역사 속으로 사라진 것 아닐까. 그런 의미에서 스마트폰을 대하는 생각을 바꿔 보면 어떨까?

지금은 세상살이에 백해무익한 것으로 치부되는 스마트폰이 수십 년이 지난 다음에는 전혀 다른 관점으로 평가될 수도 있지 않을까. '시간 잡아먹는 하마', '집중력 훼방꾼', '도파민 자극제', '두뇌 활동 마취제'로 인식되었던 스마트폰이 훗날 인간의 인지능력을 향상시키고, 소근육을 발달시키며, 책을 읽던 시대보다 훨씬 더 많은 활자를 접하게 만들며, 그토록 글을 쓰지 않던 사람들이 블로그와 소셜 미디어로 더 많은 작문을 이어 간다. 그렇다면 역사를 통틀어 스마트폰이야말로 가장 유용한 쓰기 도구 아닌가. 읽고 쓰기의 중요성을 그토록 강조하면서 정작 스마트폰으로 읽고 쓰는 것은 왜 인정하지 않을까.

물론 책읽기가 주는 장점은 수도 없이 많다. 스마트폰으로 읽는 글과 책에서 만나는 글자는 다르다. 《책 읽는 뇌》의 저자 메리언 울프Maryanne Wolf는 《다시, 책으로Reader, Come home》에서 스마트폰 세상이 사람들의 '깊이 읽기' 능력을 아예 빼앗아 갈 수 있다고 경고했다. 그녀는 '읽기'야말로 인류 역사상 기적의 발명품이라며, 역사와 문학, 과학 지식을 시대를 넘나들며 통찰할 수 있도록 만드는 수단으로 평가했다. 전자책이나 스마트폰으로 읽은 아이들보다 종이책으로 읽은 아이들이 글을 읽은 다음 시간 순서대로 스토리를 재구성하는 능력이 뛰어났다. 하지만 사람들이 스마트폰에 의지하게 되면서 지식을 탐독하고 내면화하지 못하고 있다. 사람들은 책 대신에 점점 더 소셜 미디어로 빠져들고 있다(Wolf, 2018).

전혀 다른 시선으로 스마트폰 이용을 해석하면 어떨까? 독서로 하루 동안 채우는 지식의 양을 지름 1m, 깊이 10m 우물이라 치자. 깊이 파고들어 가는 면에서 스마트폰을 앞지른다. 이에 비해 스마트폰과 텔레비전, 유튜브를 통해 하루 동안 채우는 지식의 양은 지름 10m, 깊이 1m 웅덩이라 치자. 책읽기는 좁지만 깊이 있게 사색할 기회를 제공하기에 깊은 샘으로, 스마트폰은 얕은 지식을 폭넓게 살펴보기에 넓고 얕은 웅덩이라고 생각하자. 총량은 어떻게 다를까? 지름 1m, 깊이 10m 원기둥의 부피는 $7.85m^3$다. 지름 10m, 깊이 1m 원기둥의 부피는 $78.5m^3$로 10배나 많다. 아이들은 좁고 깊은 우물은 아닐지라도 넓고 큰 웅덩이를 파고 있는 셈이다. 깊이 있는 지식을 습득하지 않는다고 마냥 탓할 일은 아니다. 혼자 골방에 갇히지 않고 스마트폰으로나마 친구들과 소통하며 친하게 어울린다.

인공지능 시대에는 한 분야만 깊이 파고들어 가는 지식보다 박학다식한 지식을 갖춘 인간이 더 경쟁력이 있을 수 있다. 인공지능 시대, N차례 전환기를 맞이해야 하는 시대, 평생직장에서 N잡러로 살아가야 하는 시대에는 다양한 상황에 빠르게 적응하는 능력이 필수적이다. 어떤 일이 주어지더라도 능숙하게 처리할 수 있고, 어떤 환경 변화가 닥칠지라도 좌절하지 않고 자기 주도적인 삶을 살아가는 데 반드시 지녀야 할 무기로 스마트폰이 자리하고 있다.

크게 보는 미디어

라이어손 미디어 실험

문자가 등장하기 이전에 언어는 어떤 구조를 가졌는지에 관한 수업 내용을 네 가지 강의 형식(① 교실에서 교수가 판서 없이 직접 대면 강의한다lecture, ② 강의 내용을 녹음해서 라디오로 들려준다radio, ③ 강의 내용을 녹화하여 텔레비전으로 보여준다television, ④ 강의 내용을 유인물로 인쇄해서 배포하고 학생들이 읽는다read)으로 제공하는 실험에 들어갔다. '① 교실 강의, ② 라디오 강의, ③ 텔레비전 강의'는 모두 동일한 교수의 강의를 토론과 질문 없이, 칠판에 판서하지 않은 말 그대로 구술로만 강의했다straight verbal flow. 네 가지 방식 가운데 어느 강의가 가장 효과가 좋았을까? 30분 강의를 수강한 다음 평가를 했더니 ① 교실 강의와 ④ 유인물 학습보다 ② 라디오 강의, ③ 텔레비전 강의의 효과가 더 높게 나타났고, 라디오보다 텔레비전으로 수업을 들은 학생들의 점수가 높았다. 의외의 결과였다.

그렇다면 강의 내용을 강의 형식에 맞도록 재설계하여 제공하면 어떻게 다를까? ① 교실 강의는 칠판을 활용하면서 토론을 펼치는 오프라인 대면 수업의 장점을 살렸고, ② 라디오 강의는 드라마 형식으로 내용을 구성해서 흥미를 돋궜다. ③ 텔레비전 강의도 시·청각 특성을 살려 드라마로 제작했다dramatized material. ④ 유인물로 공부하는 수업은 유인물의 페이지 레이아웃을 디자인하고 중요한 내용은 굵은 글씨로 표기했다. 형식의 특징을 고려하지 않고 단순하게 전달하는 방식에 머물렀던 이전 실험과 비교하여 전반적으로 더 나은 결과가 나왔다. 이번에도 강의 형식별로 차이를 비교했다. 라디오 강의와 텔레비전 강의가 대면 강의와 유인물 학습보다 더 나은 결과를 보였다. 이번에는 텔레비전보다 라디오 강의를 들은 학생들의 결과가 훨씬 우수하게 나왔다. 연구진은 라디오 강의를 듣는 수강생들이 오디오로 청취하면서 장면을 상상하기 때문에 모든 것을 다 보여 주는 텔레비전보다 더 나은 학습 효과를 발휘했다고 해석했다. 마셜 맥루한이 1954년에 실시한 '라이어손 미디어 실험Ryerson media experiment'이다(McLuhan, 1960).

미국 교육부 요청으로 텔레비전의 교육적 활용 효과를 알아보기 위해 진행한 실험 연구다. 70년 전에 실시된 연구임에도 맥루한의 라이어손 실험은 뉴미디어를 교육에 활용할 때 기존 방식에 비해 어떤 효과를 나타내는지 실증적으로 검증했다는 점에서 주목받는다. 다양한 감각을 동원하여 정보를 받아들일수록 학습에 유리하고, 지식 콘텐츠를 제작할 때 전달하는 매체의 특성에 맞춰 기획, 제작하면 전달 효과가 더욱 크다는 사실이 실험으로 증명됐다.

맥루한은 라이어손 실험을 그의 대표 저서 《미디어의 이해》에 소개하면서 흑백텔레비전이 뉴미디어로 간주되던 당시 텔레비전이 보여 준 영향력을 다음과 같이 서술하고 있다.

> 텔레비전이 등장한 뒤로는 정말 많은 것들이 제대로 돌아가지 않는 것 같다. 영화뿐만 아니라 전국적 규모의 잡지 또한 이 새로운 미디어로부터 엄청난 타격을 입었다. 심지어 만화책까지도 크게 쇠퇴했다. 텔레비전의 등장 이전에, 미국인들의 독서력이 낮은 것에 대한 많은 우려가 있었다. 텔레비전이 등장한 이후, 사람들은 완전히 새로운 지각 체제를 갖게 되었다. 사람들은 이제 딴사람이 된 것이다(McLuhan, 1964).

1950년대 초, 흑백텔레비전이 보급되는 것만으로 '사람들은 다른 사람이 되었다He is not at all the same'. 이후 컬러텔레비전이 등장했고, 2000년에는 디지털 텔레비전, 고화질HD 텔레비전이 속속 등장했다. 실시간으로 방송을 보지 않아도 되는 다시보기 VOD^{Video On Demand}가 등장하더니, 모바일 기술로 언제 어디서나 미디어를 접하는 세상으로 달라졌다. 방송국을 개설하려면 대규모 투자와 함께 국가로부터 주파수를 허가받아야 하지만 유튜브가 등장하면서 완전히 딴판이 되었다. 소규모 투자만으로 누구나 콘텐츠를 생산해서 방송할 수 있고, 돈을 내고 봐야 했던 시절에서 이제는 내가 돈을 벌 수도 있는 세상으로 바뀌었다. 무엇보다 알고리즘에 따라 나도 모르게 한쪽에 치우친 콘텐츠를 주로 보게 되고, 나만의 방에 갇힌 듯 나도 모르게 내가 좋아하는 콘텐츠에만 빠져든다.

우리 아이들 세상은 인공지능 기술이 미디어에 본격적으로 적용된다. 마셜 맥루한 같은 미디어학자마저 텔레비전이 사람들의 삶을 어떻게 변화시킬지, 우리 사회 정치경제에 미칠 영향을 어렴풋한 수준으로 예측했을 뿐이었다. 그만한 예측만으로도 맥루한은 '예언가'로 평가받는다. 미디어를 철학적으로 접근하고 해석한 사상가로 인정받는다. 인공지능 시대 미디어가 우리 삶에 미치는 영향은 더욱 가늠하기 힘들다. 기하급수적으로 발달하는 하드웨어 기술과 고도화된 알고리즘을 채택한 소프트웨어 기술이 미디어를 어느 수준까지 진화시킬지 지켜볼 뿐이다.

나쁜 것들의 재평가: 슬리퍼 커브

1973년, 한 남자가 냉동 상태로 잠들었다. 그로부터 200년의 세월이 흘렀다. 영화는 2173년 이야기다. 은박지로 몸을 감싼 남자를 과학자들이 살펴보고 있다. 잠들어 있는 사람의 이름은 마일즈 먼로Miles Monroe. 건강식품 사업체를 운영했었다. 위궤양 치료를 받으러 병원에 들렀다가 사촌의 실수로 냉동수면에 빠지고 말았다. 200년 만에 깨어난 마일즈가 있는 곳은 로봇이 어우러져 생활하는 지하조직이다. 혼란에 빠진 마일즈는 그곳을 탈출하기로 마음먹고 가정부 로봇을 배송하는 차량 화물칸에 몸을 숨긴다. 로봇으로 변장한 채 한 가정에 배송된다. 집주인 루나Luna는 우디 앨런을 닮은 로봇이 싫다며 머리를 떼어 다른 얼굴로 교체하려 들고, 생명의 위협을 느낀 마일즈는 루나에게 자신이 누구인지를 자백한다. 루나는 마일즈를 외계인이라며 경찰에 신고한다. 경찰은 루나마저 외계인과 함께 있었다는 이유로 죽이려 들었고, 루나는 마일즈와 함께 도망친다. 마일즈와 루나는 같은 편이 되고, 마일즈는 경찰에 붙잡혀 2173년 시민으로 세뇌되어 다시 태어난다. 또한, 루나는 지하조직 요원들에게 잡혀 그들처럼 요원으로 세뇌된다. 과거 기억을 잃은 마일즈는 주사 두 대를 맞고서야 기억이 떠올라 루나를 알아본다. 둘은 하얀 가운을 입은 과학자로 변장하여 혁명을 꿈꾸는 지하조직의 우두머리를 제거하는 데 성공한다. 우디 앨런Woody Allen이 찰리 채플린Charlie Chaplin처럼 슬랩스틱 연기를 선보인 영화 〈슬리퍼Sleeper〉다. 가벼운 코미디 영화지만 독재자에 저항하여 혁명을 성공시킨다는 묵직한 메시지를 담고 있다. 제아무리 세월이 흐르고, 과학이 발전하더라도 사랑과 죽음의 가치는 변하지 않을 것이라는 우디 앨런 감독의 생각이 스며들어 있다.

영화 속에서 주인공 마일즈 먼로가 깨어났을 때, 미래 과학자들끼리 재미있는 대화를 나눈다. 마일즈가 건강을 생각해 '유기농' 아침 식사를 요구하자 그들은 의아해한다. 스테이크나 크림파이처럼 지방이 풍부한 음식이 아니었기 때문이다. 지금 우리가 다이어트의 적이라고 부르는 고지방 식품을 영화 속 미래 과학자들은 몸에 좋은 건강식품으로 여기고 있었다. 과학 저술가로 잘 알려진 스티븐 존슨Steven Johnson은 《바보상자의 역습Everything bad is good for you》에서 우디 앨런의 〈슬리퍼〉에 나오는 대사를 빌려, '슬리퍼 커브Sleeper Curve'라는 용어를 만들었다. 쓰레기라고 폄훼되던 것들이, 한참 시간이 지난 뒤에서야 그것의 가치를 다르게 인식하는 현상을 빗대어 표현한 말이다. 존슨은 게임이나 TV, 영화, 인터넷과 같은 대중매체들의 역효과만 강조하는 경향이 있다며, 그러한 매체를 이용한 대중문화 속에도 분명 우리의 두뇌를 발달시키는 긍정적인 작용이 존재한다고 보았다. 디지털 대중문화 시대를 살아가는 데 필요한 지식은 교실이나 박물관에서 배울 수 있는 게 아니라 거실이나 지하실, 인터넷, TV에서 배울 수 있다. "저급한 대중오락으로 치부되는 비디오게임, 텔레비전 드라마, 유치한 시트콤이 알고 보니 영양가 있더라."라는 게 슬리퍼 커브다. 존슨은 어릴 적 복잡한 야구 보드게임을 하면서 확률 이론을 배웠고, 게임 속에 숨겨진 패턴을 찾았다. 뿐만 아니라 그는 게임을 하면서 인내력을 길렀고, 그 힘이 삶의 원동력이 되었다.

만일 책보다 비디오게임이 먼저 세상에 나왔다면, 사람들은 나중에서야 뉴미디어로 등장한 '책'을 어떻게 받아들였을까? 스티븐 존슨은 책 읽기에 대한 세상 사람들의 무한 긍정에 반기를 들었다. 비디오게임에 대한 오해와 편견을 다시 생각해 보자는 뜻에서 가상 시나리오를 꾸몄다.

존슨의 가상 시나리오를 간단히 정리하면 이렇다. 책을 읽으면 만성적으로 감각기능이 저하된다. 비디오게임이 움직이는 영상과 음향효과로 가득 찬 3차원 세계를 선사하고 복잡한 근육 활동을 촉진한다면, 책은 종이 표면에 단어를 나열한 것에 불과하다. 책을 읽을 때 우리 뇌는 문자를 해독하기 위해 극히 일부만 활성화되지만, 게임을 할 때는 감각과 운동에 관여하는 보다 광범위한 뇌 기능이 활성화된다. 게임은 여러 명이 어울려 재미나게 세상을 탐험할 수 있는데, 독서는 아이들을 나홀로 고립시킨다. 책은 혼자만의 공간에 아이들을 가둬 타인과 소통할 기회를 박탈한다. 사람들을 혼자만의 세계로 빠져들게 만드는 도서관이 늘어나는 현상은 사회문제로 부상한다. 책이 상상력을 길러 준다지만 이전에 없었던 난독증이라는 새로운 병을 불러왔다. 무엇보다 책은 일방적이다. 남의 이야기를 주입시킬 뿐 게임처럼 자신의 뜻대로 이끌어 갈 수 있는 쌍방향 커뮤니케이션이 불가능하다. 독서는 남의 이야기를 따라 가는 순종적인 아이로 만들 뿐이다. 반면, 게임은 자신들이 처한 상황을 스스로 돌파하는 능력을 키워 준다(Johnson, 2006).

《바보상자의 역습》은 슬리퍼 커브의 개념을 기반으로 박제화된 기존 통념을 반박한다. 책을 읽으면 주의력, 기억력, 줄거리 파악 능력이 향상된다는 연구들이 많은데 텔레비전도 마찬가지다. 지난 30년 동안 텔레비전 드라마의 스토리는 복잡해졌고, 복잡할수록 시청자들의 흥미가 더해지는 것을 볼 때, 텔레비전 역시 인지능력을 발달시키는 데 기여하고 있다. 텔레비전은 책과 다른 차원에서 사람들의 인지능력을 발달시킨다. 존슨의 참신한 역발상은 요즘 아이들이 가장 쉽게 접하고, 가장 많이 이용하는 미디어가 무엇인지를 인정하고, 그것을 유용하게 활용할 수 있는 방법을 찾는 것이 현명한 대응이라는 사실을 깨우쳐 준다.

<새서미 스트리트> 연구와 지식 격차 가설

<새서미 스트리트Sesame Street>는 미국 공영방송 PBSPublic Broadcasting Service에서 1969년부터 방송되고 있는 어린이 프로그램이다. 아직 학교에 들어가지 않은 유아 대상 유치원 프로그램이다. 소득 간 교육 격차를 줄여 보자는 취지로 기획되었다. 당시로서는 유아 교육 프로그램에 오락적 요소를 결합하는 새롭고 대담한 기획이었다. 방송 이전은 물론 방송이 시작된 직후부터 미디어학자들의 관심을 받았다. <새서미 스트리트>는 과연 기획한 대로 교육 격차를 완화하는 데 효과를 발휘했을까? 방송 개시 이듬해 보고된 연구에서는 부유한 집 아이들과 가난한 집 아이들 간 교육 격차를 좁히는 효과가 있다고 보고되었다.

방송을 시작한 지 6년 뒤 연구에서는 이전과 다른 결과가 나타났다. 미국 일리노이주에 있는 노스웨스턴대학교Northwestern University 교육학, 사회정책학 교수인 토머스 쿡Thomas D. Cook과 그의 동료들은 <새서미 스트리트>가 소득 간 교육 격차를 줄이는 데 효과가 있다는 이전 연구를 반박했다. 먼저, 부모들의 교육 수준을 분석했다. 부모의 교육 수준을 대졸, 고졸, 고졸 이하로 구분하여 비교했더니 부모가 대졸인 가정의 아이들 중 88%가 <새서미 스트리트>에 노출된 반면, 부모가 고졸 이하인 가정에서는 <새서미 스트리트>에 노출된 아이들이 그의 절반 수준인 44%에 그쳤다. 부모 학력이 높을수록 교육 프로그램에 노출될 기회가 더 많았던 것이다. 연구진은 유아 교육 프로그램으로서 <새서미 스트리트>가 편성 의도에 맞게 저소득층 아이들에게 보편적인 유치원 교육 기회를 제공하는 점에서 교육적으로 가치 있는 프로그램으로 평가했다. 다만, 부모 교육수준에 따른 집단 간 교육 격차를 좁히지 못하는 한계를 드러냈다고 보았다(Cook et al., 1975).

1970년대 초반, 미국 공영방송을 지원하는 비영리 기관 CPB Corporation for Public Broadcasting*의 연구원 네이탄 카츠먼 Natan Katzman이 실시한 연구에서는 다른 결과가 나왔다. 카츠먼은 〈새서미 스트리트〉 시청 전과 시청 후 아이들을 상대로 평가를 실시했다. 부유한 가정의 아이들과 빈곤한 가정의 아이들 집단을 구분 지어 시험 점수를 비교했다. 모든 아이들의 점수가 시청 이전에 비해 시청 후에 상승했다. 한 단계 더 들어가 살펴보니 가정 형편에 따른 차이가 발견됐다. 빈곤한 가정 아이들의 점수는 소폭 상승한 데 비해, 부유한 가정 아이들의 점수는 상대적으로 더 크게 향상되었다. 가난한 가정 아이들이 〈새서미 스트리트〉의 도움을 받은 것은 맞지만, 부유한 가정 아이들은 그보다 더 큰 도움을 받고 있었다. 평균치를 높이는 효과와 함께 소득 간 격차를 더 벌리는 결과가 확인되었다(Katzman, 1974).

〈새서미 스트리트〉에 관한 일련의 연구들은 동일한 방송 프로그램이라도 부모가 어떻게 시청 지도하는 가에 따라 얼마나 다른 효과를 나타내는지를 설명한다. 방송 프로그램은 물론 이러닝 강의, 각종 미디어 플랫폼의 지식 콘텐츠 역시 마찬가지다. 〈새서미 스트리트〉의 예에서 알 수 있듯이 우리 사회의 지식 격차를 좁히기보다는 예기치 않게 오히려 격차를 증가시키는 결과를 가져오기도 한다. 학자들은 이를 '지식 격차 가설 knowledge gap hypothesis'이라고 명명했다. 1970년대 미국 언론학자 필립 티치너 Philip J. Tichenor와 그의 동료 연구진이 〈매스미디어와 지식의 차별화된 증진 Mass media flow and differential growth in knowledge〉 논문에서 처음 사용했다. 유입되는 정보가 늘어남에 따라 사회경제적 지위 고하에 상관없이 사람들의 지식은 증가하지만, 사회경제적 지위가

---

* CPB(Corporation for Public Broadcasting)는 미국 「공영방송법(Public Broadcasting Act)」에 따라 1967년 의회 승인을 받아 설립된 민간 비영리 기관이다. 공영방송에 대한 연방 정부의 투자를 관리하는 기관이면서, 공영 라디오, 텔레비전, 관련 온라인 및 모바일 서비스에 대한 공적 자금을 배분한다. 프로그램을 직접 제작하지 않으며 공영방송국을 소유, 운영 또는 관리하지 않는다. CPB는 미국 공영 TV 네트워크 PBS, 라디오 네트워크 NPR(National Public Radio)과 독립적이다. 지역 공영TV 및 라디오 방송국과도 독립적으로 운영된다.

높을수록 지식이 더 증가된다는 가설이다. 〈새서미 스트리트〉 연구처럼 교육적으로 유익한 프로그램을 통해 습득하는 지식의 양은 개인의 사회경제적 지위에 따라 다르게 나타났다.

필립 티치너 연구팀은 지식 격차가 발생하는 요인을 다섯 가지로 정리했다. 첫째, 사회경제적 지위가 높고 낮음에 따른 의사소통 능력 차이다. 형식적인 교육을 더 많이 받은 사람들이 공적 현안이나 과학 지식을 습득하는 데 필요한 읽기 능력과 이해력이 더 높을 것으로 기대된다. 둘째, 저장된 정보의 양, 즉 대중매체를 통해 주제에 대한 사전 노출 또는 공식적인 교육 자체에서 비롯된 기존 지식의 차이다. 이미 더 나은 정보를 가지고 있는 사람들은 어떤 주제가 대중매체에 나타날 때 그것을 더 잘 알고 그것을 더 잘 이해할 준비가 되어 있다. 셋째, 사회적 접촉이다. 교육은 일반적으로 일상 활동의 더 넓은 영역, 더 많은 수의 참조 그룹, 그리고 더 많은 대인 접촉 기회를 나타낸다. 교육으로 늘어난 사회적 접촉 기회는 다른 사람들과 공적 현안에 대해 논의할 기회가 많다는 것을 의미한다. 넷째, 선택적 노출과 정보를 수용하고 유지하는 메커니즘과 연관된다. 사회경제적 지위가 낮을 경우 사회적 현안이나 과학 뉴스에 관심을 가질 틈이 없거나 관련 정보에 관심 자체가 없을 수 있다. 다섯째, 대중 매체가 가진 시스템적 특성이다. 대부분의 공적 현안 관련 정보와 과학 지식은 사회경제적 지위가 높은 사람들이 주로 이용하는 매체로 보도된다. 구매력 있는 계층에 맞춰 프로그램을 제작하고, 소득이 있는 사람들의 관심과 취향을 더 많이 반영하는 편향이 스며들어 있다. 사회경제적 지위가 낮은 사람들은 공적 현안이나 과학적 소식을 친숙하게 접근하기 힘들 뿐 아니라 반복적으로 노출되지 않기 때문에 격차가 발생할 수밖에 없다(Tichenor, 1970).

공영방송의 지식 콘텐츠, 다큐멘터리 프로그램에도 지식 격차 가설이 적용될 수 있다. 많이 아는 사람일수록 더 많은 것을 얻는다. 교육을 더 받은 사람일

수록 지식 콘텐츠에 흥미를 갖고 접근하기 때문에 더 큰 효과를 거둔다. 부모의 적절한 시청 안내와 프로그램 내용에 대한 관여 또한 자녀들의 지식 습득에 영향을 미친다. 필립 티치너 연구팀이 제시한 지식 격차 발생 요인 다섯 가지는 미디어를 통해 자녀의 지식을 증진시키기 위해서 부모가 어떤 방식으로 지도해야 하는지 일러 준다.

인공지능 시대 교육 혁명과 기하급수적인 속도로 발달하는 정보 기술은 알면 알수록, 제대로 활용할수록 효과는 배가된다. 그 반대로 외면하고 피할수록 격차의 수렁에 빠질 수 있다. 본인의 노력도 중요하지만 부모의 적절한 개입, 부모가 제공하는 환경이 미디어를 통한 자녀의 지식을 확장하는 데 중요한 요소로 작용한다.

미디어 속 세상은 구성된 현실

폭력적인 콘텐츠를 텔레비전으로 오래 시청한 사람들은 그렇지 않은 사람들에 비해 우리 사회를 더욱 폭력화된 사회로 인식한다. 텔레비전을 많이 볼수록 왜곡된 세상을 현실로 받아들이는 경향을 보인다. 커뮤니케이션 학자 조지 거브너George Gerbner와 그의 동료들이 1970년대 개발한 배양이론Cultivation theory이다. 하루 4시간 이상 텔레비전을 보는 중(重)시청자heavy television viewers들은 텔레비전을 적게 보는 사람들에 비해 우리 사회를 비열하고 위험한 세계로 인식한다는 것이다. 미국은 1960년 미국 존 F. 케네디John F. Kennedy 대통령 암살 사건이 발생하고, 사회적으로 폭력 사건이 늘어나자 그 원인을 텔레비전으로 돌렸다. 1969년 '폭력의 원인과 방지를 위한 국가위원회The National Commission on the Causes and Prevention of Violence'를 구성했다. 위원회는 당시 사회 불안이 인기 매체로 등장한 텔레비전 때문이라고 가정하고, 이를 증명하는 연구를 진행했다.

'텔레비전 폭력 연구'는 1967년에 시작해 1980년대 후반까지 이어졌다. 대규모 연구비가 투자되어 장기간 진행된 미디어 연구로 꼽힌다. 연구팀이 여러 방송사의 일주일치 방송 편성표를 펼쳐 놓고, 프로그램을 분석했더니 황금 시간대 방송 프로그램의 70%, 어린이 시청 시간대 방송 프로그램 중 90%가 폭력적인 내용을 포함하고 있었다. 이런 경향은 오랜 기간 지속됐다. 연구 결과, 텔레비전을 많이 보는 시청자일수록 실제 세상보다 더 부정적인 시선으로 세상을 바라보고 있었다. 텔레비전에 비친 세상은 실제 우리가 살아가는 현실과 다른데도 불구하고 중시청자들은 텔레비전에서 보는 세상을 실제 현실로 받아들였다(Gerbner & Gross, 1976).

미디어는 실제 세상이 아니라 구성된 현실construction of reality로 거짓에 가까운 유사 현실pseudo environment을 보여준다. 시청자들이 쉽게 놓치는 부분이다. 시청자들이 실제 현실보다 세상을 더 비열한 곳mean world syndrome으로 받아들이는 이유다. 사회에서 폭력 사건이 발생하는 비율보다 텔레비전에서는 더 높은 비율로 폭력이 노출된다(Gerbner et al., 1980). 물론 조지 거브너의 연구는 다른 학자들로부터 많은 비판을 받았다. 시청자가 실제로 처한 환경이나 다른 요인들이 많은 상황에서 텔레비전에만 원인을 돌리기에는 무리가 있기 때문이다. 그럼에도 불구하고, 선정적이거나 폭력적인 방송 프로그램이 나쁜 영향을 미칠 수 있다는 주장에 힘이 실렸다. 거브너 연구팀은 프로그램에 나타난 폭력 행위의 횟수, 주요 등장인물이 폭력 행위에 가담하는 비율 등을 따져 폭력 지수를 제안했다. 거브너의 폭력 연구를 통해 도출된 배양이론은 오늘날 시행되고 있는 시청 연령 제한, 프로그램 등급제의 이론적 배경이 되고 있다.

미디어는 실제와 다르다는 인식을 심어 주는 일이야말로 미디어 리터러시 교육의 첫 단추다. 미디어로 접하는 세상은 누군가가 만든 틀 속의 세상에 지나지 않는다. 미디어로 바라보는 세상의 일부만으로 세상 전체를 판단할 일이 아니다. 물과 공기처럼, 내 신체의 일부처럼 미디어를 소비하는 아이들에게 틈날 때마다 깨우쳐 줘야 할 미디어 기초 지식이다.

미디어 리터러시

인공지능 시대, 왜 미디어인가

오늘날 존재하는 미디어, 내가 보고 듣는 미디어, 내 손에 쥐고 있는 미디어에 관해 얘기하려고 하면 금세 흘러간 얘기가 되고 만다. AI 시대는 더욱 그렇다. 라디오와 텔레비전은 눈에 보이고, 만질 수 있다. 하지만 챗GPT와 알고리즘, OTT와 같은 미디어 서비스는 손에 잡히지 않는다. 소프트웨어와 어플리케이션 모습으로 등장할 뿐이다. 하드웨어가 아니기에 만질 수조차 없다. 알아서 스스로 업데이트된다. 이전의 미디어와 차원이 다르다. 미디어를 모르고는 자녀와 대화조차 나눌 수 없다. 대화하는 수준을 넘어 미디어 발달 경향을 이해하고, 전문가들의 목소리에 귀기울이면서 이해를 넓혀 가야 한다. "모든 국민이 교육 전문가"라는 말이 과거 근대화 시절, 인공지능 이전을 대변하는 말이었다면, 이제 AI 시대에는 "모든 학부모가 미디어 전문가"여야 하는 세상에 이르렀다. AI 시대 미디어가 갖는 의미를 보다 넓은 차원에서 들여다보고, 효과적인 이용을 안내하며, 개인과 사회에 미칠 영향을 파악하는 일에 주저해서는 안 된다.

인공지능 시대 미디어는 기기의 이해, 서비스 활용에 대한 이해를 넘어서야 한다. 새롭게 등장하는 인공지능 서비스가 갖는 의미, AI 시대 미디어가 갖는 사회문화적 의미까지 부모가 이해할 때, AI 시대를 자녀와 함께 마주할 수 있다. 미디어는 여전히 자신의 생각을 표현하는 새로운 방식이면서, 역사를 드나들며 지식을 확장하고 습득할 수 있는 수단이다. 가히 혁명적인 의사소통 수단이면서 지식 획득과 확장의 수단인 미디어를 이해하는 것은 필수다. 하지만 자녀를 인공지능 기술 전문가로 키울 게 아니라면 너무 깊이 들어갈 이유는 없다. 학부모 자신과 자녀의 미래에 미디어가 미칠 영향을 현실적으로 이해하는 수준이면 충분하다. 인공지능의 작동 원리는 해당 분야의 전문가가 아닌 이상 알고자 해도 알기 힘든 영역이기 때문이다. 다만, 알고리즘에 의한 개인 맞춤형 콘텐츠 추천은 개인 활동에 대한 세밀한 감시 없이는 사실상 불가능하다는 점, 인공지능이 자동으로 뱉어 내는 결과물은 편리를 확장하는 이점이 있는 반면 사람 간 인과관계를 논의하거나 질문에 대한 답변을 숙의하는 과정이 생략된다는 사실 정도는 알아야 하지 않을까? 부모가 먼저 AI 미디어에 대한 기본 이해를 갖출 때 자녀에게 미디어 이해를 가르칠 수 있다. 인공지능 미디어에 과도하게 의존하다 보면 인간의 사회성은 저하된다.

일반 회사의 전자 결재 시스템에 비유할 수 있다. 비대면으로 결재 처리되어 업무 효율성을 향상시키지만 대면 접촉 기회는 차단된다. 수치적으로 발견되는 효율성만 좇을 때, 보이지 않는 무형의 자산은 줄어들고 있다는 사실을 간과할 수 있다. 인공지능이 개인의 편리를 증진하는 대신 고립을 불러오고, 개인의 고립은 시민성 저하로 이어질 수 있다. 하지만 그렇다고 해서 인공지능 기술이 제공하는 대답이 당연히 진실 가득할 것으로 간주하지는 말아야 한다. 합리적 의심을 소홀히 하지 말아야 하는 점은 이전과 다르지 않다. 여느 미디어를 통해 정보를 접할지라도 비판적으로 접근하고, 옳고 그름을 따져야 한다.

혹여나 정보 생산자의 다른 의도가 숨어 있지는 않은지 짚어야 한다. 진실을 가장한 허위에 속아 정신과 육체가 오염되지 않도록 비판적 사고를 기반으로 미디어가 제공하는 정보를 판단할 때, 비로소 인공지능 시대 온전한 디지털 시민으로 권리를 행사할 수 있다.

무엇보다 네트워크 시대, OTT 시대, 인공지능 시대로 표현되는 세상의 미디어는 단지 정보를 검색하거나, 사회적 관계를 맺는 소셜 네트워킹 수단에 머물지 않는다. 사람들의 생각을 읽을 수 있고, 자신의 생각 또한 자신도 모르는 사이 남들에게 전달된다. 어떤 콘텐츠를 주로 시청하는지, 어떤 내용과 채널을 좋아하고 구독하는지에 따라 자신의 모습이 드러난다. 미디어 이용과 참여 과정에서 자신의 정체성이 형성된다는 점 또한 간과해서는 안 된다.

미디어가 개인에게 미치는 부정적인 영향 가운데 하나는 깊은 사유를 방해한다는 것이다. 무언가에 집중해야 할 때 흥미 중심의 콘텐츠는 분명한 방해 요소로 작용한다. 혼자 생각하고, 그 생각을 정리하는 시간, 사색하는 시간, 사유에 빠져드는 시간을 강탈한다. 멀고도 길게, 오랫동안 생각해야 할 사안들이 분명히 존재하는데도 우리는 언제부턴가 17분에서 10분으로, 또 5분으로, 3분으로 줄어들더니 급기야 쇼츠shorts와 릴스reels라는 이름으로 1분 이내 초단시간 단편 영상에 눈길을 빼앗기고 만다. 수목원을 느긋하게 산책하며 맑은 공기를 들이마시면서 새들과 대화하던 날을 버리고, 고속열차에서 풍경을 총알처럼 흘려보낼 뿐이다. 이런 경향은 영상 콘텐츠를 소비하는 데 그치지 않는다. 언제부턴가 책을 읽을 때도, 짧은 글, 요약문 중심으로 읽는 데 익숙해진다. 인터넷 블로그 포스팅을 뛰어넘는 글을 끝까지 읽기란 인내를 요구하는 일이 되었다. 아이들도 마찬가지다. 하물며 요즘 아이들에게 고전 장편소설을 읽으라고 한다면 통할까? 도스토예프스키Fyodor Dostoevskii의 《노인과 바다》, 조정래의 《태백산맥》, 박경리의 《토지》를 완독할 수 있는 아이들이 얼마나 될까? 책

속으로 몰입하여 빠져드는 경험이야말로 평생 가는 경험이건만, 점차 멀어져만 간다.

이런 경향은 영화를 볼 때에도 비슷하게 나타난다. "그 영화 봤니?"라는 친구 물음에 안 봤다고 말하면, 대화를 이어 갈 수 없고, 그렇다고 2시간짜리 영화를 한 자리에서 끝까지 감상할 여유가 없다. 유튜브에 15분 안팎으로 요약한 동영상이 넘쳐 나고, 넷플릭스조차 1.5배속 시청을 지원한다. 신작도 신작이지만 과거 영화들도 다시 눈앞에 나타나니 그냥 지나치기 힘들다. 이런 현상을 두고 일본 칼럼니스트 이나다 도요시稲田 豊史는《영화를 빨리 감기로 보는 사람들映畫を早送りで觀る人たち》에서 "영화를 감상하는 게 아니라 콘텐츠를 소비할 뿐"이라고 혹평했다. 잔잔한 풍경이 흐르는 장면, 대화 없이 표정을 자세히 보여주는 장면, 침묵으로 내면의 감정을 연기하는 장면은 빨리 감기하여 그냥 뛰어넘거나 빠른 속도로 지나가고 만다. 영화 관람이 아니라 작품을 하나의 문화 상품으로 간주하고 훑어보고 만다는 지적이다. 그는 사람들이 점점 더 '빨리 감기'로 영화를 보면 제작자들 역시 소비자의 감상 트렌드에 맞추게 되고, 이는 향후 영화 발전에 거대한 위협 요인이 될 것이라고 경고했다(稲田 豊史, 2022).

이런 경향은 온라인 강의를 들을 때도 동일하게 나타난다. 벼락치기 공부가 바짝 성적을 높이는 데는 도움이 될지 모르지만 오랜 지식으로 남아 있을 가능성은 떨어지듯이, 몰아치기로 빠른 속도로 획득한 지식은 그만큼 빠른 속도로 잊히거나 빠져나간다. 그래서 부모가 자녀의 미디어 이용 습관을 더욱 유심히 들여다볼 필요가 있다. 개별 미디어 각각에 집중하기보다 개인이 접근하고 이용하는 모든 미디어를 종합적으로 들여다보면 더욱 좋다. 미디어 이용 패턴이 곧 지식 획득 패턴이다.

과거에는 미디어 하나하나가 개별적이고 순차적으로 대를 이어 가듯 등장했으나 AI 시대에는 기존 미디어에 새로운 미디어가 중첩되어 나타난다. 과거에는 책에 이어 라디오가 등장하고, 라디오에 이어 텔레비전이 등장하는 식이었다면, AI 시대에는 알고리즘, 스마트폰, 챗GPT, OTT 등 다양한 미디어가 동시다발적으로 나타난다. '독서는 마음의 양식'이라는 말로 과거를 설명할 수 있다면, 오늘날은 '시청과 질문(검색)은 지식의 마중물'이라는 말로 대신할 수 있다. 디지털 네이티브에게 동영상은 보고 즐기는 엔터테인먼트 수준을 넘어선다. 책에서 지식을 얻었듯이 영상에서 지식을 얻고, 본인이 직접 영상을 제작하고, 챗GPT와 같은 생성형 AI을 활용하면서 지식을 확장해 간다. 이전에는 독서를 적극 권장하는 대신 텔레비전 보는 것을 금기시했었다면, 이제는 영상을 통해 더 많은 지식을 얻는 세대라는 점을 잊지 말아야 한다. 책으로 접하는 지식이건, 영상으로 만나는 지식이건 꼬리에 꼬리를 물어 궁금증을 확장하고, 차근차근 해답을 찾아가는 과정은 시대를 불문하고 반드시 필요한 역량이다. 학부모들이 이런 변화를 읽고 자녀와 마주할 때 미디어가 진정한 의사소통 도구가 되고, 인간 능력 확장의 도구로 작용할 수 있을 것이다.

다시 말해, 우리 아이들이 살아가는 인공지능 시대는 라디오, 텔레비전을 넘어 다양한 미디어들이 다층적이고 복합적으로 횡행한다. 학부모들이 먼저 미래학자들이 제시하는 사회 변화를 읽어 내고, 소셜 미디어, 생성형 AI 등 새로운 인공지능 미디어가 갖는 의미를 파악한 다음, 앞으로는 미디어가 어떤 방향으로 발달할 것인지 알아야 하는 세상이다. AI 시대 혁명적 변화에 대해 불안감에 휩싸이기보다는 자녀가 살아갈 미래에 대한 불확실성을 능동적인 자세로 해소할 필요가 있다. 미디어는 인간의 확장이다. 인공지능 시대에도 미디어는 여전히 인간의 지각 능력을 확장하는 유용한 도구다. 경계하거나 두려워할 이유가 없다.

많이 알수록 많이 본다*

"많이 알수록 많이 본다."
"The more you know, the more you see."

젊은 나이에 거의 실명 상태까지 갔었던 올더스 헉슬리(Aldous Huxley, 1894~1963)가 남긴 말이다. 헉슬리는 1932년 소설 《멋진 신세계Brave new world》에서 기술 발달 중심으로 치닫는 세상이 펼칠 미래를 상상하면서 인간성 상실을 우려했다. 600년 후 미래를 내다보면서 디스토피아를 예언했던 SF소설이다. 책을 읽지 않는 세계를 경고했다(Huxley, 1946). 그는 열일곱 살 때 시력을 거의 잃었다. 다행히 점차 나아져 두꺼운 돋보기안경에 의지해 세상을 다시 볼 수 있었다. 시력을 되찾은 경험을 살려 《보기의 기술The art of seeing》이라는 책을 남겼다(Huxley, 1942). 헉슬리는 본다는 것seeing을 눈으로 감지하고sensing, 그중의 일부를 선택하고selecting, 뇌를 통해 인지하는 것perceiving의 총합으로 보았다(Seeing=Sensing+Selecting+Perceiving). 눈으로 보는 세상을 단지 보는 데 그치지 않고, 영상이나 이미지가 무엇을 말하려는지, 그 안에서 무슨 일이 일어나고 있는지를 열린 마음으로 생각하며 바라봐야 한다는 것이다. 즉 더 많이 경험하고, 더 많이 배우고, 더 많이 알고 있을 때, 세상을 더 잘 볼 수 있다는 설명이다. 헉슬리는 그 반대도 성립한다고 말했다. 많이 볼수록 많이 알게 된다는 것이다The more you see, the more you know.

인공지능 시대는 책으로부터, 텔레비전으로부터, 챗GPT로부터 수없이 많은 글과 이미지를 만난다. 문자와 이미지, 동영상의 홍수 속에서 단지 읽고 보는 데 그치지 않고 자신의 경험으로 축적된 기억을 끄집어내 제대로 볼 줄 아는

---

* 《디지털 미디어 문해력 이해와 실천》(2023) 중 필자가 집필한 제1장의 일부를 발췌, 변경하였다.

능력을 갖춰야 한다. 눈덩이 효과snowball effect는 지식을 늘려 가는 데 딱 맞아떨어진다. 어느 단계까지는 시간이 걸리고 어려움이 따르지만, 어느 정도 기억 뭉치를 만들고 난 이후에는 어느 순간부터 제대로 보는 안목이 눈덩이처럼 불어난다.

디지털 시대는 "보는 것이 믿는 것Seeing is believing"이라는 말로 설명되지 않는다. 십수 년 사이 세상은 달라졌다. 눈에 보이는 것을 보이는 대로 믿었다가는 큰코다치는 세상으로 바뀌었다. 그래서 더욱 미디어를 알아야 하는 세상이다. 미디어 콘텐츠의 유형은 뉴스, 교양, 오락, 다큐멘터리, 스포츠 등 다종다양하다. 콘텐츠 장르에 따라 접근, 이해, 해석의 방식과 수준은 다를 수밖에 없다. 철학, 문학, 사회, 과학, 역사 등 다루는 내용 또한 무궁무진하다. 그야말로 아는 만큼 보인다.

태어나 혼자서는 말을 배울 수 없듯이, 혼자서 문자를 해독할 수 없다. 미디어 언어도 마찬가지다. 국가 차원의 제도가 필요하고, 사회적인 관심과 조직이 필요하다. 이미 잘 조직된 학교 안, 교육과정을 통해 미디어 언어를 가르칠 수 있고, 학교 밖에서도 얼마든지 가르치고 배울 수 있다. 말을 처음으로 배울 때 그랬던 것처럼 미디어 교육 또한 부모의 역할이 가장 중요하다.

위대한 심장박동을 들려주는 미디어[*]

헬렌 켈러(Helen Keller, 1880~1968)는 앤 설리번Anne Sullivan 선생님의 도움으로 선천성 시각장애라는 신체적 한계를 극복하며 꿋꿋이 살아간다. 우리가

[*] 《디지털 미디어 문해력 이해와 실천》(2023) 중 필자가 집필한 제1장의 일부를 발췌, 변경하였다.

많이 알고 있는 헬렌 켈러 위인전에 등장하는 얘기다. 헬렌 켈러가 대학교 2학년 때 쓴 자서전 《헬렌 켈러 자서전 - 사흘만 볼 수 있다면 The story of my life》에서 그녀는 대학에서 지식을 만난 기쁨을 이렇게 표현했다(Keller, 1903).

"아는 것이야말로 사랑이요, 빛이요, 광명이라."
"Knowledge is love and light and vision."

그리고 책을 읽으면서 느낀 희열을 이렇게 서술했다.

'지식은 소리 없이 밀려와 깊어 가는 사고의 물결로 영혼을 가득 채운다. 아는 것은 힘이다. 아니 아는 것이야말로 행복이다. 넓고도 깊은 지식이 있으면 참된 목적과 허위를 구별할 수 있고 고상한 것과 저속한 것을 구별할 수 있기 때문이다. 인류의 진보를 이끌어 온 획기적인 사상이나 행동을 아는 것은 몇 세기에 걸친 인간의 위대한 심장박동을 느끼는 것이다. 만약 이런 심장박동에서 하늘을 향한 고된 노력을 느끼지 못한다면 생명의 하모니를 들을 수 없는 것과 마찬가지다.'

— 《헬렌 켈러 자서전》, 김명신 옮김. 제20장 —

헬렌 켈러가 참된 지식, 알아가는 기쁨을 누릴 수 있었던 이유는 책이라는 미디어를 소화하면서부터다. 그녀는 어릴 적 설리번 선생님이 손바닥에 써 주는 글과 점자로 정보를 습득했고, 이를 해독하여 지식으로 발전시켰다. 요즘 우리는 어떤가? 물과 공기처럼 우리 주위를 미디어가 둘러싸고 있다. 심호흡으로 우리 몸에 산소를 채우듯 우리는 다양한 미디어를 통해 정보를 얻고 지식을 넓혀간다. 미디어가 쏟아 내는 정보는 오감을 통해 들어온다. 그간의 경험과 기존 지식이 어울려 더욱 진보된 지식으로 살아나 영혼을 채운다. 헬렌 켈러가 자서전을 쓰던 시기, 그녀가 책을 통해 '몇 세기에 걸친 인간의 위대한 심장박동'을 느꼈다면, 네트워크 시대에 살고 있는 우리는 책은 물론 라디오와 텔레비전, 인터넷으로부터 오랜 세월 전해 오는 인간의 위대한 심장박동을 느낄 수 있다. 헬렌 켈러가 그랬던 것처럼.

헬렌 켈러는 88세로 인생을 마감할 때까지 여성 참정권 운동, 인종 차별 반대 운동, 장애인 복지사업과 함께 미국 사회에 대한 비판을 멈추지 않았다. 본받을 만한 삶을 살았기에 시대는 그녀를 미국의 작가, 교육자이자 사회주의 운동가로 기억한다(EBS 〈지식채널e〉, 2014).

우리 시대 모든 부모 역시 헬렌 켈러가 그랬던 것처럼 우리 자녀들이 앞서 살았던 위인과 석학들의 위대한 심장박동을 느낄 줄 알고, 허위 조작 정보에 휘둘리지 않기를 바랄 것이다. 깨어나서 잠들 때까지 미디어는 우리 곁에, 우리 눈앞에 펼쳐져 있다. 미디어를 알아야 미디어에 끌려다니지 않는다. 미디어를 바로 이해하고 다룰 수 있을 때, 헬렌 켈러가 그랬던 것처럼 지식을 얻는 행복을 느끼며 생명의 하모니를 들을 수 있다.

디지털 미디어가 범람하는 시대일지라도 그것에 휘둘리지 않고 능숙하게 활용할 줄 아는 아이, 콘텐츠라는 이름으로 주위를 휘감는 정보 홍수 시대에 무엇이 진실이고 무엇이 허위 조작 정보인지 판별할 줄 아는 아이, 미디어가 소통의 필수 도구가 된 세상에서 미디어를 통해 올바로 메시지를 주고받을 줄 아는 아이, 미디어라는 창을 통해 세상을 바로 볼 줄 아는 아이로 키우고 싶은 게 디지털 시대 모든 부모의 바람이다. 헬렌 켈러의 말을 빌려 달리 표현할 때, 부모들이 원하는 우리 아이들은 깊은 사고력으로 지식을 탐구하면서 행복해하는 사람, 박학다식을 바탕으로 진실과 거짓을 구별할 줄 아는 사람, 인류를 획기적으로 발전시켜 온 사상과 실천을 이해하는 사람, 이런 지식을 바탕으로 자기 삶에 최선을 다하면서 조화로운 세상을 만드는 데 이바지하는 사람 아닐까? 부모와 아이들이 폭넓은 지식을 배경으로 미디어를 통하여 세상을 바로 볼 수 있을 때, 부모의 바람대로 우리 아이들이 헬렌 켈러처럼 지식의 기쁨을 누리면서 성장할 것이다.

이제까지 매체 중심으로 미디어를 살펴보았다. 미디어가 부지불식간 우리 삶에 어떤 영향을 미치는지 꿰뚫는 통찰은 중요하다. 그럼에도 놓치지 말아야 할 부분은 콘텐츠다. 미디어 종사자로서 방송 프로그램 제작을 위해 공들이는 모습은 말 그대로 종합예술이다. 기획·제작·촬영·편집·방송으로 이어지는 일련의 프로세스는 그야말로 '작품'의 탄생 과정이다. 팀워크, 하모니, 콤비네이션의 결정체다. 특히, 교육·교양 콘텐츠는 더욱 그렇다. 그래서 종종 권한다. 책을 읽듯이 텔레비전을 보자. 교양·교육 콘텐츠는 장편소설이 아니다. 정해진 방송 시간running time에 꼭 필요한 내용을 선별하여, 압축적으로 담아낸다. 최적화된 시간에 꼭 필요한 내용만 담는다는 면에서 한 번 보고 마는 데 그칠 것이 아니다. 관련 배경지식을 탐구하고, 방송 내용을 톺아보며 곱씹을 때 책 읽기와 다른 묘미를 경험할 수 있다.

영상 콘텐츠의 특성상 큰 틀에서 보면 방송 프로그램은 '맛보기'일 수 있다. 이 시대에 왜 저런 주제로 방송 프로그램을 제작했을까? 연출자는 어떤 의도로 저렇게 구성했을까? 다른 전문가, 출연자를 섭외했다면 더욱 효과가 좋지 않았을까? 프로그램 부제와 구성은 책의 목차와 다르지 않다. 자세히 보면 보인다. 영상 콘텐츠야말로 아는 만큼 보인다. 출연자 한 사람, 강사 한 명의 인생은 그 자체로 휴먼북이다. 때로는 연출자의 눈으로, 때로는 방송작가의 눈으로 접근할 때, 방송 이상의 지식을 확장할 수 있다. 참고문헌을 뒤져 더 깊이 탐독하듯이 방송 프로그램도 관련 문헌과 주제를 뒤져가며 한 꺼풀 더 들어가 샅샅이 훑어보자.

AI 시대
우리 아이

내일의 삶과 오늘의 교육

Chapter 07 똑똑한 부모

Chapter 07
똑똑한 부모

자녀의 올바른 길잡이가 되려면 부모가 먼저 공부해야 한다. 용하다는 학원을 알아보고 입시 정보를 캐묻는 정도에 그치지 말자. 더 멀리 더 높게 바라보자. 단지 아이바라기만으로 살지 말자. 장수라는 축복은 우리 아이들에게만 주어지는 게 아니다. 지금 우리에게도 주어지는 선물이다. 우리 부모 세대의 문법으로 살아가겠다고 마음먹었다면 고쳐 생각할 필요가 있다. 자녀에게 사랑과 정성을 아낌없이 안겨 주되, 부모 자신을 위한 투자도 소홀히해서는 안 된다. 유형의 자산을 늘려 물려줄 생각에서 나아가 지금이라도 자신에게 투자하여 본인의 무형자산, 인적자원으로서 가치를 높일 계획을 세워 보자. 학창 시절과 직장 생활만으로 인생이 끝나지 않는다. 인생 전반전에 자신의 가치를 충분히 높일 때 후반전 이후 인생은 오롯이 본캐Original Character로서 진정한 자신의 삶을 찾을 수 있다.

전략과 실천

"다 때가 있다": 고양이 눈 실험

실험실에서 신경생리학을 연구하는 과학자 두 명이 아기 고양이의 한쪽 눈을 꿰맸다. 갓 태어난 새끼 고양이는 12주 동안 한쪽 눈으로만 세상을 바라봐야 했다. 동물애호가들이 잔인한 실험이라고 경악하며 비난했다. 과학자들은 태어난 지 7일이 지나도 눈을 저절로 뜨지 못하는 새끼 고양이의 뇌에 카메라를 넣어 광학 이미지를 포착했다. 과학자들이 이 같은 연구를 실시한 목적은 약시를 앓고 있는 아동들을 위한 치료법을 개발하기 위함이었다. 연구팀이 실험을 위해 대학의 연구 윤리 검토를 거쳤고, 관련 기관의 동물 실험 승인을 얻었다고 설명했음에도 비판 여론은 사그라지지 않았다. 지난 2010년 영국 웨일즈Wales에 있는 카디프대학교Cardiff University에서 진행된 실험이었다. 연구에 투입된 새끼 고양이는 모두 31마리였다. 실험이 끝난 뒤 모두 안락사되었다. 이를 보도한 영국 〈데일리 미러Daily Mirror〉 인터넷판은 논란이 일자 고양이 실험이 적절했는지를 두고 독자 찬반 투표를 실시했다. 응답자의 46%는 괜찮다는 입장을 보였고, 54%는 부적절한 실험이었다고 응답했다.

일찌감치 고양이 눈 실험으로 과학적 성과를 낸 연구팀이 있었다. 미국 홉킨스대학교 생리학자 데이비드 허벨David H. Hubel과 토스텐 위젤Torsten Wiesel이다. 그들은 1958년부터 눈으로 들어온 신호가 포유류의 대뇌피질에서 어떻게 처리되는지에 관한 선구적인 연구를 진행했다. 고양이에게 이미지를 보여 주면서 시각 피질 구조에 관한 힌트를 얻을 수 있는 뇌 실험을 진행했다. 간단한 이미지를 화면에 투사하고 이를 본 고양이의 눈을 통과하여 들어 온 신호가 어떤 뇌 반응을 일으키는지 관찰했다. 초기에는 어떤 반응도 발견하지 못했다. 실패를 거듭한 끝에 특정 뇌세포에서 전자적인 소리가 나는 것을 확인했다. 고양이에게 보여 준 직선이 어떤 방향인지에 따라 뇌에 연결된 오실로스코프(oscilloscope, 전압 변화를 시각적으로 표시하는 전자 측정 장비)에 다른 신호가 나타났다. 이를 통해 고양이의 시각 피질 영역에는 단순 세포와 복잡 세포가 존재하고 각각 다른 기능을 수행한다는 사실을 알아냈다. 외부 세계의 시각 정보가 어떻게 뇌에 도달하는지 비밀을 밝혀낸 것이다. 오늘날 특정 활동에 뇌가 관여할 때 대뇌피질이 어떻게 활성화되는지를 이미지로 촬영하는 fMRI functional Magnetic Resonance Imaging 장치 개발의 길을 개척한 것이다. 뇌 어떤 부위의 신경이 활성화되는지 촬영할 수 있게 되며 뇌 과학 연구의 문을 열었다(Hubel & Wiesel, 1962).

허벨과 위젤 팀은 한 단계 나아가 뇌의 시각 피질 미세 지도 작성에 들어갔다. 새끼 고양이의 시각 피질 안에 미세 전극을 꽂아 실험한 결과, 색과 선, 빛의 움직임이 서로 다른 뇌 부위에서 처리된다는 사실을 알아냈다. 또한 그들은 새끼 고양이의 한쪽 눈꺼풀을 꿰매 아무런 시각 정보가 들어가지 못하게 함으로써 좌, 우 눈의 신호가 뇌의 서로 다른 부분에서 처리된다는 사실도 발견했다. 이를 통해 고양이가 태어난 지 3주에서 8주 사이, 즉 임계기 critical period에 눈으로 아무런 시각 자극이 들어가지 않을 경우 그쪽 눈은 일생 동안 정상적으로 기능하지 못한다는 사실을 발견했다. 뇌 지도의 시각 영역이 발달할 때 정보가 들어오지 않아 멈춘다면, 임계기가 지난 다음에 눈을 뜨게 하더라도 시력을 회복할 수 없음을 확인한 것이다.

두 과학자가 발견한 또 하나의 사실은 닫힌 눈에서 들어와야 할 입력을 받아들이지 못해 그쪽 눈이 제 기능을 못할지라도 해당 뇌 부분은 다른 쪽 눈에서 들어오는 시각 정보를 처리하기 시작한다는 사실을 발견했다. 한쪽 눈을 실명시킨 고양이 눈 실험을 통해 제때 시각 정보를 받지 못해 실명된 눈을 담당하는 뇌 부분이 반대쪽 눈의 정보를 처리하는 회로로 활용된다는 사실을 확인한 것이다. 경험을 통해 뇌를 발달시킬 수 있다는 사실을 처음으로 발견했고, 1980년대까지 이어진 두 사람의 뇌 신경망 연구는 그 성과를 인정받아 1981년 노벨생리의학상을 수상했다(Doidge, 2007).

고양이 눈 실험이 시사하는 바는 크게 두 가지다. 하나는 평생 학습으로 자기 계발하는 게 맞지만, 결정적인 때는 분명 존재한다. 고양이 눈이 시력을 갖기 위해 생후 3주에서 8주 사이가 결정적인 시기, 즉 임계기이듯이 인간에게도 특정 능력을 발휘하기 위해서는 놓치지 말아야 할 결정적인 시기가 존재한다. 유아부터 성인이 될 때까지 잘 짜인 교육 프로그램이 이러한 과학적 연구 결과를 반영한 결과물이다. "다 때가 있다." 연령에 맞는 적기 교육이 무엇보다 중요하다는 사실은 자명하다.

다른 하나는 인간의 뇌가 경험으로 학습하는 만큼 영역을 확장하며 발달하듯이 계속적인 학습과 경험으로 능력치를 끌어올릴 수 있다는 사실이다. 특정 영역에 심혈을 기울여 배우고 익힌다면 남들과 다른 특별한 능력을 소유할 수 있다. 할 수 있다는 자기 효능감 역시 작은 성공을 연속적으로 경험할 때 길러진다. 해도 안 된다는 말로 의욕을 꺾는 게 얼마나 큰 손실을 가져오는지 알려 준다. 우리 아이들의 가능성은 무궁무진하다. 모든 방면에서 뛰어나기는 힘들지라도 한 가지 일에 매진할 때 탁월한 전문가로 성장할 수 있다. 인간의 뇌는 그렇게 설계되어 있다.

성격 파악부터: 갤런의 예언

우리 아이는 어떤 성향일까? 외향적일까 내향적일까? 외향적 성격을 가진 사람은 다른 사람과 교류하면서 에너지를 얻고, 혼자 있을 때는 에너지를 소모한다. 반면, 내향적 성향인 사람은 혼자 있을 때 충전되고, 다른 사람과 교류할 때 방전된다. 아이와 십수 년을 함께한 부모야말로 우리 아이의 성향을 누구보다 잘 안다. 최근 들어 MBTI가 유행하면서 그 사람의 성향을 묻는 일이 흔해졌다. 아이의 미래를 설계할 때 아이의 성향은 얼마나, 어떻게 영향을 미칠까? 사람의 성향은 평생 바뀌지 않는 고정불변 요소인가?

제롬 케이건(Jerome Kagan, 1929~2021) 교수는 2011년 〈EBS 다큐프라임〉 '당신의 성격' 편에 출연, 엄마 뱃속은 물론 신생아 시절에 보이는 행동으로 외향성과 내향성을 가늠할 수 있다고 말했다. 그의 연구팀은 1989년부터 인간 기질에 관해 오랫동안 연구했다. 아이들이 성장해가면서 성향도 바뀔까? 아니면 어렸을 적 성향을 그대로 유지할까? 하버드대학교 아동발달연구소에서 태어난 지 4개월, 즉 16주 된 신생아 500명을 모아 실험 연구를 펼쳤다. 연구팀은 아이들에게 녹음된 목소리를 들려주었다. 풍선 터지는 소리를 들려주기도 했다. 세 가지 색깔의 모빌도 눈앞에 보여주었다. 알코올 면봉을 코에 가까이 가져가 냄새를 맡게 했다. 그동안 경험하지 못했던 낯선 상황에 45분 동안 노출된 실험에 아이들은 어떻게 반응했을까? 약 20%의 아이들은 새로운 자극에 팔다리를 휘저으며 기운차게 반응했다. '고반응 high reactive' 그룹이었다. 아이들 중 약 40%는 격하게 팔다리를 휘젓지 않고 조용하고 차분했다. '저반응 low reactive' 그룹이었다. 나머지 40%는 팔다리를 움직이기는 했지만 초조해하거나 울지 않았다.

신생아 때 연구에 참여했던 아이들 상당수가 두 살 때, 네 살 때, 일곱 살 때,

열한 살 때 새로운 사람과 사건에 대한 실험에 참가했다. 장기간 실시한 종단연구였다. 두 살 때는 방독면을 쓰고 가운을 입은 여자, 광대 옷을 입은 남자, 원격으로 조정되는 로봇을 보여 줬다. 일곱 살 때는 그동안 한 번도 만난 적 없는 친구들과 어울렸다. 열한 살 때는 낯선 어른이 다가와 개인적인 얘기를 묻고 답했다. 이처럼 성장 과정 중간중간에 낯선 환경과 자극을 주어 어떻게 반응하는지를 관찰했다.

케이건은 그동안 자신의 연구를 토대로 '신생아 시절 모빌을 보고 격한 반응을 보인 아이들은 내향적으로 자라고, 저반응 아이들은 외향적으로 자랄 것'이라고 가설을 세웠다. 연구 결과, 가설은 맞아떨어졌다. 고반응 그룹은 내향적인 청소년으로, 저반응 그룹은 외향적인 청소년으로 성장했다. 분석심리학자 칼 융(Carl Gustav Jung, 1875~1961)이 사람의 기질을 내향성과 외향성의 범주로 나누어 이론화한 것과 일치했다. 융은 개인의 정신 에너지가 내부를 지향하면 내향적 태도, 외부를 지향하면 외향적 태도로 구분 지었다. 내향성 유형은 나를 중심으로 세상을 이해하고, 외향성 유형은 내가 아닌 제3자의 눈으로 바라보는 경향을 보인다. 융은 MBTI 검사의 기초가 되는 분석심리학의 개척자로 불린다. 지그문트 프로이트(Sigismund Freud, 1856~1939)와 학문적으로 교류했으나, '리비도libido*'에 대한 의견 차이로 독자 노선을 걸었다.

'천성nature이냐 양육nurture이냐'라는 끝없는 논의의 중심에 있던 케이건은 연구자로서 초기였던 1954년에는 '양육'의 편을 지지했다. 기질은 유전heredity에 의한 천성이라고 주장하기 쉽지 않은 시대적 분위기 탓이다. 자칫 나치Nazi의 우생학과 백인 우월주의 편을 든다는 오해를 살 수 있었다. 태어난 아

---

* 리비도(libido)는 단어적 의미로 인간이 지닌 기본적인 성적 욕구를 뜻하지만, 프로이트가 제시한 정신분석학적 용어로는 인간이 태어날 때부터 갖추고 있는 본능 에너지, 마음을 움직이는 에너지, 즐거움을 얻으려는 에너지를 뜻한다.

이는 '빈 서판Blank Slate ; tabula rasa'으로 출발, 자라면서 환경environment에 따라 성향이 굳어진다는 주장이 주류를 이뤘다. 케이건의 연구 결과는 이런 논의와 달랐다. 아이들의 성장 단계에 따라 연구를 진행하면 할수록 타고난 기질을 무시하기 힘들었다. 1700년 전 페르가몬Pergamon 왕국의 갤런Galen이라는 의사가 말한 "내향적인 사람과 외향적인 사람을 가르는 데 유전적 체질이 식이요법이나 기후와 어우러져 우울하거나 다혈질인 성격을 만든다."라는 예언과 맞아떨어졌다. 케이건 교수 연구팀은 오랜 세월 동안 진행한 그들의 연구를 《갤런의 예언Galen's prophecy》이라는 제목으로 출판했다(Kagan, 2018).

내향성과 외향성이 유전적인 요인인지 아닌지는 일란성 쌍둥이를 보면 어느 정도 파악할 수 있다. 기질이 후대에 전해지는 비율이 40~50%에 달한다는 것이 케이건의 설명이다. 신생아 때 고반응인 아이는 자라면서도 낯선 자극에 남들보다 크게 반응하며, 그런 사람들 가운데 상당수가 지적인 직업을 선택한다는 것이다. 작가나 학자로 살아가는 삶을 스스로 주도할 수 있다. 커튼을 내리고 묵묵히 자신의 일에 집중하면 그만이다. 그에게 갑작스런 일은 좀처럼 일어나지 않는다. 케이건은 "천성인가, 양육인가?"라고 묻는 것은 "눈보라가 일어나는 원인이 온도 때문인지 습도 때문인지 묻는 것과 같다."라며 천성과 양육은 복잡하게 얽혀 있다고 결론지었다.

그렇다면 우리 아이는 어떤 성향인가? 내향적인가 외향적인가? 어렸을 적부터 중학생으로 자란 지금까지 함께하면서 부모가 파악한 성향이 그 어떤 조사보다 정확할 수밖에 없다. 내향적인 아이에게 적합한 교육, 적합한 미래를 안내할 수 있고, 외향적인 아이라면 그에 어울리는 꿈을 제시할 수도 있다. 아이의 평소 행동을 유심히 살피고 MBTI 조사 결과를 참고하면 자녀의 성향을 파악하는 데 도움을 얻을 수 있다.

두 가지를 동시에 한다는 착각: 멀티태스킹

가히 스마트폰과의 전쟁이다. 예전에는, 아니 옛날에는 "텔레비전 그만 보고 이제 공부 좀 하렴."하고 얘기했다가 그래도 아이가 여전히 움직이지 않으면 억지로 방으로 들여보냈다. 폐쇄된 학습 공간에 강제로 격리시키는 일종의 체벌이었다. 요즘은 어떤가. 아이들에겐 거실에서 가족과 함께하는 시간, 밥상에 앉은 시간이 일종의 구속이다. 방으로 들어가는 순간 오히려 해방된다. 손에 스마트폰이 쥐어진 이상, 격리란 없다. 인터넷으로 어디든 갈 수 있고, 누구든 만날 수 있다. "스마트폰 그만하고 공부 좀 하렴, 폰 대신 책 좀 보면 안 되겠니?" 강제한다는 건 불가능한 일이 된 지 오래다. 아이 손에서 스마트폰을 떼어 놓는 일이야말로 거의 모든 부모의 소망이 되고 있다. 스마트폰을 어찌할까? 우리 아이를 어찌할까?

스마트폰이 아이들 학습에 얼마나 방해가 될까? 학생들에게 스마트폰을 사용을 허용하고서 15분 안에 해야 할 과제를 부여했다. 2013년 캘리포니아 주립대학교 래리 로젠Larry Rosen 교수가 학술지 〈컴퓨터와 인간행동〉에 보고한 연구 결과다. 실험에 참여한 학생들은 263명이었고 침실이나 도서관, 열람실 등 평소 공부하던 환경에서 자연스럽게 과제를 수행하도록 했다. 일단 과제 하는 데 투입하는 시간이 15분 가운데 10분도 채 안 됐다. 시작한 지 2분이 지나자 하나둘 스마트폰을 손에 쥐더니 산만한 행동을 보이기 시작했다. 문자 메시지를 보내거나 스마트폰을 만지작거리면서 흐트러지기 시작했다. 연구팀은 학생들이 집중력을 유지한 시간이 단 2분에 불과했다는 사실에 놀랐다(Carr, 2010).

대학생들도 문자메시지의 방해를 피하지 못하기는 마찬가지였다. 카네기멜론대학 인간컴퓨터상호작용연구소에서 대학생 136명을 모집해 시험을 치렀다. 시험 도중에 학생들의 스마트폰으로 문자메시지를 보냈다. 그러자 시험을 보면서 간간이 스마트폰을 꺼내 메시지를 확인한 학생들과 그냥 무시하는 학생들로 나뉘었다. 두 집단 학생들 간 시험 성적에 차이가 있었다. 다른 변수를 통제한 채 분석한 결과, 문자 메시지를 확인한 학생들의 성적이 무시한 학생들에 비해 20% 더 낮게 나왔다. 스마트폰이 지적 능력을 후퇴시킨다는 사실을 확인한 연구다. 다수 학자들의 다른 연구에서도 스마트폰이 집중력을 방해하고, 시간 도둑이라는 사실은 실증적으로 증명되고 있다.

요즘 아이들은 스마트폰을 보면서 얼마든지 다른 일을 동시에 할 수 있다고 항변한다. 이는 멀티태스킹을 통해 시간을 효율적으로 사용한다는 착각일 뿐이다. 데이비드 크렌쇼Dave Crenshaw는 《멀티태스킹은 신화다The myth of multitasking》에서 멀티태스킹multitasking이 아니라 스위치 태스킹switch tasking이라는 말로 바꿔 말했다. 멀티태스킹은 서로 관련되지 않은 일을 왔다 갔다 스위치 누르듯 반복할 뿐이다. 효율성을 높이기보다 오히려 어느 하나에도 집중하지 못하는 비효율을 부른다며, "두 마리 토끼를 쫓으면 한 마리도 잡지 못한다."라는 러시아 속담을 들었다(Crenshaw, 2021).

컴퓨터 기술에서 빌려 온 '멀티태스킹' 개념은 성능이 우수한 한 대의 컴퓨터가 중앙 처리 장치의 성능을 시간적으로 쪼개서 여러 작업을 동시에 처리하는 것을 말한다. 사람이 볼 때 컴퓨터가 여러 작업을 동시에 처리하는 것처럼 보이지만 컴퓨터는 시간을 쪼개 서로 다른 일을 분주하게 처리할 뿐이다. 사람은 기계가 아니기 때문에 한 가지 일을 하면서 다른 일로 전환할 때 시간과 비용이 들어간다. 크렌쇼는 인간 잠재력 개발 분야에서 저명한 의학자인 디팩 초프라Deepak Chopra의 말을 인용했다. "내가 당신과 대화하면서 동시에 스마트폰을 확인한다면 둘 다 하지 않는 것이다. 이것이 바로 우리 사회가 혼란스러운 이유다. 우리가 한 번에 두 가지 일을 동시에 수행할 수 있다는 생각은 틀렸다." 운전하면서 전화하고, 회의 중에 정보를 검색하는 일, 전화기를 붙들고 이메일 답장을 쓰는 일은 두 배 이상 에너지를 투입하지 않으면 안 된다.

어쩌다 공부에 집중하기 시작했다. 스마트폰에 문자 메시지 수신 알림이 뜬다. 수신된 메시지를 확인한 다음, 다시 공부 모드로 돌아간다. 문자 메시지를 확인한 다음, 다시 이전처럼 집중해서 공부하는 데 시간이 얼마나 소요될까? 주의 전환attention shift에는 상당한 시간이 필요하다. 문자를 확인하는 데 걸리는 시간보다 다시 집중 모드로 돌아가는 데 더 많은 시간이 걸린다. 이런 상황은 과거 구석기 시대 인간이 숲속에서 호랑이를 갑자기 마주쳤을 때와 흡사하다. 난데없이 호랑이를 마주하면 우리 몸은 본능적으로 초긴장 상태로 접어들고, 피가 거꾸로 솟구치며 심장박동이 빨라진다. 상황을 모면하고 다시 태연하게 숲속을 걷기 위해서는 상당 시간이 소모된다. 문자메시지가 빼앗는 시간도 이와 비슷하다.

어쩌다가 우리 아이가 책상 앞에 앉았다. 기특하기 이를 데 없다. 뭐라도 줘야 하지 않을까? 정성스레 과일을 깎는다. 노크를 하고 문을 연다. "과일 먹고 하렴." 입시 설명회에서 학부모들에게 제발 이러지 마시라 얘기했다. "공부하다 영양 부족으로 쓰러지는 아이는 없다. 그냥 두시라. 오랜만에 집중하는 아이를 방해하지 마시라." 부모의 노크 소리, 과일 먹으라는 사랑 가득한 마음마저 집중하는 아이에게는 호랑이가 나타났을 때처럼 긴장을 부르고, 예기치 않은 휴대폰 문자메시지처럼 학습을 방해한다. 다시 집중 모드로 돌아가려면 생각보다 많은 시간이 소모된다.

포지셔닝

대학 가는 로봇이 일러 주는 교육 방향

　인공지능 로봇이 대학에 합격할 수 있을까? 2015년 일본 대학입학시험에 응시해 성적 상위 20%에 들어가는 성적을 거뒀다. 우리나라 대학수학능력시험과 흡사한 일본 대학입시센터시험은 고등학생의 절반 정도만 응시한다. 로봇이 거둔 성적은 일본의 중위권 대학에 합격할 수 있는 수준이다. 인공지능으로 사람을 놀라게 했던 이전 프로젝트들이 소프트웨어 중심이었다면 본서 서문에서도 언급한 아라이 노리코新井紀子 박사가 만든 '도로보군'*은 눈으로 문제를 읽고 손으로 문제를 풀고 답안지에 표기하는 방식으로, 이전과 달랐다. 이미지 센서가 글자를 인식하고, 로봇 팔이 답안지를 작성했다. 답안지에 객관식 문제의 답을 마킹하는 일은 물론, 서술형으로 출제되는 수학 문제에 대해서도 또박또박 답을 적었다. 로봇 팔이 볼펜을 손에 쥐고 풀이 과정을 답안지에 적어 내려갔다.

　도로보군은 다른 로봇과 달랐다. 〈저파디!〉 쇼에 출연해서 인간 챔피언을 이긴 인공지능만 해도 퀴즈의 답을 찾아 맞추는 방식으로 인간의 손길이 필요했다. 진행자가 읽는 문제를 듣고 본인의 입으로 답을 말하는 방식이 아니라 화면으로 답을 출력하는 방식이었다. 이세돌을 물리친 알파고도 마찬가지였다. 모니터를 보면서 사람이 대신 바둑돌을 올려 주어야만 했다. 어찌 보면 퀴즈쇼 출연이나 바둑 대국 등에서 인공지능은 특정 분야에서만 인간보다 뛰어난 면모를 과시했다. 도로보군이 얻은 상위 20% 성적은 일본 도쿄 상위 5개 명문 사립 대학에 입학할 수 있는 우수한 성적이다. 프로젝트를 진행했던 아라이

---

* 도로보군(東ロボくん)은 도쿄대의 '동', 로봇의 '로보', 남자를 뜻하는 '군'을 합쳐서 만든 로봇 이름이다.

노리코는 TED 특강에서 도로보군 프로젝트의 결과를 설명했다(Noriko Arai, 2017). 그리고 그의 저서《대학에 가는 AI vs 교과서를 못 읽는 아이들》에서 프로젝트 진행 경과를 상세히 소개했다(新井紀子, 2018).

도로보군에게도 한계는 있었다. 그래서 중위권 대학에 합격할 수 있는 수준에는 올랐으나, 도쿄대학교 입학시험에서는 낙방했는지도 모른다. 발목을 잡은 과목은 '국어'였다. 독해력을 요구하는 문제에서 결정적인 약점을 드러냈다. 평균 점수로는 상위 20%에 들어갔지만 국어, 영어 과목에서는 반타작을 겨우 면하는 수준이었다. 수학과 역사 과목에서는 높은 점수를 받았음에도 언어 과목에서 문해력의 벽을 넘지 못했다. 2011년에 시작한 프로젝트는 2016년 11월 언어 영역의 높은 장벽 앞에서 멈춰야 했다. 당초 2021년까지 도로보군을 도쿄대에 합격시키겠다는 목표로 연구원 100명 이상을 투입했지만 한계에 봉착한 것이다.

프로젝트를 한 단계 발전시키면 도쿄대학교에도 거뜬히 합격할 수 있을 만큼 도로보군의 실력을 끌어올릴 수 있지 않을까? 도로보군 프로젝트는 2016년부터 중고생의 독해력을 측정하는 리딩 스킬 테스트Reading Skill Test 프로젝트로 바뀌어 실험을 이어갔다. 마침내 2019년 11월, 200점 만점인 영어 과목에서 도로보군이 185점을 받았다. 2016년도에는 95점을 받았던 도로보군의 실력이 딥러닝을 통해 두 배 가까이 향상된 것이다. "2차 논술 시험은 아직 어렵지만 대학 입학을 위한 일본센터시험 점수만으로는 도쿄대 합격자로 손색이 없는 결과"라는 것이 연구진의 설명이다(ウィキペディア, 2024).

아라이 노리코 연구팀은 2018년까지만 해도 인공지능에게 국어, 영어 문해력을 학습시키는 일은 딥러닝으로도 무척 힘든 과제라고 판단했다. 하지만 2019년 시험에서 딥러닝을 통해 로봇도 독해 문제를 무리 없이 풀 수 있음을 증명했다. 수학은 도로보군이 컴퓨터이기에 이미 강한 면모를 보였고, 역사 과목도 역사적인 상황을 이해하거나 맥락을 파악하지 못해도 빠른 검색으로 답을 찾아낼 수 있었다. 객관식 문제를 풀 때는 보기를 먼저 분석해서 해답을 찾아내기도 했으며, 데이터베이스로 구축된 기출 문제를 금세 학습할 수 있었다. 도로보군은 역사를 알지 못하지만 빠르고 능숙하게 정답을 찾았다. 이번에는 독해 문제도 거뜬히 해결했다.

아라이 노리코 박사는 도로보군 프로젝트를 통해 현재의 학교교육의 문제점을 꼬집었다. 로봇 도로보군이 내용을 모르면서 답을 찾는 기술로 점수를 얻듯이 암기 위주 교육은 학생들을 도로보군처럼 만든다. 따라서 암기식 교육보다는 맥락을 이해하고, 인공지능과 다른 방식으로 지식을 습득하도록 교육해야 한다. 문제를 푸는 기술보다 어떤 환경에서도 적응할 수 있고, 어떤 문제에 부딪히더라도 슬기롭게 돌파하는 지혜와 도전 정신을 가르쳐야 인공지능 시대 유능한 인재로 키울 수 있다.

아라이 노리코 박사는 아무리 머리가 뛰어난 사람도 어떤 미래가 전개될지는 모른다면서 "이 일이라면 안심"이라고 할 수 있는 직업은 점차 줄어들 것으로 보았다. 이미 알고 있는 지식을 한 단계 업그레이드하는 업스킬링 upskilling을 넘어 20대, 30대, 40대에도 새로 배우고, 다시 공부할 수 있는 재숙련 reskilling 능력을 길러야 한다. 재숙련은 군인이 전역 후 민간인이 되어 새로운 역량을 습득하고 숙련되는 과정처럼 완전히 다른 업무를 수행하는 과정이다. 재숙련 능력을 가진 사람은 기술 혁명이 두렵지 않지만 그렇지 못할 경우 공포에 휩싸인다.

부모는 마리오네트 연출가

"공부는 대학에 가려는 애가 해야지, 내가 대학에 가나?"라고 말할 수 있다. 하지만 이제는 다르다. 엄마도 공부해야 하는 시대다. 학교에 모든 것을 맡기던 시대가 아니다. 학교가 할 수 없는 부분을 국가와 사회, 지역과 학부모가 힘을 보태야 하는 세상이다. 한 명의 선생님이 수십 명의 목소리에 귀기울이기 힘들다. 수준과 성향에 맞춰 지도하기는 더욱 힘들다. 반면 아이 스스로 공부할 수 있는 학습 콘텐츠는 인터넷에 지천으로 널려 있다. EBS를 비롯해, 유튜브 등 동영상 콘텐츠가 흔한 세상이다. 홈스쿨링을 시도하는 부모가 점점 늘어나고 있는 이유일지 모른다.

여건을 탓하기 전에 부모가 관심을 기울여 보자. 우리 아이가 다니는 학교는 과목별로 어느 출판사의 교과서를 채택하고 있는지, 해마다 선생님들이 모여 만들고 교장 선생님이 확정하는 '학교 운영 계획서'는 어떤지, 지금 배우고 있는 내용들은 어떤 교육과정에 따른 것인지 파악하자. 학교 선생님이나 학원 선생님처럼 진도에 맞춰 시험 대비 학습을 시킬 수 없을지라도 학교와 학원이 할 수 없는 일을 부모는 할 수 있다.

가령, 가족여행을 계획하고 있다고 치자. 가고 싶은 곳을 정해 여러 여건을 따져 다녀오는 경우가 많다. 이럴 때 부모가 조금만 신경 써서 개입해 보자. 우리 아이가 다음 학기, 다음 학년에 어느 나라, 어느 지역을 공부하는지 미리 파악한 다음 여행 계획을 세워 보자. 국사(세계사) 수업과 사회(지리) 수업 때 언급되는 곳이라면 일거양득이다.

국내 여행도 마찬가지다. 우리 아이의 다음 학기 수업 시간에 언급될 장소를 미리 파악하자. 역사 유적지, 국립 박물관, 휴양림 등 어느 곳이나 좋다. 국사 수업에 나오는 곳, 국어 수업에 등장하는 문학 작품의 배경이 되는 곳, 사회 수업 때 배우는 곳, 미술 시간과 사회과부도에 나오는 곳을 정리해 보자. 우리 아이가 3개 학년 동안 배울 교육과정을 살피고, 우리 아이의 학교에서 채택한 교과서의 내용을 훑어보면 그리 어려운 일이 아니다. 가족이 함께 다녀온 곳이 수업 시간에 언급될 때, 선생님이 내가 가봤던 곳을 얘기할 때, 귀를 쫑긋 세울 것이다. 졸음이 몰려올 리 없다.

여름방학과 겨울방학은 엄마, 아빠에게 주어진 자율 학기다. 매번 스마트폰만 손에 쥐고 있다고 잔소리할 일이 아니다. 그렇지 않도록 가족이 손을 모아 무슨 일이든 계획하고 실천하면 된다. 필자의 경험으로 볼 때, 자녀가 초등학교 저학년 시절에 다녀온 가족 탐방의 효과는 기대에 미치지 못했다. 청소년으로 성장했을 때 10여 년 전 가족이 함께 다녀온 곳을 물어보면 기억조차 못하는 경우가 다반사였다. 반면 초등학교 고학년, 중학교 시절 다녀온 곳은 상당 부분 기억하고 있었고, 관련 내용이 수업시간에 나올 때 흥미로웠다는 반응을 확인할 수 있었다.

어느 겨울방학에는 일주일 계획을 세워 한반도를 시계 방향으로 한 바퀴 돌았다. 휴양림과 국립박물관 중심이었다. 다음 학기 미술 시간, 국사 수업에 함께 가봤던 곳이 나왔다며 좋아했던 기억이 생생하다. 겨울방학, 여름방학을 부모가 효율적으로 활용하는 또 다른 방법이 있다. 헌책방에서 우리 아이가 배울 교과서를 미리 구입해 한 번 훑어보는 일이다. 아이의 관심도와 참여 여부에 따라 강도를 조절하면 된다. 교사로 일했던 어느 엄마가 실제 실천한 교육 방법으로, 두 아이는 국내 최고로 인정받는 대학교에 진학했다. 공부하라는 잔소리보다 엄마의 지능적 코칭이 더 큰 효과를 발휘한다.

필자는 자녀 교육에 있어 부모의 역할을 러시아 인형극 '마리오네트Marionette'

에 빗댄다. 러시아 인형극은 마리오네트 목각 인형 관절 마디마디에 줄을 묶어 사람이 위에서 조종하여 연출하는 방식이다. 마치 살아 있는 듯 인형이 움직인다. 유럽에서 18세기부터 이어져 온 예술 장르다. 러시아에 유학을 다녀온 후 마리오네트 인형극을 펼치는 국내 장인을 EBS 방송에서 소개한 적 있다. 목각 인형을 직접 만들고, 여러 목각 인형을 들고 시골 분교와 장애인 학교를 찾아 공연을 펼친 분의 이야기였다(EBS, 2014). 비약일 수 있건만, 우리 아이가 목각 인형이고 부모는 연출가라고 생각하면 어떨까? 얼마나 지능적으로 접근하는가에 달렸다.

현실적으로 아이들을 조종할 수 있는 부모는 없다. 부모의 주문에 순순히 응하는 아이도 없다. 그래서 부모가 매우 지능적일 필요가 있다. 지능적인 부모는 겉으로 드러나지 않게 아이를 조종할 수 있다. 미리 교육과정을 파악해서, 지능적으로 짜여진 가족여행을 가는 방식도 한 가지 예가 될 수 있다. 좀 더 큰 지도를 그리고, 서두르지 않으면서 뚜벅뚜벅 우리 아이를 지식의 세계로, 도전적인 삶을 펼칠 수 있도록 안내하자. 쉽지 않을지라도 부모는 얼마든지 마리오네트 인형극 연출가가 될 수 있다. 아이들이 눈치채지 못하도록 지능적 접근을 시도해 보자.

키티호크 모먼트는 반드시 온다

1903년 12월 17일, 해별에 강한 바람이 불어온다. 형제가 비행 물체를 만들어 조종간을 잡고 하늘로 날아오른다. 라이트 형제가 미국 노스캐롤라이나주 키티호크Kitty Hawk 해변에서 바람을 거슬러 비행 동력을 갖춘 '라이트 플라이어Wright Flyer'를 타고 인류 최초로 비행에 성공하는 순간이다. 불가능은 현실이

되었다. 바로 그 순간을 '키티호크 모먼트Kitty Hawk moment'라고 부른다. 라이트 형제가 하늘을 날기 불과 3년 전, 사람들은 기계의 힘으로 하늘을 날기까지 족히 100만 년은 걸릴 것이라고 말했다. 라이트 형제는 보란 듯이 예상을 뒤엎었다.

월버 라이트(Wilbur Wright, 1867~1912)와 동생 오빌 라이트(Orville Wright, 1871~1948)는 둘 다 고등학교를 졸업하지 못했다. 형 월버는 인쇄 사업을 위해 자퇴했고, 동생 월버도 학교를 그만두고 형이 벌인 사업에 동참했다. 형제는 1889년 주간신문을 창간했다. 이듬해에는 일간으로 바꿨다. 하지만 4개월 만에 중단해야 했다. 신문 발행을 그만두고 인쇄업에만 집중했다. 1892년 미국에는 자전거 열풍이 일었고, 그들은 자전거 가게를 열었다. 자신들의 이름을 딴 자전거를 생산해서 판매했다. 그러던 중 1890년대 중반 독일의 오토 릴리엔탈Otto Lilienthal이 세계 최초로 무동력 글라이더를 만들어 비행에 성공했다는 소식이 들려온다. 얼마 지나지 않아 미국에서도 비행에 성공했다는 뉴스가 전해졌다. 1896년 5월 미국 스미소니언연구소Smithsonian Institution 새뮤얼 랭리Samuel Langley 연구소장이 무인 증기 항공기 비행에 성공했다.

1899년 월버 라이트가 스미소니언연구소에 항공 관련 자료를 요청했다. 항공공학 실험을 시작하기 위해서였다. 형제는 동력 비행기 제작에 앞서 조종 가능한 항공기를 개발하기 위해 풍동 실험(wind tunnel test, 風洞實驗) 장치를 손수 개발했다. 비행체가 하늘을 날아갈 때 바람과 주변 기류가 어떤 영향을 미치는지 공기역학 데이터를 수집하는 장치였다. 그들은 자전거, 모터, 인쇄기를 다룬 경험을 살려 비행체 제작에 착수했다. 하늘을 나는 비행체도 자전거처럼 조종할 수 있게 만들 수 있다는 믿음을 가졌다. 1900년부터 동력 비행 기술도 배워 나갔다. 그해 키티호크 해변에서 유인 글라이더 비행에 성공했다. 땅에 연결된 줄에 매달아 글라이더를 날리고, 사람 대신 모래주머니를 실어 날리는 실험을 반복한 끝에 유인 비행에 성공했다. 비행기의 방향을 조절하기 위해서는 좌우 날개 비틀기가 가능해야 했고, 수차례 시험비행 끝에 선회비행에 이은 수평비행 기술을 익혔다. 1902년 9월에만 700번, 10월에는 1,000번 이상 시험 비행을 거쳤다. 마침내 무동력으로 최대 190m를 비행하는 데 성공했다. 그들이 발명한 기술은 날개를 비틀어 공중을 선회할 수 있는 롤링rolling, 공기 앞에 달린 엘리베이터로 상승과 하강을 조정하는 피칭pitching, 그리고 항공기 앞의 방향타인 러더rudder를 조정해 기수를 좌우로 조정하는 요잉yawing이었다. 1903년 3월 그들은 '항공기 조종'에 대한 특허를 획득했다.

마침내 1903년 12월 14일, 함께 일하던 찰리 테일러Charlie Taylor가 개발한 12마력 엔진을 장착한 174Kg짜리 비행체 '라이트 플라이어'가 비행을 시도했다. 비행 시간은 불과 3초였다. 급히 착륙했어야 했다. 키티호크 해변의 바람이 약해 힘을 얻지 못했기 때문이다. 다행히 비행기는 가벼운 손상에 그쳤고, 3일 만에 수리를 마쳤다. 역사적인 1903년 12월 17일. 시속 43km의 강한 맞바람을 마주하며 라이트 플라이어는 하늘로 솟아올랐다. 1차 비행은 12초 동안 37m, 2차에서는 53m, 그리고 3차 비행에서는 3m 고도를 유지하면서 61m를 날았다. 인류 역사상 첫 동력 비행이었다. 5명의 목격자 증언으로, 인류 최초의 동력 비행으로 인정받았다(McCullough, 2015). 1903년 제작된 플라이어 1호는 미국 워싱턴 DC에 있는 스미소니언 국립 항공우주 박물관 천정에 매달려 전시 중이다.

라이트 형제가 오랜 기간 기술을 익히고, 연구함으로써 만들어 낸 '키티호크 모먼트'는 이후 항공 기술 발달의 기폭제가 되었다. 제트엔진을 장착한 여객기, 수송기 개발로 이어졌고, 달에 우주선을 착륙시키는 단계까지 끝없이 발전했다.

인공지능 발달 역사에서도 '키티호크 모먼트'로 불리는 순간이 존재한다. 딥러닝 기술이다. 딥러닝 기술이 적용되면서 이전과 다른 인공지능 기술로 진화했다. 인공지능에 낙관적인 전문가들은 딥러닝을 시작으로 폭발적인 AI 기술 발달의 시대가 전개될 것으로 전망하고 있다. 우리가 지금 인공지능의 키티호크 모먼트의 중심에 있다는 얘기다.

키티호크 모먼트는 비단 항공 산업이나 인공지능 기술뿐만 아니라 다양한 분야에서 발견된다. 아이들의 성장 과정에서도 탁월한 재능이나 능력이 발견되는 순간이 존재한다. 그 순간이 올 때까지 동기를 북돋고, 멍석을 깔아 주는 사람이 부모 아니겠는가. 비행기가 날아오르듯이 재능을 발달시키고, 보다 넓은 무대로 이끄는 사람들은 가족이다. 특히 부모는 자녀가 비상하는 데 반드시 필요한 바람이 되어 준다. 라이트 형제가 만든 무거운 비행체가 하늘을 날아오를 수 있는 양력(揚力, lift)은 새로 개발된 소형 엔진의 힘과 키티호크 해변으로 불어오는 강한 맞바람 덕분이었다.

《작은 아씨들》의 루이자 메이 올콧

책이 주는 매력은 시간과 공간을 뛰어넘는다. 선각자의 사상을 만나고 그들과 지적 대화를 즐기는 기쁨을 선사한다. 책에 등장하는 주인공 가운데 한 명이면서 동시에 그 책의 저자인 《작은 아씨들Little women》의 루이자 메이 올콧(Louisa May Alcott, 1832~1888). 그녀의 아버지는 아모스 브론슨 올콧Amos Bronson Alcott으로, 진보적인 사상가였다. 여러 곳에 학교를 세웠다. 학생들에게 체벌을 가하는 대신 대화로 상호작용하면서 문제를 풀어 가는 교육 실험을 진행했다. 당시로서는 파격적이고 낯선 교육 방식이었다. 별다른 호응을 얻지 못했고, 결국 학교는 문을 닫아야 했다. 올콧 가족은 경제적 어려움에 시달려야 했다. 그럼에도 아버지 아모스 올콧은 당시 저명한 사상가들과 친분을 쌓아

갔다. 철학자 랄프 왈도 애머슨(Ralph Waldo Emerson, 1803~1882)이 대표적이다. 시인이자 철학자이면서 《자기 신뢰Self-reliance》를 쓴 작가다. 헨리 데이비드 소로(Henry David Thoreau, 1817~1862)도 아버지의 친구였다. 소로는 에머슨과 함께 미국을 대표하는 초월주의 철학자로 자연 속 삶의 아름다움을 표현한 《월든Walden》의 저자다.

루이자 메이 올콧은 집에 찾아오는 아버지의 친구들과 자주 대화를 나누며 작가로 성장하는 데 도움을 얻었다. 아버지 올콧은 네 딸들에게 책을 자주 읽어 주는 자상한 아버지였다. 비록 어린 나이에 돈벌이에 나서야 했지만, 루이자 메이 올콧은 아버지의 사랑과 아버지의 저명한 친구들의 영향을 받으며 성장했다.

루이자 올콧은 헛간이나 다락방에서 생활해야 하는 어려운 환경에도 불구하고 손에서 책을 놓지 않았다. 작가가 되기 위해 틈나는 대로 글을 쓰고, 이를 주위 사람들에게 들려주면서 꿈을 키워 갔다. 남북전쟁(American Civil War, 1861~1865)이 한창일 때는 종군 간호병을 자원했다. 당시 전쟁 참전 경험은 그녀의 작품 《런던 스케치》의 소재가 되었다. 루이자 올콧은 36세 때 출판사로부터 소녀들이 읽기 좋은 소설을 써 달라는 요청을 받는다. 1868년 5월경 펜을 잡은 올콧은 단 두 달 만에 자신이 살아온 이야기를 소설로 완성한다. 어린 시절 네 자녀가 살아온 삶 그 자체였다.

《작은 아씨들》의 무대는 남북전쟁이 한창이던 1860년대 미국 메사추세츠 주다. 마치March 가(家) 네 자매, 첫째 메그Meg, 작가 지망생인 둘째 조Jo, 셋째 베스Beth, 욕심쟁이 막내 에이미Amy가 주인공이다. 소설은 크게 1부와 2부로 나뉜다. 1부는 네 자매의 10대 소녀 시절 이야기로, 아버지가 전쟁에 나가 네 자매가 아버지 없이 크리스마스를 맞이한다. 가난 속에서 돈벌이에 나서고, 아버지가 돌아올 때까지 여러 가지 어려움을 잘 헤쳐 나가며 성장한다. 2부는 아버지가 집으로 돌아온 이후 얘기를 담고 있다. 메그의 결혼, 베스의 사망, 조와 에이미의 결혼 등 성인이 된 이후 이야기가 담겨졌다(Alcott, 2005).

작품 속 둘째인 조가 루이자 메이 올콧 자신이었다. 책벌레면서 밝고 명랑한 성격이었다. 작품 속에 일어나는 여러 사건들도 실제로 자신이 겪었던 경험들로 채워졌다. 이렇게 쓰인 《작은 아씨들》은 초판이 완판되는 성공을 거둔다. 14개월 만에 3만 부가 팔렸다. 출판사 요청으로 후속 작품을 쓰기 시작한다. 1881년 《작은 소년들》, 1886년 《조의 아들들》이 나오면서 《작은 아씨들》 시리즈는 완성된다.

《작은 아씨들》의 원제 'Little women'은 단지 어린 여자라는 의미보다는 훌륭한 여성을 상징하는 의미로 사용된다. 소설 속 아버지가 딸들을 부르는 호칭이었다. 《작은 아씨들》에 등장하는 자매들은 부모가 보호해야 할 대상에 머물지 않고 하나의 인격체로 등장한다는 의미에서 다른 작품과 차별되는 아동문학 작품으로 평가받는다. 당시만 해도 사회적 분위기가 여자들은 예의 바르게 가정에 묶여 있어야 하는 존재였다. 항상 단정한 옷차림으로 집을 나서야 했다. 독자들은 소설 속 밝고 명랑한 주인공들과 자신을 동일시하면서 이야기에 빠져들었다.

《작은 아씨들》은 무려 일곱 번이나 영화로 제작되었는데, 1918년 무성 영화를 시작으로 2019년 그레타 거윅Greta Gerwig 감독 작품이 최신작이다. 텔레비전에서도 수차례 방영되었고, 1958년에는 미국 CBS TV에서 《작은 아씨들》을 뮤지컬로 각색하기도 했다. 영국 BBC는 1950년부터 네 차례에 걸쳐 시리즈물로 제작, 방송했다. 최근작인 2017년 3부작 시리즈는 미국 공영방송 PBS와 함께 제작했다. 미국 NBC에서도 1980년 2부작 미니시리즈로 〈작은 아씨들〉을 방송했다. 2005년에는 미국 뉴욕 브로드웨이가 버지니아 극장에서 뮤지컬로 무대에 올려졌다. 《작은 아씨들》이 시대를 불문하고 이처럼 사랑받는 이유는 무엇일까? 보편적 가치에 충실한 내용이 한몫한다. 가족의 사랑과 이해를 배경으로, 아름다운 평범한 이야기가 우리에게 잔잔한 울림을 준다. 자매들이 당시 사회 분위기에 아랑곳하지 않고 주체적이며 능동적인 모습으로 성장하는 모습에서 독자들이 격려를 얻었다.

루이자 메이 올콧이 살던 때는 여성에게 투표권이 주어지지 않던 시절이었다. 그녀는 여성 참정권 운동에 참여하고, 노예 제도 폐지에 찬성했다. 1880년대는 북부와 남부가 남북전쟁을 펼치던 시기였다. 이러한 격변기에 《작은 아씨들》을 쓰면서 루이자 메이 올콧은 작품 속에 불합리한 사회상을 녹여 넣었다. 노예 해방운동에 많은 관심을 쏟았다. 작품 속에서 그녀의 생각이 은연중에 드러난다.

루이자 메이 올콧의 삶에서 부모의 역할을 생각해 본다. 아버지의 자매들에 대한 관심과 사랑이 돋보인다. 아버지는 앞선 시대정신으로 학교를 세우고, 새로운 교육 방식을 실천하는 삶을 살았다. 비록 경제적으로 부족한 가장이었지만 딸들에게 유형의 재산보다 무형의 자산을 물려주었다. 후대 저명한 사상가와 작가로 인정받는 랄프 왈도 애머슨과 헨리 데이비드 소로와 대화할 기회를 제공했다. 이는 올콧이 시대를 뛰어넘어 오늘날에도 사랑받는 작품을 쓴 작가로 성장하는 데 밑거름이 되었다. 부모 따로 자녀 따로가 아니었다. 언니, 동생들과 소소한 갈등, 어려운 시절 버거운 삶은 작가로 성장하는 데 필요한 자양분이었고, 상상력의 원천이었다. 마냥 순종적인 여자아이로 자라나지 않았다. 온실 속의 화초는 더욱 아니었다. 시대 상황에 속박되지 않고 주체적인 삶을 살았던 올콧의 정신은 가정에서 싹트고 자라났다.

솔선수범

보는 대로 따라 한다: 거울 뉴런

1996년 이탈리아 신경심리학자 자코모 리촐라티(Giacomo Rizzolati, 1937~)는 원숭이가 물건을 손으로 잡을 때 그런 행동을 조절하는 신경세포에 대해서 연구하고 있었다. 원숭이가 음식을 잡기 위해 손을 뻗었을 때 작동하는 뇌 부위가 사람이 음식을 집어 올리는 것을 볼 때와 똑같다는 점을 발견했다. 원숭이의 대뇌에는 하는 것과 보는 것을 똑같이 받아들이는 신경세포가 있었다. 이를 거울 뉴런Mirror neuron이라고 이름 붙였다. 다른 사람의 행동을 보고 의도나 감정을 추측하고 모방하는 것도 거울 뉴런이 담당한다고 알려져 있다. 우리가 다른 사람을 이해하고 공감하는 것도 거울 뉴런 덕분이다(EBS, 2017; Rizzolatti & Sinigaglia, 2008). 리촐라티가 발견한 거울 뉴런은 관찰자와 피관찰자가 경험을 공유하고, 상대방의 감정에 이입됨으로써 공감할 수 있도록 하는 신경세포다. 인간의 뇌 구조는 보는 대로 따라 하게 되어 있다. 리촐라티가 원숭이 실험에서 발견한 현상을 '몽키 씨, 몽키 두Monkey see, monkey do'라고 이름 붙인 것과 같다.

캐나다 토론토대학 연구팀은 어떤 사람을 따라 하는 행동이 인종에 대한 편견을 해소하는 데 어떤 영향이 있는지 실험 연구를 진행했다. 실험에 참가한 학생들은 흑인이 아닌 학부생들 63명이었다. 실험에 들어가기 전에 흑인에 대한 평소 생각을 묻는 1차 설문 조사를 실시했다. 그런 다음, 참가자들을 세 그룹으로 나눴다. A 그룹은 흑인이 물을 마시는 모습을 보여 주면서 따라 하게 했고, B 그룹은 그냥 흑인이 물을 마시는 영상만 보고 따라 하지는 않았다. C 그룹은 백인이 물을 마시는 모습을 보여 주면서 따라 하게 했다. A 그룹이 시청한 영상은 흑인 배우 7명이 20초 동안 물 한 잔을 들고 마시는 모습을 촬영한 140초짜리 동영상이었다. 출연 배우의 행동을 보고, 자신의 앞에 놓인 물잔을 손에 들고 마시는 행동까지 일치시켰을 때 어떤 변화가 일어날까? 실험을 마친 뒤 흑인에 대한 편견을 묻는 2차 설문 조사를 실시했다. 결과는 어땠을까? 흑인과 백인에 대한 선호도 조사 결과 A 그룹에서 흑인에 편견이 있다고 대답한 사람이 1차 조사 때보다 현저히 줄어들었다. 행동을 따라 하면서 뇌의 공감대가 형성되어 편견이나 선입견을 누그러뜨린다는 게 연구진의 분석이다(Inzlicht et al., 2012). 편견 없이 다가가는 것이 공감이라는 사실을 되새겨 준다. 부모의 생각과 행동이야말로 자녀에게는 거울이다.

더그 렌과 마이클 조던에서 읽는 교훈

더그 렌(Doug Wrenn, 1980~)*은 미국 코네티컷대학교와 워싱턴대학교에서 뛰었던 농구 선수였다. 워싱턴주 시애틀에서도 범죄가 많기로 소문난 동네에서 홀어머니 밑에서 자랐다. 고등학교 시절, 워싱턴주 올해의 선수로 선정될 만큼 뛰어난 농구 실력을 자랑했다. 고3 때 소속 고등학교가 워싱턴주 챔피언이 되는 데 결정적인 역할을 했다. 실력을 인정받아 1999년 코네티컷대학교에 입학했다. 하지만 문제가 생겼다. 다른 선수들과 충돌이 잦았고, 동료들을 무시하고 코치에게 시비를 걸었다. 가게에서 신발을 훔치다가 경찰에게 체포되어 결국 팀에서 제외됐다. 당시 코네티컷대학교 코치가 "제2의 마이클 조던이 될 선수"로 인정할 만큼 뛰어난 농구 실력을 갖추었지만 미국 프로 농구

---

* 더그 렌(Doug Wrenn)은 역경을 이겨 내고 다시 워싱턴대학교에 등록, 2021년 41세 나이로 워싱턴대학교 사회학과를 우등으로 졸업했다. 박사 학위를 취득할 때까지 공부하겠다는 계획과 함께 워싱턴대 교수가 되겠다는 포부를 밝혔다.

NBA National Basketball Association 진출을 접어야 했다.

더그 렌은 다행히 그의 고향 워싱턴주 시애틀에 있는 워싱턴대학교에서 다시 선수로 뛸 기회를 잡았다. 안타깝지만 그곳에서도 문제는 계속됐다. 코치와 싸워 팀에서 방출되고 말았다. NBA 드래프트에 선발되지 못했고 결국 집으로 돌아가야만 했다. 폭행죄로 수감되는 지경에 이르렀다. 말썽 피우지 않고 잘 적응했더라면 NBA 선수는 물론이고 제2의 마이클 조던이 될 수 있었던 더그 렌이었다. 누군가 잘 코칭하고 보살펴주는 사람이 있었다면 전설로 성장할 수 있는 재목이었다.

그렇다면 마이클 조던(Michael Jeffrey Jordan, 1963~)은 어땠을까? 마이클 조던 역시 만만치 않은 청소년 시절을 보냈다. 열두 살 때는 친구들과 싸워서 학교에서 쫓겨나기도 했다. 경쟁심이 강해 승부욕을 주체하지 못했다. 그럼에도 마이클 조던은 최고의 농구 선수로 활약해 전설로 남아 있다. 나이키의 광고 모델이 된 이후 상업적으로도 큰 성공을 거두었다. 더그 렌과 마이클 조던의 인생을 가른 결정적 이유는 무엇일까? 농구 선수로서 실력과 자질보다 가정환경을 꼽는다. 더그 렌은 홀어머니 아래, 어려운 가정환경에서 보살펴 주는 사람 없이 자랐던 반면, 마이클 조던은 달랐다.

조던의 아버지는 제너럴 일렉트릭 GE에서 일했다. 토머스 에디슨이 설립한 글로벌 기업의 장비 관리자였다. 어머니는 은행에서 일했다. 조던이 학교에서 쫓겨나자 엄마는 조던을 데리고 출근했고, 조던은 엄마 차에 머물렀다. 가족의 보살핌과 지원 덕분에 조던은 농구 선수로서 길을 계속 걸을 수 있었다. 명문 구단 시카고 불스 Chicago Bulls에서 맹활약할 때도 조던의 부모와 가족들은 조던을 수시로 찾아 주위 유혹에 빠져들지 않도록 관리하고 도왔다. 2009년 미국 농구 명예의 전당에 입성하는 소감을 말하면서 조던은 가족에게 각별히 감사의 뜻을 전했다. 두 명의 형제와 많이 다퉜던 얘기를 하고 바위처럼 곁에서 자신을 격려해 줬던 어머니에게 특별한 사랑을 표시했다(Naismith, 2009).

더그 렌과 마이클 조던의 인생은 안정적인 가정, 부모의 아낌없는 응원이 얼마나 큰 결과의 차이를 불러오는지 여실히 보여 준다. 자녀의 성공을 열망하는 부모가 가장 중요하게 해야 할 일이 무엇인지 분명하게 알려 준다.

가난하게 자란 아이와 부유한 가정에서 자란 아이 가운데 누가 NBA 스타의 반열에 오를 가능성이 더 클까? 빈민 지역 아이들은 죽느냐 사느냐의 문제로 농구를 대하고, 중산층 가정의 자녀들은 재미로 농구를 한다. 홀어머니 아래에서 자란 더그 렌의 성공 열망이 마이클 조던보다 높지 않았을까? 하지만 우리나라에서는 흔히 "개천에서 용 나기 힘든 세상"이라고들 말한다. 왜 그럴까? 의문을 갖고 연구를 펼친 사람이 있다. 자신도 한때 NBA 농구 선수를 꿈꿨다는 데이터 연구자 세스 스티븐스 다비도위츠Seth Stepens-Davidowitz다.

스티븐스 다비도위츠는 독특한 연구 방법으로 해답을 찾아 나섰다. 데이터 탐정이 되어 관련 데이터를 수집, 분석했다. 가장 먼저 NBA 선수들의 가정환경을 파악했다. 어느 지역 출신인지를 따졌다. 그 지역의 가구 평균 소득을 보면 그 선수가 자란 가정의 소득수준을 어느 정도 가늠할 수 있기 때문이었다. 가난한 지역에서 자란 흑인 아이가 NBA 스타로 성장할 가능성은 부유한 지역에서 자란 아이의 절반 수준에 그쳤다. 사회 통념과 정반대였다. 아직 결과를 단정하기에 일렀다. 뉴욕 맨해튼은 잘 사는 지역이지만 그 안에 할렘가가 있는 만큼 지역의 소득수준만으로 그 선수가 자란 환경을 판가름할 수 없다. 한 단계 더 들어가 스티븐스 다비도위츠는 미국 NBA 득점 순위 상위 100명의 자라온 환경을 조사했다. 미디어에 노출된 언론 보도와 소셜 네트워크를 뒤졌다. NBA 슈퍼스타들이 미혼모나 10대 엄마에게서 태어났을 확률이 일반 흑인보다 30% 낮게 나타났다. 비교적 안정적인 가정환경에서 자랐다는 얘기다. 스티븐스 다비도위츠는 여기에 색다른 조사를 더했다. 경제학자가 이미 분석해서 검증한 흑인의 이름에 얽힌 사연이었다. 부유한 가정에서 태어난 아이들은 '케빈', '크리스', '존'처럼 평범한 이름을 가진 데 비해, 어려운 가정에서 태어난 아이는 '노숀', '유닉'처럼 특이한 이름을 가진 경우가 많았다. NBA 선수들의 이름을 분석해 보니 통계적으로 유의미할 정도로 평범한 이름이 더 많았다 (Stepens-Davidowitz, 2018).

왜 마이클 조던처럼 안정된 가정에서 자란 사람이 NBA 스타로 성장할 가능성이 더 높을까? 스티븐스 디비도위츠는 크게 두 가지를 꼽았다. 첫째, 양육 환경이 신체 발달에 영향을 미쳤다는 것이다. 키가 클수록 농구 선수로 성장하는 데 유리하고 잘 먹고 자란 환경이 도움을 줬다는 분석이다. 두 번째 이유는 사회성이다. 중산층 가정에서 자란 사람은 체계적인 훈련과 교육 덕분에 타인을 신뢰하고, 절제력과 인내력, 집중력이 높다는 것이다.

스티븐스 디비도위츠의 분석은 비단 스포츠 선수로 성장하는 데 국한되지 않는다. 다양한 영역에 공통적으로 적용할 수 있지 않을까? 어렸을 적부터 책을 가까이하고, 지적 토론을 펼칠 수 있는 가정에서 자란 아이가 지식의 유희를 즐기는 인생을 살 개연성이 높다. 안정적인 가정을 꾸린 부모의 삶의 태도는 자녀에게 그대로 전이될 가능성 또한 높다. 자신의 삶에 충실한 모습, 건강한 시민으로 세상을 대하는 부모의 정신, 평소 능동적으로 솔선수범하는 부모의 일상에서 아이들은 더없는 배움을 얻는다.

슈스왑 인디언 이야기

칙센트 미하이(Mihaly Csikszentmihalyi, 1934~2021)는 헝가리 출신의 미국 심리학자다. '몰입Flow' 연구로 세계적 명성을 얻었다. 그는 자신의 연구 결과를 이론으로 발전시키고, 우리 삶에 빗대어 쉽게 설명했다. 자신의 연구 결과를 일반인도 알기 쉽게 정리한 책《몰입》은 세계적인 베스트셀러 반열에 올랐다.

사람들이 몰입에 도달하면 어지간한 아픔이나 배고픔을 잊는다. 몰입 단계에 이르면 시간 가는 줄 모른다. 몰입하면 쓸데없는 생각이나 남을 미워할 틈이 없다. 몰입하기 위해서는 자신이 진정으로 그 일을 좋아해야 한다. 그리고 즐거워야 한다. 칙센트 미하이는 몰입할 정도로 즐겁게 일하도록 만드는 구성 요소를 여덟 가지eight major components로 정리했다. 첫째, 본인이 완성할 수 있는completing 일에서 즐거움을 느낀다. 둘째, 자신이 하는 일에 집중할 수 있을 때concentrate on 기쁨을 누린다. 셋째, 하는 일의 목표가 명확해야 한다clear goals. 넷째, 하는 일에 대한 즉각적인 피드백이 있어야 한다immediate feedback. 다섯째, 일상의 걱정과 좌절을 잊게 만들면서 큰 노력 없이도 참여할 수 있는 일이면 좋다effortless involvement. 여섯째, 자신의 행동을 스스로 통제할 수 있을 때 즐거움을 경험한다a sense of control. 일곱째, 내가 누군지를 잠시 잊지만, 몰입 경험 이후에는 자아에 대한 인식이 더 강해진다strong sense of self. 여덟째, 몇 시간이 불과 몇 분으로 느껴지고hours pass by in minutes, 몇 분을 몇 시간처럼 늘릴 수도 있다(Csikzentmihaly, 1990).

칙센트 미하이는 기쁨을 가져다주는 여덟 가지 요소들을 잘 조합하면 일상에서 몰입을 경험할 수 있고, 그럴 때 소박한 일상도 스스로를 성장시키는 사건으로 발전시킬 수 있다고 말했다. 우리 아이들이 즐거움을 느끼며 몰입 상태에 빠지는 경험을 하려 부모가 짚어 봐야 할 질문은 이런 것들 아닐까? "우리 아이에게 주어진 목표는 명확한가? 그 목표는 자녀가 스스로 감당할 수 있는 수준인가? 아이가 작은 성과라도 일궈 낼 때 "잘했다."라며 즉각적으로 칭찬하는가? 아이가 자신의 하루를 부모의 시계가 아닌 자신의 시계로 통제할 수 있는가? 아이가 진정으로 그 일을 좋아하는가?" 즐거워하면서 무엇인가에 스스로 푹 빠지는 경험을 자주 안겨 주는 부모야말로 아이의 자아를 강하게 만드는 부모라는 얘기다.

칙센트 미하이는 몰입하는 조건으로 문화를 언급한다. 그러면서 캐나다 인류학자 리차드 쿨Richard Kool의 연구 사례를 소개한다. 캐나다 서부 브리티시 컬럼비아British Columbia주 슈스왑Shuswap에 사는 인디언 부족 이야기다.

슈스왑 지역은 가까이에 넓은 호수가 있고 큰 강을 접하고 있어 연어를 비롯한 사냥감이 풍부한 곳이다. 한 인디언 부족이 수렵 채집할 자원이 많은 슈스왑에 마을을 형성하고 정착했다. 주위 풍부한 천연 자원 덕분에 걱정 없이 지낼 수 있었다. 주거 환경이 안정되고, 먹을거리 걱정이 사라지면서 부족민들의 삶은 안정됐다. 어떤 일이 언제쯤, 어떻게 일어날지 미리 예상할 수 있을 만큼 익숙해졌다. 불확실성이 없어지고, 삶이 안정될수록 부족들의 도전 정신은 점차 무뎌져 갔다. 이럴 즈음 부족 어른들은 부족 전체가 이곳을 떠나기로 결정했다. 아주 낯선 곳을 찾아 나섰다. 새로운 개울을 찾고, 이동 루트를 개척한다. 마을을 옮기면서 부족민들은 삶의 의미를 되찾고 살아가는 이유를 발견한다. 슈스왑 인디언 부족은 25~30년 주기로 이동한다. 이런 과정에서 이전에 머물던 지역의 생태계는 복원되고, 부족민들은 생활의 활기를 되찾는다.

칙센트 미하이는 일본 교토(京都)의 이세(伊勢) 지역에 있는 한 신사(神宮, The Isé Grand Shrine)를 소개한다. 수도승들은 1500년 전에 처음 세워진 신사를 20년에 한 번 꼴로 헐어 버린다. 그리고 인근 마을에 신사를 다시 짓는다. 그들은 오랜 세월 사원을 헐고 새로 짓는 일을 반복해 오고 있다(Csikzentmihaly, 1990).

칙센트 미하이가 소개한 캐나다 슈스왑 지역 인디언 부족과 일본 이세 신사 사례는 새로운 변곡점이 될 만한 도전의 필요성을 일깨워 준다. 도전하는 문화 속에서 몰입을 경험할 수 있다는 얘기다. 국가 지도자들이 사회적 변혁을 도모하는 이유도 이와 같다. 전 국민이 하나되는 국제적인 스포츠 이벤트나 박람회를 유치하려는 이유도 여기에 있지 않을까? 산업 활성화를 도모하면서, 도시와 국가에 활력을 불어넣어 주기 때문이다. 이러한 변화는 정해진 틀 속을 벗어날 수 있는 기회를 제공한다. 또한, 대형 이벤트를 통해 도시 인프라를 개선할 뿐 아니라, 문화적인 차원에서 한 단계 도약할 수 있는 계기로 삼는다.

아이들의 미래를 생각할 때, 가끔은 과감히 도전할 기회를 만들면 어떨까? 평화로운 일상일지라도 무한 반복될 경우 지루할 수 있다. 늘상 다람쥐 쳇바퀴 돌 듯한 일상은 무기력을 부를 가능성도 높다. 무언가 즐거운 일을 경험할 수 있도록 조금 멀리 내다보면서 새로운 도전 기회를 찾는 일도 부모의 지능적인 기획을 요구한다.

가까운 성공 모델 제시 효과

필자가 EBS 수능 교육 부장 시절, 직접 마이크를 들고 입시 설명회의 연사로 나섰다. 지역 교육청, 문화예술회관, 전국 고등학교를 돌며 약 60여 회쯤 강연을 펼쳤다. 벚꽃이 한창이던 주말, 경남 진주의 한 대학교 강당에 모였던 800여 명의 학생과 학부모, 첫눈이 흠뻑 내리던 날, 경기도 화성의 한 고등학교 강당에 가득 모인 학생들과 선생님들, 저녁 식사를 마치고 교실에서 자신의 의자를 들고 강당에 학급별로 줄지어 모인 부산 한 고등학교의 여학생들과 고된 하루를 보내 지친 몸을 이끌고 그 강당에 모여 아이들 뒤에 자리 잡은 학부모님들, 사설 학원들이 이미 휩쓸고 갔음에도 EBS 입시 설명회는 달랐다며 이제부터 해보겠다는 각오를 밝힌 전라북도 정읍의 한 고등학교 시청각실에서 만난 남학생, 인근 지역 고등학교에서 전세 버스를 타고 몰려든 바람에 자리가 모자라 강단 연사 코앞에 쪼그려 앉아 강의를 듣던 학부모와 학생들. 가는 곳마다 대한민국 교육 열기를 실감할 수 있었다.

입시 설명회장에 입장하는 순간부터 행사는 시작된다는 생각으로 사전 영상을 제작, 상영했다. 한두 명씩 자리 잡고 앉을 때, 3~5분짜리 동영상을 틀었다. EBS로 공부해서 원하는 대학에 합격한 학생 이야기부터 장애를 극복하고 꿈을 향해 가는 학생들 이야기, 마음을 다해 불철주야 강의를 준비하는 EBS 선생님들의 이야기까지. 여러 영상 가운데 유독 공을 들여 제작한 클립이 있었다. 꿈장학생 사례였는데 태어날 때부터 앞을 볼 수 없었던 여학생이 EBS가 제공한 점자 번역 교재로 공부해서 서울대학교 교육학과에 합격했다. 전혀 앞을 볼 수 없는 학생이 수능 수학에서 만점을 받았다. 심지어 부모님을 따라 해외에서 살아야 했던 기간이 꽤나 길었다. 불굴의 의지로 공부한 이야기는 놀라움 그 자체였다. 스토리를 동영상으로 만들기 위해 부모님과 학생의 출연 동의를 얻는 과정부터 설득의 연속이었다.

입시 설명회에 참석한 학부모들은 시각장애인의 성공 스토리를 보고 동영상을 제작한 우리만큼이나 놀라는 눈치였다. 그런데 의아한 현상이 동시에 발견됐다. 학부모들은 영상에서 눈을 떼지 못하고 끝까지 시청하는데, 학생들은 별로 관심을 보이지 않았다. 그저 그런 표정으로 평소처럼 친구들과 웃고 떠들 뿐이었다. 무엇 때문일까? 왜 그럴까? 이에 대한 의문을 풀어보기로 했다. 대학원 미디어 커뮤니케이션전공 박사 논문의 연구 문제로 설정하고 실험 연구에 들어갔다.

서울 시내 한 고등학교와 협력, 선배들의 성공 사례 3건을 취재하여 8분짜리 동영상 3편을 만들었다. 그리고 EBS 꿈장학생 동영상을 활용했다. 그 학교를 갓 졸업한 선배들의 사례는 진학 선생님의 도움을 얻어 1학년 때 성적에 따라 최상위권, 상위권, 중위권으로 사례를 발굴했다. 입학 때부터 줄곧 공부를 잘한 최상위권 학생은 Y대학교에 합격했고, 내신 2~3등급이던 상위권 학생은 학생부 종합 전형으로 K대학교에 입학했다. 고1 때 4등급 수준에 머물렀던 중위권 학생은 학교에서 진행한 독서 프로그램에 꾸준히 참여, 서울 S대학교에 합격했다. 신입생들이 입학하기 직전에 졸업한 우리 학교 선배들의 합격 사례였다.

실험 대상은 1학년 10개반 학생들로 3개반씩 구분 지어 영상 시청 효과를 측정했다. 나머지 1개반은 꿈장학생 영상을 시청하도록 함으로써 비교집단으로 참여했다. 세 차례 설문 조사를 실시했다. 동영상을 시청하기 이전 학생들의 자기 효능감, 유사성을 측정한 다음, 동영상을 보여 주고 즉시 다시 한번 설문을 실시했다. 그리고 한 달 뒤, 중간고사를 마친 다음 다시 한번 설문 조사를 했다. 동일한 학생들을 세 차례 측정함으로써 동영상 시청 효과를 검증하는 실험 연구였다.

우리 학교 선배들의 성공담에 대한 관심과 반응이 뜨거웠다. 10점 척도 측정에서 거의 모든 학생들이 유용했다고 응답했다. 반면, EBS 꿈장학생 스토리는 남 얘기처럼 받아들였다. 심리적 거리감으로 친밀하게 받아들이지 않는 데다, 장애를 극복한 예외적인 성공담쯤으로 치부했다. 장애 학생이 보여 준 불굴의 노력과 성공 스토리가 입시 설명회에서 학생들에게는 왜 학습동기를 제공하지 못했는지를 알 수 있었다. 자신과 멀리 있는 사람, 동떨어진 환경에 있는 사람의 성공 사례보다 심리적으로 가까운 동문 졸업생의 성공 사례가 학생들의 학습 동기를 불러일으키는 데 효과가 더 크다는 사실을 실증적으로 확인했다(신삼수·정성은, 2021).

학생들은 우리 학교 선배의 성공 스토리, 나랑 같은 학교를 다녔던 선배의 실감 나는 학교생활 이야기, 학교에서 실시하는 각종 프로그램에 참여한 실제적인 경험, 우리 학교를 기준으로 한 선배의 학업 성취도 수준을 마치 자신의 가까운 미래처럼 받아들였다. 학교에서 실시하는 진학지도에 유용한 실증 자료로 쓰일 수 있는 연구 결과다. 나와 가까운 선배의 성공담을 보면서 '나도 할 수 있겠다.'라는 결심을 보여 준 2차 설문, 결심하는 데 그치지 않고 중간고사 기간에 그 선배 사례를 떠올리며 더 열심히 공부했다는 학생들의 3차 설문 응답에서 다른 사람의 성공 스토리 시청이 효과를 발휘하고 있음을 확인할 수 있었다.

이 연구 결과를 부모님들의 자녀 교육에 대입시키면 어떨까? EBS 〈공부의 왕도〉처럼 실제적인 학습법을 알려 주는 프로그램, MBC 〈공부가 머니〉와 같은 현재 상황을 진단하여 문제점을 찾고 처방을 제시하는 컨설팅 프로그램들이 나름의 효과가 있다. 하지만 그런 사례보다 더 큰 효과를 발휘할 수 있는 경우는 친구 언니, 형들의 성공 사례다. 우리 아이가 다니는 학교의 다른 학생들은 어떻게 공부하는지, 우리 학교를 졸업한 선배들은 어떻게 성공했는지 알 수 있다면 효과 만점이다. 전문가의 진단과 처방에 앞서 자연스럽게 선배들과 만남의 기회를 만드는 것, 주위 모임에 자녀와 함께 참여하는 일들이야말로 학부모가 지능적으로 자녀에게 영향력을 미칠 수 있는 방법이다.

각종 교육 프로그램 및 입시 설명회 때 자녀는 학원에 보내고 학부모만 참석하는 경우를 자주 본다. 그때마다 설명회에서 받아 적은 내용이 약이 되기보다는 오히려 독이 될 수 있다며 다음에는 꼭 자녀와 함께 오기를 종용했다. 실제로 중학생 대상 EBS 이러닝 서비스를 도맡았던 때, EBS 선생님의 특강을 듣고 상담할 수 있는 오프라인 프로그램을 기획했다. 반드시 학생과 학부모가 함께 오는 조건으로 참가 신청을 받았다. 프로그램에 참여하여 획득하는 정보나 지식보다 가족이 함께 프로그램에 참여하고, 오가는 동안 대화하는 기회를 만들자는 의도를 반영했다. 학생과 학부모가 함께 참여하는 프로그램은 "기대 이상"이었다는 평가를 얻었다.

특별한 사례, 멀리 있는 남 얘기를 보고 들은 내용을 자녀에게 비교, 적용하려 할 때 불협화음이 자주 발생한다. 가까운 사례, 우리 근처에서 성공 스토리를 찾아보자. 아이들이 자연스레 "나도 할 수 있겠는데!"라고 결심하도록 자리를 만들어 보자.

결어
우리의 내일

　더 오랜 시간을 살아가야 한다. 이전과 다른 속도로 달려간다. 광속으로 질주하는 고속 열차에서 창밖을 보는 것처럼 모든 게 빠르게 지나간다. 무언가 들여다보려 하면 이미 지나갔다. 있던 일자리가 금세 사라지고, 여태 존재하지 않았던 직업이 새로 생겨난다. 인공지능이 나보다 더 나를 잘 안다. 그래서 어떻게 배우고 익히면 되는지를 알려 준다. 학교 시스템에 맡기면 될 줄 알았는데 그게 아닐 수 있단다. 스마트폰은 손에서 떼려야 뗄 수 없는 기계장치다. 스마트폰은 책이고, 카메라이면서 MP3 플레이어다. 신문이면서 방송이고, 전화기이고 소셜 미디어다. 소형 녹음기이면서 텔레비전이다. 라디오 수신기면서 거울이다. 인공지능 기술이 더해지면서 실시간 통번역기이면서, 포토샵도 가능하다. 스마트폰이라는 말이 무색하리만치 전화기로서 기능은 극히 일부에 지나지 않는다. 30년 전만 하더라도 지금 스마트폰 수준의 기능을 처리하려면 컴퓨터가 얼마나 커야 했을까? 그 어떤 화물차로도 옮길 수 없을 만큼 거대한 통신 전자장치일 것이다. 크기도 크기지만 지금 같은 첨단 기술 자체가 존재하지 않았기에 만들 수조차 없다. 그렇다면 30년 뒤에는 어떨까? 정보 기술은 분명 기하급수적인 속도로 가파르게 발전하고, 인공지능 기술과 로봇은 당장 사람을 대체할 수준으로 발달할 것이다. 문제는 인간의 지적 능력과 핵심 역량이다. 특정 직업 기술보다는 어떤 직업을 선택하더라도 배우고 익혀 적응할 수 있는 능력만 있다면 그리 걱정할 일은 아니다. 핵심 역량을 갖추고 창의성과 공감 능력 등 21세기형 역량을 키워 간다면 더욱 풍요로운 세상의 리더로 성장할 수 있다.

그래서 조금 다르게 생각해 볼 때다. 아이들의 미래에 대해 부모가 먼저 공부하고, 멀리 내다보는 안목을 기르자. 오늘이 켜켜이 쌓여 인생이 되고, 오늘의 진심이 미래의 성공을 약속한다. 인공지능 시대를 대비해야 한다고 목청 높이는 미래학자들도 현실이라는 벽을 돌파하지 못하는 경우가 대부분이다. 미래는 멀게만 느껴지고 현실은 무겁게 어깨를 짓누른다. 분명 "다른 세상이 펼쳐질 것"이라는 전문가들의 진단에도 불구하고 우리는 기존의 틀을 벗어나지 못한다. 토드 로즈Todd Rose가 말한 '집단 착각'에 우리 모두 빠져 있지는 않은가?(Rose, 2022). 아이들이 주체적으로 자신의 인생을 일궈 가도록 가장 가까이 돌봐야 하는 부모로서 혼란스러울 수밖에 없다. 그럴수록 부모부터 먼저 더 큰 시야로, 더 멀리, 더 크게 볼 때다. 그리고 우리 아이가 살아갈 미래 세상은 그들만이 살아가는 세상이 아니다. 우리 세대 부모들도 그런 미래 세상의 상당 기간을 살아갈 가능성이 매우 높다.

부모와 자식의 관계, 자녀 교육에 임하는 부모의 자세와 부모를 대하는 자녀의 태도는 어때야 할까? 대화의 물꼬를 트려면 어떻게 해야 할까?

아군인가 적군인가: 피아 식별 장치 IFF

목숨을 걸고 싸우는 전투에서 발생하는 최악의 사태는 무엇일까? 아군을 적군으로 잘못 알고 총격을 가해 아군이 사망하는 사건 아닐까. 이런 일은 과거 전투에서 여러 차례 발생했다. 1471년 장미전쟁에서부터 제1차 세계대전, 제2차 세계대전에서도 셀 수 없이 일어났던 불행한 일들이다. 이 같은 사고는 공중전에서도 마찬가지다. 제2차 세계대전에서 처음으로 발생한 전투기 조종사 사망 사건은 안타깝게도 아군의 사격 때문이었다. 아직 항공기 피아 식별 장치

IFF[Identification Friend or Foe]가 개발되지 못했던 시절이었다. IFF는 레이더 신호를 발사해 상대 전투기가 아군인지 아닌지를 자동으로 식별하는 항공 전자장치다. 전파 신호를 보냈음에도 목표물로 삼은 항공기가 적절한 신호를 회신하지 않을 경우, 적군으로 판정한다.

다소 과격한 비유인 줄 알면서도 학부모들에게 전했던 이야기였다. 입시를 앞둔 상황에서 부모와 자녀 간 어떤 관계를 만들어야 하는지 설명하기에 유용했다. 대학 입시라는 절체절명의 중요한 시기, 가장 가까운 아군이어야 할 부모와 아이 사이에 가장 치열한 신경전이 펼쳐진다. 가장 확실한 아군[friend]끼리 가장 치열한 전투를 벌이는 셈이다. 아군(我軍)을 적군(敵軍)으로 오판하는 최악의 상황이 발생한다. 당연히 아군인 줄 알았더니 우군(友軍)에 지나지 않았다면 그 또한 안타깝기는 마찬가지다. 자녀가 예민한 시기일수록 부모가 인내해야 하는 수밖에 없다. 입시 설명회에서 부모님들에게 자주 물었다. "귀하의 자녀를 행여 적군으로 대하고 있지는 않나요?"라고.

어느 고등학교를 방문해서 대수능 학습법을 설명하는 행사였다. EBS 활용법을 알려 주기 위해 마이크를 잡았다. 설명회가 마무리되면 학부모들은 강사들에게 다가와 개별 상담을 청한다. 여러 사람이 있을 때는 털어놓지 못한 고민들을 서슴없이 털어놓는다. 모든 일정을 마치고 회사로 복귀하려고 차량에 오를 때 저만치에서 학부모 한 분이 다가왔다. 고3 수험생을 둔 엄마다. 자녀의 대학 진학에 대한 고민을 털어놓고 의견을 구한다. 의외였다. 그분은 현직 고등학교 선생님이었다. 교사로 오랫동안 일했어도 본인 자녀의 대학 입시 앞에서 막연하기는 여느 학부모와 다르지 않았다. 오죽 답답했을까.

대한민국 학부모의 교육열을 높이 평가한다. 한강의 기적을 교육에서 찾고, 대한민국 경쟁력의 원동력을 높은 교육열에서 찾을 만하다. 학부모들이 그토록 높은 교육열을 보이는 이유는 무엇일까? 대학 진학 문제는 한 가정의 평화를 좌우한다. 대학 합격증은 학생의 자랑이면서 동시에 학부모의 자부심으로 작용하는 게 현실이다. 자녀의 대학 진학 문제만큼은 여전히 모든 것을 쏟아부어야 하는, 인생에서 매우 중요한 과제 가운데 하나로 자리 잡고 있다. 부정할 수 없는 현실이다.

이러한 현실 속에서도 한번쯤은 크게 멀리 생각해 보자는 제안이다. 멀리 본다는 얘기는 공간 차원과 시간 차원을 포괄한다. 태초 인류의 역사에서부터 호모사피엔스로 진화한 역사를 이해하고, 다가올 먼 미래를 내다볼 수 있는 안목을 갖출 수 있음을 의미한다. 현실과 미래는 생각처럼 멀리 떨어져 있지 않다. 그 간격은 점차 좁혀지고 있다. 부모의 안목이 자녀의 미래를 좌우한다. 관계를 결정짓는다. 멀리 보지 못하고 현실에 집착할 때 피아를 구분하지 못하고 티격태격 다툴 가능성이 높다. 반면 좀 더 넓고 크게 내다보는 안목을 갖춘다면 다투기보다 대화하면서 머리를 맞댈 수 있다. 작은 전투일지라도 아군끼리 붙었다면 서로에게 치유하기 힘든 치명상을 남긴다. 그런 경우를 종종 보아 왔다.

부모의 역할은 무엇이며, 과연 언제까지 그 역할을 해야 할까? 인공위성을 정지궤도까지 올려놓는 데 필요한 연료에 비유하면 어떨까? 한국의 부모는 우주 발사체의 고체 연료와 같은 존재다.

정지궤도에 안착할 때까지

지구를 관측하는 위성 가운데 정지궤도(停止軌道, geostationary orbit) 위성이 있다. 적도 약 3만 6천km 상공을 돈다. 지구 자전 주기와 정지궤도 위성의 공전주기가 같아 언제나 같은 지역 상공에 떠 있다. 정지궤도는 SF 작가인 아서 C. 클라크(Arthur C. Clarke, 1918~2008)가 1945년에 정지궤도가 통신위성의 궤도로 유용하다는 논문을 발표하면서 널리 알려졌다. 그래서 클라크 궤도라고도 불린다. 우리나라 무궁화 위성, 천리안 위성이 정지궤도에 자리 잡고 있다.

GPS 신호를 알려 주는 위치 정보 위성은 그 아래 궤도(약 2천km~3만km)를 돈다. 정지궤도 위성의 비행 속도는 초속 약 3km. GPS 위성의 초속 4.9km에 비해 느린 편이다. 그럼에도 시속으로 환산하면 180km 속도로 지구를 따라 돌아간다. 2018년 12월 발사한 천리안 2A호는 정지궤도 위성이었다. 무게는 무려 3.5톤이었다. 그 가운데 2톤이 연료 탱크였다.

정지궤도 위성은 더 많은 연료를 필요로 한다. 왜일까? 정지궤도까지 올라가는 동안 소모되는 연료는 약 1.35톤으로 전체 연료의 67%를 소모한다. 나머지 연료로 임무를 다할 때까지 궤도를 유지한다. 대기권을 통과하고 정지궤도에 진입할 때까지 연료 대부분을 투입한다. 위성 발사를 자녀 교육에 빗대면 어떨까. 일단 정지궤도에 진입한 이후에는 태양 전력과 작은 연료만으로 10~20년간 수명을 다할 때까지 안정적으로 비행할 수 있다. 부모의 역할이야말로 위성체를 정지궤도까지 올려 주는 고체 연료와 같지 않을까?

가장 강력한 동력이 필요한 순간, 대기권을 돌파하여 정지궤도에 다다를 때까지 연료가 되어 주는 것이 부모에게 주어진 역할 아니겠는가. 되돌아보면 우리 부모님들도 우리를 정지궤도에 이를 때까지 물심양면, 본인의 인생을 마다하고 희생하지 않았던가.

미디어가 바꾼 성공 방정식

스마트폰은 미디어다. 챗GPT도 미디어다. 세상에 미디어가 아닌 것이 과연 무엇일까 하고 생각할 만큼 다양한 미디어와 함께 살아가고 있다. 미디어는 도구다. 칼이 그런 것처럼. 누구 손에 쥐어져 어떤 일에 쓰이는가에 따라 그 쓰임새는 천양지차다. 버트란드 러셀Bertrand Russell은 과학기술이 발달하면서 사람이 할 수 있는 일이 많아졌다는 말로 세상을 설명했다. "과거에는 인간이 할 수 있는 일이 매우 제한적이었기에 아무리 나쁜 생각을 갖더라도 남에게 끼치는 해악이 제한적이었고, 착한 마음을 먹더라도 할 수 있는 일에 한계가 있었다." 그러나 과학기술이 발달하고 지식의 양이 늘어나면서 인간이 할 수 있는 일이 늘어났다. "나쁜 사람들은 더 많은 해악을 끼칠 수 있고, 착한 사람들은 우리의 선조들이 상상 속에서나 가능했던 것보다 더 많은 선행을 할 수 있다."라는 것이다(Russell, 2009). 이전보다 더욱 수월하게 지식을 습득하고, 그 지식으로 세상을 이롭게 할 수 있는 새로운 미디어가 속속 등장한다.

미디어는 너무 많은 것을 바꾼다. 성공의 통로를 새로 만들고, 세상을 바로 보는 창으로 작동한다. 특히 디지털 네이티브에게 유튜브는 빼놓을 수 없는 미디어로 둥지를 틀었다. 필자는 언제부턴가 '유튜브'를 고유명사로 보지 않는다. 남녀노소 눈을 떼지 못하는 보편적인 미디어로 자리 잡았기 때문이다. 우리 손으로 만들고, 운영하는 플랫폼이 아니기에 한편으로는 안타까움도 있지만, 글로벌 시대에 외면하기 힘든 플랫폼이 되었다. 무엇보다 이용자들이 가장 많이 친숙한 모습으로 다루는 미디어이기에 이제는 '유튜브'를 보통명사로 분류해야 하는 상황에 이르렀다. 굴착기가 프랑스 포크랭Poclain사 이름에서 '포클레인'으로, 금속 스테플러가 보편적으로 이용되면서 특정 제조사 이름을 붙여 '호치키스Hotchkiss'가 된 것처럼 말이다.

유튜브는 요즘 아이들의 성공 방정식을 바꿔 놓았다. 몇 년 전에는 존재하지도 않았던 직업 '유튜버'가 초등학생들이 선망하는 직업 1위에 랭크될 정도다. 인플루언서influencer라는 이름으로 기존 미디어에 버금가는 사회적 영향력을 발휘한다.

우리나라 최초로 100만 구독자를 확보한 개인 유튜버는 기타리스트 정성하다. 그는 2006년 10세 때, 본인의 기타 연주 영상을 유튜브에 올렸다. 2024년 6

월 현재 구독자 수가 717만 명으로 세계적인 아티스트로 성장했다. 그의 영상이 재생된 횟수만 1억 회가 넘는다. 그는 기타 연주를 배우기 위한 정규 교육과정을 거치지 않았다. 어릴 적부터 기타 신동으로 불렸다. 13세 때 SBS 〈스타킹〉에 출연한 적이 있다. 하지만 그를 세계적인 스타 반열에 올린 매체는 다름 아닌 유튜브다. 본인 채널을 만들어 연주를 선보이고, 자작곡, 커버곡을 발표했다. 해외 반응도 뜨겁다. 그가 15년 전에 올린 영화 〈미션 임파서블〉 테마 곡은 조회 수가 1,900만 회에 육박한다. 자신의 키만큼이나 큼직한 기타를 어깨에 걸고 2009년에 연주한 1분 52초짜리 영화음악은 세계인의 눈과 귀를 사로잡았다.

유명한 대학을 다니고, 걸출한 연주자로부터 특별 훈련을 받지 않았음에도 세계적인 연주자로 성공할 수 있는 시대다. 정성하는 자신의 재능을 살려 끊임없이 노력했고, 달라진 미디어 환경을 십분 활용했다. 세계적인 기타리스트들이 한국에 공연할 때 함께했고, 2010년에는 미국 순회 공연을 펼쳤다. 그해 유튜브 조회 수 1억 뷰를 돌파해 화제가 되기도 했다(정성하, 2023). 정성하의 성공 사례에서 두 가지 시사점을 얻을 수 있다. 하나는 텔레비전과 같은 전통 매체가 아니더라도 얼마든지 자신의 연주를 대중에게 선보일 수 있다는 점이고, 다른 하나는 국내에 국한되지 않고 글로벌 서비스를 할 때 그 영향력은 폭발적이라는 사실이다. 신세대의 성공 문법은 다르다. 레거시로 불리는 전통 매체에 매달릴 이유가 없고, 활동 무대를 국내로 제한할 이유도 없다.

결국은 세상을 읽고, 얼마나 잘 적응하는가에 달렸다. 인지능력의 확장 도구로 인식되는 미디어는 부모에게는 불안감을 씻어내는 안정제가 되고, 아이들에게는 자신을 표현하고 세상을 이해하는 열린 창이 된다. 모두가 미디어에 대해 충분히 이해할 때, 진실이 거짓을 이기고, 선의가 악의를 제압하며, 개인보다 공동체를 우선하는 세상이 더 빨리 오지 않겠는가.

부모의 햇살을 받아 크는 나무

스티브 잡스(Steven Paul Jobs, 1955~2011)는 태어난 지 일주일 만에 잡스 부부에게 입양되었다. 친어머니 조앤 캐럴 시블Joanne Carole Schieble과 아버지 압둘파타 잔달리Abdulfattah Jandali는 위스콘신대학교 대학원생으로 만나 아이를 가졌다. 어머니 가족의 반대로 결혼에 이를 수 없었다. 친어머니가 내건 입양 조건은 부모가 대학을 졸업해야 한다는 것이었다. 그녀는 아이가 교육받을 수 있는 환경에서 자라기를 원했다. 스티브 잡스를 입양한 폴 잡스Paul Jobs와 클라라 잡스Clara Jobs 부부는 모두 고등학교 중퇴자들이었다. 그럼에도 친부모가 잡스 부부에게 아이를 넘긴 이유는 무슨 일이 있어도 대학에 보내겠다고 약속했기 때문이었다. 스티브를 입양한 잡스 부부는 스티브에게 책읽기를 가르쳤고, 질문하는 아이, 자연과 어울리는 아이로 키웠다. 생각할 시간을 충분히 주었고, 흥미로워하는 일은 계속하도록 응원했다. 아버지 폴 잡스는 레이저 제조회사 엔지니어였고, 기계를 아주 좋아했다. 중고차를 수리해서 다시 팔 수 있을 만한 수준이었다. 차고지는 아버지 폴에게는 작업장이었고, 아들 스티브에게는 기계를 만지며 놀 수 있는 놀이터였다. 폐품 처리장에서 온갖 자동차 부품을 찾아다니는 아버지로부터 가격을 흥정하는 기술을 익혔다. 무엇보다 겉으로 보이지 않는 부분, 아주 작은 작업에도 정성을 다하는 모습에서 일을 대하는 태도를 배웠다. 스티브 잡스가 스티브 워즈니악Steve Wozniak과 함께 애플을 창업한 곳도 부모님의 차고지였다(Isaacson, 2021). 스티브 잡스가 혁신가로서 스마트 미디어 시대를 열 수 있었던 데는 친부모와 양부모의 역할이 절대적이었다.

아이들이 나무라면 부모는 햇살이다. 부모의 일거수일투족은 아이들에게 거울처럼 그대로 비친다. 아이들의 눈에 비친 부모의 열정적인 삶이야말로 부모가 물려줄 수 있는 가장 가치 있는 무형자산 아니겠는가. 나태주 시인의 말처럼 자세히 볼수록 예쁘고, 그냥 보고만 있어도 더없이 사랑스런 아이들이다. 그냥 햇살이 되자. 아이들은 밝은 햇살 아래에서 저절로 무럭무럭 자라게 되어 있다.

에필로그
나와 미디어

　필자의 세대처럼 다종다양한 미디어를 경험하고, 미디어의 혜택을 누린 인류가 또 있었을까? 미디어 격변기를 직접 체험했기에 미디어와 함께한 나의 경험을 되새겨 보는 일은 의미 있는 작업일 것이다. 1970년대부터 지금까지 이어 오고 있는 미디어 이용자로서의 경험과 1994년부터 계속되고 있는 교육 미디어 종사자로서의 궤적을 되돌아본다.

　1970년대 시골 마을에서 처음 접한 미디어는 신문이었다. 농협중앙회에서 격주간으로 발행했던 〈농민신문〉이었다. 마을 이장 댁과 새마을 지도자에게만 무료로 배달되었다. 우편배달부가 주소가 적힌 띠지로 묶인 신문을 돌담 틈새에 끼워 두고 갔다. 어쩌다 이장 댁 친구 집에 놀러 갔을 때 신문을 접할 수 있었다. 언론 매체를 처음 접하는 기회였다. 1980년대 프로야구가 생겨났다. 라디오 중계에 귀를 쫑긋 세웠었다. 친구 집에서 구독했던 〈전남일보〉는 연일 프로야구 소식을 다뤘다. 비록 하루 늦게 우체부가 배달해 주던 신문이었으나 홈런왕 김봉연 이야기, 승승장구하던 해태 타이거즈 기사는 흥미를 안겨 줬다. 신문은 국한문 혼용체였기에 한자를 읽을 수 있어야 했고, 그 덕에 한자 실력만큼은 남들에게 뒤처지지 않았다. 매일 연재되던 〈사냥꾼 이야기〉도 신문 읽는 재미를 안겨 줬다.

　1980년 신군부가 들어서면서 과외가 전면 금지됐다. 고등학교 1학년 때부터 야간 자율 학습 시간에 교실 스피커를 통해 들려오는 EBS 라디오 〈수능강의〉를 단체 수강했다. EBS 교재를 펼치고 EBS 선생님들이 들려주는 강의를 들었다. 억양이 특이했던 서울 중대부고 박래창 선생님의 강의는 아직도 귓전에 생생하다. 1985년 말 대학 진학을 위해 학력고사를 치렀고, 정답을 맞춰 보는 일 또한 라디오에 귀 기울이는 방법이 전부였다. 깨알처럼 적어 온 해답지를 라디오에서 불러 주는 문항 번호와 정답을 맞춰 가며 동그라미를 그렸다. 80년대 대학 시절 가장 친근한 전자 기기는 카세트테이프리코더였다. 밤이면 자취방에서 MBC 라디오 〈이문세의 별이 빛나는 밤에〉를 청취했고, 녹음된 카세트테이프의 플레이 버튼과 일시정지 버튼을 번갈아 누르면서 영어 듣기를 공부했었다. 1986년 대학 1학년 때 퍼스널 컴퓨터라는 물건을 처음으로 마주했다. 8비트 컴퓨터였다. 운영체제operating system가 저장된 5.25인치 플로피디스크가 있어야만 부팅해서 사용할 수 있었다. 운영체제는 MS-DOS. 커서가 깜박이면 명령어를 넣어 간단한 프로그램을 실행할 수 있었다. 짙은 초록색이 묻어나는 단색 모니터였다. 허큘리스 그래픽 카드Hercules Graphic Card로 작동하는 배가 불룩한 브라운관 모니터Cathode-Ray Tube가 화면 출력장치였다. 베이식BASIC과 같은 초기 컴퓨터 프로그래밍 언어를 구동했고, 쉬는 시간에 방향키를 부지런히 조작해 뱀꼬리를 잡아야 하는 스네이크 웜Snake Worm이라는 단순한 게임을 구동할 정도의 성능이었다.

그러던 어느 날 전산실이 만들어지더니 본체가 집채만 한 대형 컴퓨터가 들어왔다. 컴퓨터 본체가 있는 곳과 단말기가 여러 대 설치된 실습실은 엄격히 구분되어 있었다. 전산실 안쪽 미닫이 유리문을 통과해야만 본체를 구경할 수 있었다. 일반 학생들은 감히 범접할 수 없는 곳에 설치돼 전산 전문가에 의해 소중히 관리되었다. VAX-11이라는 기종이었다. 메인 본체에 단말기가 20대 가량 물려 있었다. 포트란FORTRAN이라는 언어를 배웠다. 극히 초보 수준이었다. 책에 나온 대로 프로그램을 입력해도 답을 구하기 어려웠다. 컴파일링Compiling이라는 과정에서 툭하면 에러가 났다. 명령어를 넣는 게 어지간히 까다로웠다. 한 번 잘못되면 처음부터 다시 입력해야 하는 경우가 허다했다.

대학 졸업 후 1991년부터 2년간 공군항공과학고등학교에서 통신과 교관으로 복무했다. 전국에서 선발된 우수한 학생들이었다. 5.25인치 디스크로 부팅하는 컴퓨터실을 관리하고 운영하는 일은 나의 몫이었다. 컴퓨터 프로그래밍 언어 포트란과 베이식을 가르쳤다. 외장 하드디스크가 없던 시절이다. 카세트 테이프리코더가 보조기억장치로 쓰였다.

1994년 럭키금성그룹에 입사했다. 1958년에 세운 '금성사 Gold Star'에서 출발한 대기업이다. 1995년에 럭키금성그룹은 LG그룹으로 다시 태어났다. 나의 첫 직장은 지금의 'GS전선', 경기도 안양과 경북 구미에 공장을 둔 통신케이블 제조회사였다. 내가 입사했던 1993년 당시 이름은 '럭키금성전선'이었다. 신입 사원으로 입사하면 그룹 전체 신입 사원이 연수원에 모여 단체로 교육을 받은 다음, 자신이 일하게 될 계열사로 돌아가 또 신입 사원 교육을 받았다. 회사에 들어가 여러 달에 걸쳐 연수만 받았다. 그룹 연수 프로그램의 하나로 지역에 흩어진 공장을 며칠 동안 순회하면서 둘러봤다. 가장 기억에 남는 곳은 VCR을 조립, 생산하던 평택 공장이다. 생산 공장 출입문마다 손잡이 부분에 손바닥만 한 스티커가 붙어 있었다. 장미꽃 한 송이 캐릭터 옆에 '꽃을 피우는 마음으로, Blooming flowers at heart'라는 글귀와 함께. LG전자가 출하하는 모든 백색가전제품에 붙여졌던 스티커이기도 했다.

가전제품을 직원들이 어떤 마음으로 생산하는지 단번에 알 수 있었다. 일을 대하는 직원들의 마음가짐과 소비자를 생각하는 정신, 제품에 담아내는 숨결을 느낄 수 있었다. '꽃을 피우는 마음으로'라는 글귀는 이후 순간순간 떠올렸다. 프로그램을 제작할 때마다, 프로그램을 제작하는 후배 PD들을 독려할 때마다 프로그램을 만드는 자세를 주문할 때 이보다 좋은 말이 없었다. 눈에 보이는 것이든, 보이지 않는 것이든 꽃을 피우는 마음으로 일을 대할 때 그르칠 일이 없다. LG그룹에 입사해서 일한 기간은 단 1년, 꼬박 365일이었다. LG그룹을 생각할 때마다 부채 의식을 갖는다. 근무 기간 절반을 연수·훈련받는 데 보내고, 나머지 6개월 일했다. 고작 반 년 간 신입 사원이 무엇을 얼마나 할 수 있었겠는가. VCR과 세탁기 등 가전제품을 생산하는 대기업, 그리고 유선 케이블, 광케이블을 제조하는 회사에서 일하는 행운을 누렸다. 우리 팀은 서울 용산에 주둔했던 미8군 영내 CATV(유선방송)를 설치하는 일과 이듬해 1995년에 도입될 케이블 텔레비전 네트워크 사업자에게 케이블 증폭기, 분배기 등 방송장비를 제조, 납품하는 일을 담당했다. 그 1년 동안 배우고 익힌 마음가짐과 사람을 대하는 자세는 이후 내 삶을 일궈 나가는 자양분으로 작용하고 있다.

1994년 EBS로 옮겼다. 라디오 엔지니어로 일하기 시작했다. 인터넷이 처음 등장하던 시기다. 당시에는 웹브라우저Web browser를 띄우고 곧바로 인터넷을 서핑할 수 있는 구조가 아니었다. 인터넷에 접속하기 위해서는 브라우저를 띄우기 전 소켓Socket 프로그램으로 TCP/IP 네트워크에 먼저 접속해야 했다. 그런 다음, 넷스케이프Netscape 브라우저를 띄워 HTTPHyper-Text Transfer Protocol로 웹서버에 접근, 정보의 바다를 탐험할 수 있었다. 방송국 오디오 엔지니어로서 기본을 충실히 다지기로 마음먹었던 시절이었다. 미국 아마존Amazon.com 웹사이트에서 오디오 전문 도서를 구입했다. 음량 체크용 컴팩트 디스크Compact Disc를 구입해서 라디오 스튜디오 스피커를 튜닝하는 데 활용하기도 했었다. 라디오 스튜디오에서는 프로페셔널 CD플레이어로 음악을 재생했다. 때로는 국산 턴테이블로 LP판Long Play Record을 돌릴 때도 있었다. 녹음 매체로는 일본 OTARI사의 릴테이프 데크를 사용했다. 한메일hanmail.net보다 먼저 에듀넷Edunet에서 인생 최초 이메일 어드레스를 무료로 부여받았었다.

90년대 후반 방송국에서는 영상 녹화 장치로 미국 암펙스Ampex사에서 만든 1인치 VTR을 사용했다. 이후 일본 소니Sony사에서 베타캠Betacam 1/2인치 VCR을 출시했고, 빠른 속도로 1인치 VTR을 대체했다. 1인치 VTR은 자기 녹화 테이프 폭이 1인치로 피자 한 판 크기의 묵직함을 자랑했다. 아날로그 기록방식이었다. 1/2인치 장치가 등장하면서 녹화 매체가 카세트 형태로 바뀌었다. 베타캠 VCR은 이후 디지털 기록방식으로 발전했다. 두 대를 한 세트로 연결하여 촬영 원본 테이프 중 필요한 부분만 발췌하는 일대일 편집 시스템으로 활용했다.

회사에서는 1990년대 후반에서야 개인별 업무용 컴퓨터를 본격적으로 지급했고, 사내 전산망을 구축하기 시작했다. 몇 년 뒤 묵직한 노트북 컴퓨터가 지급되기도 했다. 노트북으로 인터넷에 접속하기 위해서는 PCMCIA(개인용컴퓨터 메모리 카드 국제 협회, Personal Computer Memory Card International Association) 타입 모뎀 어댑터를 별도로 구입하여 장착했어야 했다. 아래한글 워드프로세서 프로그램을 구동할 수 있었다.

1995년 즈음부터 노동조합에서는 조합원 복지 차원에서 VHS 비디오테이프를 시중보다 저렴한 가격으로 대여했다. 금요일 퇴근할 때 영화 한 편을 빌려 주말에 집에서 본 다음, 월요일 출근할 때 반납하는 식이었다. 참고로 리드 헤이스팅스(Reed Hastings, 1960~)가 넷플릭스를 설립해 비디오 대여 사업을 시작한 때가 1997년이다.

2004년 EBS 수능 방송이 인터넷 강의 체제로 바뀌었다. 교육과학기술부에서 사교육비 절감 대책으로 EBS 인터넷 수능을 내밀었고 전쟁을 치르듯이 시스템을 구축했다. 동시 접속자가 많아 시스템이 멈출 만큼 이용자가 많았고, 사회적 관심사로 부상했다. 시스템은 꾸준히 보강되었고, 안정성도 향상됐다. 2010년 수능 강의를 전담할 사원을 사내에서 공개 모집했고, 선발된 후 수능 강의 사회탐구 ECP Educational Chief Producer를 맡았다. ECP는 수능 강의를 기획하고 제작하는 일을 도맡는다. 강사 풀을 확보하고, 강좌별로 담당 강사를 지정한다. 새로운 포맷으로 강의를 기획할 수도 있다.

사회탐구 강사 라인업을 대폭 보강, 교체했다. 2011년부터 클립 영상을 기획하여 제작했다. 강좌명은 〈5분 사탐〉. 사회탐구 영역에 배정된 PD 7명과 영상 전문 편집자 2팀이 참여했다. 연초부터 기획에 들어갔다. 사회탐구 선택 11과목 전체에 대해 5분짜리 클립 콘텐츠 740편을 만드는 일이었다. EBS 〈지식채널e〉를 제작하던 작가들을 초빙했고, PD들은 자료화면을 확보하기 위해 EBS 아카이브에 저장된 영상을 모조리 뒤졌다. 선생님들도 원고 구성과 검수에 참여했다. 칠판 중심 교재 해설 강의에서 벗어나 요즘 세대에 맞는 강의를 만들자는 취지로 기획된 프로그램이었다. PD들은 제작과 편집에 밤새 매달렸다. 제작 과정이 복잡하다 보니 예상보다 많은 기간이 소요됐다. 새로운 학습 콘텐츠 포맷에 학생들이 관심과 흥미를 보였다. 학교 선생님들도 〈5분 사탐〉을 반겼다. 짧은 분량으로 교육과정에 맞춰 제작되었으니 수업에 활용하기에 안성맞춤이었다. 〈5분 사탐〉은 2011년 EBS 내부에서 시상하는 방송대상 교육 부문 작품상에 선정되었다. 생생한 영상과 친절한 자막이 한몫했다. 당시 제작한 클립 영상은 현재도 유용하게 활용되고 있다.

2014년에는 《대입논술 개념 필독서》 시리즈를 기획, 제작했다. 논술고사가 한참 주목받던 때였다. 인문 논술을 준비하는 학생들에게 대표 작품을 짧게 안내하는 클립 영상이었다. 전문 작가들이 원고를 쓰고, 작품에 들어가는 삽화를 애니메이션 고등학생들이 그렸다. 특성화고 학생들이 그린 그림으로 인문계 고등학교에 다니는 친구들이 공부하는 나름 신선한 시도였다. 여러 편에서 동일한 화풍의 삽화가 반복되는 것보다는 작품별로 다양한 색깔이 드러나는 게 좋겠다는 발상에서 애니메이션 고등학교와 협업을 시작했다. 특성화고 담당 선생님의 노력이 특히 빛났다. 선생님은 학생들에게 할 수 있다는 자신감을 불어넣었고, 학사일정에 방해되지 않도록 꼼꼼하게 지도했다. 학생들이 그린 디지털 삽화를 건네받아 EBS의 전문 영상 편집자가 프로그램을 완성하는 방식이었다. 음악과 연출은 PD 몫이었다. 기획 초기만 하더라도 프로가 아닌 학생들의 작품에 은근 우려가 있었으나 기우였다. 전문 영상 편집자와 PD들이 놀랄 정도로 수준 높은 결과물이었다. 고등학생들이 그린 삽화는 전문가들이 그린 작품과 비교해도 손색이 없을 정도였다.

전국 모든 고등학교 선생님이 EBS 선생님처럼 수업을 진행할 수 있지 않을까? 사교육비 경감을 위한 EBS 수능 연계 정책은 그 효과에도 불구하고, 일선 교실 수업을 위축시킨다는 비판을 감수해야 했다. EBS 교재가 교과서를 대신하고, EBS 선생님이 일선 학교 선생님의 영역을 침범한다는 우려가 많았다. 그렇다면 전국 모든 선생님이 EBS 선생님처럼 강의할 수 있다면 문제를 어느 정도

해소할 수 있지 않을까? 그래서 기획된 플랫폼이 '교사지원센터teacher.ebsi.co.kr'였다. 2014년에 기획하고, 교육 서비스 전문 IT 기업이 시스템을 구축하는 데 1년, 문항 데이터, 강의 그래픽 자료, 교재 이미지 자료 등 학습 콘텐츠를 데이터베이스화하는 데 60여 명이 꼬박 1년을 더 매달렸다. 2015년 말 서비스를 오픈했다. 교사지원센터는 EBS강의 녹화를 위해 제작되는 강의용 슬라이드, 그래픽 자료를 사이트에 탑재하여 전국 모든 선생님들이 다운로드받아 수업에 활용할 수 있도록 지원하는 플랫폼이다. EBS가 개발한 문항을 원문 그대로 다운로드받아 수업 연구와 평가에 쓸 수 있다. 한국교육과정평가원 감수를 거쳐 개발하는 문항이 한 해 수만 개로, 2004년 수능 연계 정책 시행 이후부터 개발된 문항이 수십만 개에 달한다. 교사지원센터를 활용한다면 교실 수업은 물론, 수업 자료를 저작권 염려 없이 손수 만들 수 있다. 2017년부터는 교사지원센터 자료 활용 공모전을 실시하여, EBS자료 활용을 권장하고 선생님들 간 노하우를 공유하는 자리를 만들고 있다. EBS강의 녹화는 현실적인 이유로 수도권 선생님들을 중심으로 이루어지는 한계가 있다. EBS 교사지원센터를 이용할 경우, 전국 고등학교 선생님 누구나 EBS 강사보다 더 멋진 수업을 펼칠 수 있도록 기틀을 마련했다.

2015년에는 〈EBS 스타강사 특강〉을 기획, 제작했다. 50분 분량 강의 프로그램이었다. 가능하면 교과 강의 대신 선생님의 진솔한 얘기를 학생들과 나누는 방식을 고수했다. 학생들이 선호하는 강의, 좋아하는 선생님은 무엇보다 학생들과 얼마나 공감할 수 있는가에 달렸다. 강좌를 맡아 교재 내용을 해설하는 정규 강좌에서는 선생님 본인의 교육철학, 담당 과목에 대한 신념을 들을 기회가 부족하다. 어떤 목표를 갖고 강의를 준비하는지, 해설 강의 시간에 하지 못한 얘기들을 학생들을 직접 만나 얘기할 기회였다. EBS 스페이스Space 공개홀에서 학생들 100여 명을 모집해 주말에 녹화했다. 일선 학교를 직접 찾아가 강의를 녹화한 경우도 많았다. 학습법, 입시 정보가 아닌 선생님의 진솔한 마음을 전하는 〈스타강사 특강〉은 학습 동기를 부여하는 데 톡톡한 역할을 했다. EBS 2TV에서 월요일부터 금요일까지 매일 저녁 50분간 방송되었다. 인상적인 선생님들이 많다. 윤리 과목을 강의했던 이지영 선생님은 "도망쳐서 도착한 곳에 천국은 없다."를 제목으로 학생들의 동기를 북돋웠다. 타 방송사 개그 프로그램에서 '헬스 걸'로 알려진 개그우먼 이희경 님은 며칠을 고민한 끝에 직접 강의 자료를 만들어 와 "고통의 혜택을 누려."라는 제목으로 학생들의 꿈을 북돋웠다. 제주의 고등학교를 직접 찾아 강의한 여성학자 오한숙희 님, 프로파일러 표창원 박사, 정신과 의사 오한진 박사 등 한걸음에 달려와 수험생활에 지친 고등학생을 격려한 분들이 많았다. 참으로 감사한 일이었다. 덕분에 꼬박 1년 동안 프로그램을 지속할 수 있었다.

영상을 제작하는 일은 품이 여간 많이 들어가는 일이 아니다. 생각보다 많은 전문가가 참여하고, 그만한 제작비가 투입된다. 1970년부터 2024년 현재까지 반세기 동안 참으로 많은 미디어와 마주했다. 주간 신문, 일간 신문, 인터넷 신문, 라디오, 흑백텔레비전, 컬러텔레비전, 디지털 텔레비전, HDTV, UHD TV, 케이블 TV, 위성방송, IPTV, 카세트테이프리코더, MD 플레이어, CD 플레이어, MP3 플레이어, 턴테이블, 릴 테이프, 8밀리 캠코더, 1인치 VTR, 베타VCR, NLE(비선형 편집 시스템), 에디우스, VHS, DVD 플레이어, CD 레코더, DVD 레코더, SD 메모리 카드, USB 메모리, 3.5인치 플로피 디스크, 5.25인치 플로피 디스크, DMB, 삐삐, 인터넷, TDMA 아날로그 휴대폰, CDMA 디지털 휴대폰, 2G폰, 3G폰, 5G폰, 퍼스널 컴퓨터, 노트북 컴퓨터, 태블릿 PC, MS-DOS, Windows, 도트 프린터, 레이저 프린터, 잉크젯 프린터, 타자기, 휴대폰 문자, 카카오톡, 유튜브, 넷플릭스, OTT, XT PC, AT PC, 386 PC, 486 PC, 585 PC, 펜티엄 PC, 화상통화, 스카이프, 익스플로러, 크롬, 웹브라우저 파이어폭스, 넷스케이프, 챗GPT, 시리, 네이버 클로바, 네이버, 다음, 블로그, 인터넷 카페, 쇼츠, 릴스, 페이스북, 트위터, 인스타그램, 구글 북스, 위키피디아, 나무위키. 반세기 남짓 살아오는 데 이렇게 많은 미디어의 출현과 퇴장을 마주한 인류가 또 있을까? 앞으로는 어떨까? 나의 오감을 깨워 주고, 지적 역량을 키워 준 모든 미디어에 감사할 뿐이다.

참고문헌

김건우 (2018.5.15). 〈인공지능에 의한 일자리 위험 진단〉. 서울: LG경제연구원.
신삼수 (2014). 〈선호도 높은 온라인 수능강의 특징 분석 연구〉. 고려대학교 대학원 석사학위 논문.
신삼수·정성은 (2021). 진학 성공사례 시청이 고교생의 동기고취와 실천에 미치는 영향: 정보원유사성과 학업적 자기효능감을 중심으로. 〈한국방송학보〉, 35권 6호, 35-71.
신삼수 (2023). 디지털 미디어 문해력이란 무엇인가. 신삼수·이선민·김봉섭·유경한·김지연 외 (편), 〈디지털 미디어 문해력 이해와 실천〉. (14-38쪽). 서울: 지금.
오지윤·이삭·전재호·홍선호 (2022). 초등영어교육에서 AI펭톡의 역할 및 활용 방안. 〈한국초등교육〉, 33권 2호, 35-50.
이윤진·장주희 (2021). 인공지능 도입에 따른 직무 변화와 적응적 전문성 인식에 대한 고찰: 기자의 경험을 중심으로. 〈HRD연구〉, 23권 3호, 127-153.
위키피디아, '트랜센덴스(Transcendence)'. https://en.wikipedia.org/wiki/Transcendence_(2014_film) (2024.1.9. 검색)
장주희·방혜진·이윤진·이진솔·한상근·이승희 (2020). 〈인공지능 시대의 전문직 직업연구〉. (기본연구 2020-10). 세종: 한국직업능력개발원.
정성하 (2023). 〈드리밍〉. 서울: 매일경제신문사.
최진호·이현우·이혜수 (2023). 〈디지털 뉴스 리포트 2023 한국〉. 서울: 한국언론진흥재단.

교육부 (2022). 〈초·중등학교 교육과정 총론〉. 교육부 고시 제2022-33호 [별책 1]
방송통신위원회·정보통신정책연구원 (2023). 〈2023 방송매체 이용행태 조사〉.

EBS (2013.7.25). '폭도들'. 〈지식채널e〉, 1038화.
EBS (2014.2.13). '마리오네트를 아시나요? 줄인형 예술가 김종구'. 〈직업의 세계 - 일인자(一人者)〉, 102회.
EBS (2017.1.4). 인공지능이 절대 가질 수 없는 것은? (거울 뉴런). 〈세상의 모든 법칙〉.
EBS (2022.1). 유발 하라리 '유발 하라리에게 듣는다'. 〈위대한 수업, 그레이트 마인즈〉.
EBS (2022.4). 린다 그래튼 '100세 시대, 어떻게 살 것인가'. 〈위대한 수업, 그레이트 마인즈〉.

EBS (2023.6.14). 0.78 이후의 세계. 〈다큐멘터리 K: 인구대기획 초저출생〉.
EBS (2024.1). 다니엘 라마르 '예술이 된 서커스'. 〈위대한 수업, 그레이트 마인즈〉.
EBS (2024.2). 조지프 스티글리츠 '불평등 특집 1부'. 〈위대한 수업, 그레이트 마인즈〉.
EBS (2024.3). 로렌츠 카츠 '불평등 특집'. 〈위대한 수업, 그레이트 마인즈〉.
KBS (2017.4.21). 로봇 시대, 인간의 일자리는?. 〈명견만리〉.
KBS (2019.7.16). 중학생 뇌가 달라졌다. 〈시사기획 창〉.

Compass (2023.12.19). 株式会社COMPASS 慶應義塾大学SFC研究所と連携し´ 大阪府東大阪市における 「Qubena(キュビナ)」 の活用と学力への影響について効果検証を実施·結果を発表~Qubenaの利用頻度と習熟度に学力向上の相関を確認~. 31 https://qubena.com/
ウィキペディア (2024). '東ロボくん', 〈ウィキペディア フリー百科事典〉. https://ja.wikipedia.org/wiki/東ロボくん. (2024.3.6. 검색)
稲田豊史 (2022). 〈映畫を早送りで觀る人たち〉. 光文社新書. 황미숙 (역) (2022). 〈영화를 빨리 감기로 보는 사람들〉. 서울: 현대지성.
松尾豊 (2015). 〈人工知能は人間を超えるか: ディープラーニングの先にあるもの〉. 角川EPUB選書. 박기원 (역) (2015). 〈인공지능과 딥러닝〉. 서울: 동아엠앤비.
新井紀子 (2018). 〈AI vs. 教科書が読めない子どもたち〉. 東洋経済新報社. 김정환 (역) (2018). 〈대학에 가는 AI VS 교과서를 못 읽는 아이들〉. 서울: 해냄.
神野元基 (2017). 〈人工知能時代を生き抜く子どもの育て方〉. ディスカヴァ-. 최윤영 (역) (2018). 〈인공지능 시대를 살아가는 우리 아이 키우는 법〉. 서울: 한스미디어.

Acemoglu, D., & Robinson, J. A. (2012). *Why nations fail: The origins of power, prosperity and poverty*. New York, NY: Crown. 최완규 (역) (2012). 〈국가는 왜 실패하는가〉. 서울: 시공사.
Alcott, L. M. (2005). *Little women*. New York, NY: Barnes & Noble. 공경희 (역) (2007). 〈작은 아씨들〉. 서울: 시공주니어.
Autor, D. (2014). *Polanyi's paradox and the shape of employment growth* (No. w20485). National Bureau of Economic Research.
Autor, D. H., Levy, F., & Murnane, R. J. (2003). The skill content of recent technological change: An empirical exploration. *The Quarterly journal of economics, 118*(4), 1279-1333.
Babbage, C. (1832). *On the economy of machinery and manufactures*. Cambridge, United Kingdom: Cambridge University Press.

Barbe, W. B., Swassing, R. H., & Milone, M. N. (1979). *Teaching through modality strengths: Concepts and practices*. Columbus, Ohio: Zaner-Bloser.

Benjamin, W. (1935). *The work of art in the age of mechanical reproduction*, 1936. New York, NY: Schocken Books.

Berlin, I. (1953). *The hedgehog and the fox: An essay on Tolstoy's view of history*. New York and London: Simon & Schuster. 강주헌 (역) (2010). 〈고슴도치와 여우: 우리는 톨스토이를 무엇이라 부르는가〉. 서울: 애플북스.

Braverman, H. (1998). *Labor and monopoly capital: The degradation of work in the twentieth century*. New York, NY: Monthly Review Press.

Brynjolfsson, E., & McAfee, A. (2014). *The second machine age: Work, progress, and prosperity in a time of brilliant technologies*. New York, NY: W. W. Norton & Company. 이한음 (역) (2014). 〈제2의 기계 시대: 인간과 기계의 공생이 시작된다〉. 서울: 청림출판.

Bynum, W. (2012). *A little history of science*. London: Yale University Press. 고유경 (역) (2023). 〈과학의 역사〉. 서울: 소소의 책.

Calico (2024). 칼리코 홈페이지. https://www.calicolabs.com/

Carr, N. (2010). *The shallows: How the internet is changing the way we think, read and remember*. New York, NY: W. W. Norton & Company. 최지향 (역) (2011). 〈생각하지 않는 사람들〉. 서울: 청림출판.

Carr, N. (2014). *The glass cage: Automation and us*. New York, NY: W. W. Norton & Company. 이진원 (역) (2014). 〈유리감옥 : 생각을 통제하는 거대한 힘〉. 서울: 한국경제신문.

Christakis, D. A., Zimmerman, F. J., DiGiuseppe, D. L., & McCarty, C. A. (2004). Early television exposure and subsequent attentional problems in children. *Pediatrics, 113*(4), 708-713.

Clark, R. (2011). *Einstein: The life and times*. London: A & C Black.

Clerwall, C. (2014). Enter the Robot Journalist. *Journalism Practice, 8*(5), 519–531.

Clerwall, C. (2017). Enter the robot journalist: Users' perceptions of automated content. In *The future of journalism: In an age of digital media and economic uncertainty* (pp. 165-177). London: Routledge.

Colby, K. M., Hilf, F. D., Weber, S., & Kraemer, H. C. (1972). Turing-like indistinguishability tests for the validation of a computer simulation of paranoid processes. *Artificial Intelligence, 3*, 199-221.

Cook, T. D., Appleton, H., Conner, R. F., Shaffer, A., Tamkin, G., & Weber, S. J. (1975). *"Sesame Street" revisited*. New York, NY: Russell Sage Foundation.

Coughlin, J. F. (2017). *The longevity economy: Unlocking the world's fastest-growing, most misunderstood market*. New York, NY: PublicAffairs. 김진원 (역) (2019). 〈노인을 위한 시장은 없다: 고령화의 공포를 이겨 낼 희망의 경제학〉. 서울: 부키.

Crenshaw, D. (2021). *The myth of multitasking: How "doing it all" gets nothing done* (2nd ed.). Coral Gables, FL: Mango Publishing. 임신희 (역) (2023). 〈멀티태스킹은 신화다〉. 고양: 인사이트브리즈.

Csikzentmihalyi, M. (1990). *Flow: The psychology of optimal experience*. New York, NY: Harper & Row. 최인수 (역) (2004). 〈몰입 FLOW: 미치도록 행복한 나를 만난다〉. 서울: 한울림.

Csikszentmihalyi, M., & LeFevre, J. (1989). Optimal experience in work and leisure. *Journal of personality and social psychology, 56*(5), 815.

Daniels, G. S., & Churchill, E. (1952). *The average man?* (p. 0011). Wright Air Development Center, Air Research and Development Command, United States Air Force.

Doidge, N. (2007). *The brain that changes itself: Stories of personal triumph from the frontiers of brain science*. New York, NY: Penguin. 김미선 (역) (2008). 〈기적을 부르는 뇌: 뇌가소성 혁명이 일구어낸 인간 승리의 기록들〉. 고양: 지호.

Dreyfus, H. L. (1972). *What computers can't do: The limits of artificial intelligence*. New York, NY: Harper & Row.

Duckworth, A. (2016). *Grit: The power of passion and perseverance*. New York, NY: Scribner. 김미정 (역) (2019). 〈그릿: IQ, 재능, 환경을 뛰어넘는 열정적 끈기의 힘〉. 서울: 비즈니스북스.

Falk, D., Lepore, F. E., & Noe, A. (2013). The cerebral cortex of Albert Einstein: A description and preliminary analysis of unpublished photographs. *Brain, 136*(4), 1304-1327.

Fleming, N. D. (1995, July). I'm different; not dumb. Modes of presentation (VARK) in the tertiary classroom. In A. Zelmer (Eds.), *Research and development in higher education, Proceedings of the 1995 Annual Conference of the Higher Education and Research Development Society of Australasia (HERDSA), HERDSA 18*, 308-313.

Fouque, F. H. K. L. M. (1869). *Undine and other tales*. New York, NY: Hurd &

houghton.

Frey, C. B., & Osborne, M. A. (2013). *The future of employment*. Oxford: Oxford Martin.

Frey, C. B., & Osborne, M. A. (2017). The future of employment: How susceptible are jobs to computerisation?. *Technological forecasting and social change, 114*, 254-280.

Fukuyama, F. (2003). *Our posthuman future: Consequences of the biotechnology revolution*. New York, NY: Farrar, Straus and Giroux.

Gerbner, G., & Gross, L. P. (1976). Living with television: The violence profile. *Journal of Communication, 26*(2), 172-199.

Gerbner, G., Gross, L., Morgan, M., & Signorielli, N.(1980.). The "mainstreaming" of America: Violence profile no. 11. *Journal of communication. 30*(3). 10-29.

Goldin, C., & Katz, L. F. (2009). *The race between education and technology*. Cambridge, MA: Harvard University Press.

Gratton, L., & Scott, A. J. (2016). *The 100-year life: Living and working in an age of longevity*. London: Bloomsbury Publishing. 안세민 (역) (2020). 〈100세 인생: 전혀 다른 시대를 준비하는 새로운 인생 설계 전략〉. 서울: 클.

Harris, E., Harris, J., & Beall, M. (2024). *Defense in depth: An action plan to increase the safety and security of advanced AI*. Gladstone AI.

Heath, C. W. (1945). *What people are: a study of normal young men*. Cambridge, MA: Harvard University Press.

Heyn, E. T. (1904). Berlin's Wonderful Horse. He Can Do Almost Anything but Talk-How He Was Taught. *The New York Times September, 4*.

Hubel, D. H., & Wiesel, T. N. (1962). Receptive fields, binocular interaction and functional architecture in the cat's visual cortex. *The Journal of physiology, 160*(1), 106.

Huxley, A. (1942). *The art of seeing*. New York and London: Harper & Brothers.

Huxley, A. (1946). *Brave new world*. DigiCat. 안정효 (역) (2015). 〈멋진 신세계〉. 서울: 소담출판사.

Inzlicht, M., Gutsell, J. N., & Legault, L. (2012). Mimicry reduces racial prejudice. *Journal of Experimental Social Psychology, 48*(1), 361-365.

Isaacson, W. (2021). *Steve Jobs*. New York and London: Simon & Schuster.

Jackson, M. (2010). *Distracted: The erosion of attention and the coming dark age*.

New York, NY: Prometheus books. 왕수민 (역) (2010). 〈집중력의 탄생: 현대인의 지성을 회복하기 위한 강력한 로드맵〉. 서울: 다산북스.

Jahoda, M., Lazarsfeld, P. F., & Zeisel, H. (2017). *Marienthal: The sociography of an unemployed community*. New York, NY: Routledge.

Jandial, R. (2019). *Life lessons from a brain surgeon: The new science and stories of the brain*. London: Penguin. 이한이 (역) (2020). 〈내가 처음 뇌를 열었을 때〉. 파주: 윌북.

Johnson, S. (2006). *Everything bad is good for you: How today's popular culture is actually making us smarter*. New York, NY: Riverhead Books. 윤명지·김영상 (공역) (2006). 〈바보상자의 역습〉. 서울: 비즈앤비즈.

Kagan, J. (2018). *Galen's prophecy: Temperament in human nature*. New York, NY: Routledge.

Katzman, N. (1974). The impact of communication technology: Promises and prospects. *Journal of Communication, 24*(4), 47-58.

Keats, E. J. (2014). *John Henry: An American legend (50th anniversary edition)*. New York, NY: Knopf Books for Young Readers.

Keller, H. (1903). *The story of my life*. New York, NY: W. W. Norton & Company. 김명신 (역) (2009). 〈헬렌 켈러 자서전: 사흘만 볼 수 있다면〉. 서울: 문예출판사.

Keynes, J. (1930). Economic possibilities of our grandchildren, In *Essays in persuasion* (pp. 358-373). New York, NY: W. W. Norton & Company.

Keynes, J. (1963). *Essays in persuasion*. New York, NY: W. W. Norton & Company. 정명진 (역) (2017). 〈설득의 에세이〉. 서울: 부글북스.

Keynes, J. M. (1936). *The general theory of employment, interest and money*. London: Macmillan. 이주명 (역) (2010). 〈고용, 이자, 화폐의 일반이론〉. 서울: 필맥.

Kim, W. C., & Mauborgne, R. A. (2014). *Blue ocean strategy, expanded edition: How to create uncontested market space and make the competition irrelevant*. Cambridge, MA: Harvard business review Press. 김현정·이수경 (공역) (2015). 〈블루오션 전략〉. 파주: 교보문고.

Kulikowski, C. A. (1980). Artificial intelligence methods and systems for medical consultation. *IEEE Transactions on pattern analysis and Machine Intelligence, 5*, 464-476.

Langer, E. J. (2009). *Counterclockwise: Mindful health and the power of possibility*. New York, NY: Ballantine Books. 변용란 (역) (2023). 〈늙는다는 착각〉. 서울:

유노북스.

Larmarre, D. (2022). *Balancing acts: Unleashing the power of creativity in your life and work*. New York, NY: Harpercollins. 조경원 (역) (2022). 〈균형 잡기의 기술: 인생과 일에서 창조성의 힘을 발휘하기〉. 서울: 마스트미디어.

Lazarsfeld, P. F., Berelson, B., & Gaudet, H. (1968). *The people's choice: How the voter makes up his mind in a presidential campaign*. New York, NY: Columbia University Press. 백영민 (역) (2015). 〈국민의 선택: 대통령 선거 캠페인 기간에 유권자는 지지 후보를 어떻게 결정하는가〉. 서울: 커뮤니케이션북스.

Levy, D. M. (2016). *Scrolling forward: Making sense of documents in the digital age*. New York and London: Simon & Schuster.

Lewis, C. S. (2001). *The abolition of man*. Michigan: Zondervan. 이종태 (역) (2019). 〈인간 폐지〉. 서울: 홍성사.

Man, J. (2002). *The Gutenberg Revolution*. London: Penguin Books. 남경태 (역) (2003). 〈구텐베르크 혁명〉. 서울: 예지.

McCullough, D. (2015). *The Wright Brothers*. New York and London: Simon & Schuster. 박중서 (역) (2017). 〈라이트 형제〉. 서울: 승산.

McLuhan, M. (1960). *Report on project in understanding new media*. Washington, DC: National Association of Educational Broadcasters.

McLuhan, M. (1964). *Understanding media:* The extensions of man. New York, NY: McGraw-Hill. 김상호 (역) (2011). 〈미디어의 이해〉. 서울: 커뮤니케이션북스.

Mill, J. S. (1848). *Principles of political economy (Ashley ed.)*. London: Longmans, Green, and Company.

Montagu, A. (1983). *Growing young*. New York, NY: McGraw-Hill.

Moravec, H. (1988). *Mind children: The future of robot and human intelligence*. Cambridge, MA: Harvard University Press. 박우석 (역) (2011). 〈마음의 아이들: 로봇과 인공지능의 미래〉. 파주: 김영사.

Mueller, G. (2021). *Breaking things at work: The Luddites are right about why you hate your job*. London, England: Verso.

Naismith. (2009). Michael Jordan's Basketball Hall of Fame Enshrinement Speech. *The Official YouTube channel of the Naismith Memorial Basketball Hall of Fame*. https://www.youtube.com/watch?v=XLzBMGXfK4c

Nelson, S. R. (2006). *Steel drivin'man: John Henry, the untold story of an American legend*. New York, NY: Oxford University Press.

Noriko Arai (2017.4). 'Can a robot pass a university entrance exam?', 〈TED 2017〉. https://www.ted.com/talks/noriko_arai_can_a_robot_pass_a_university_entrance_exam?hasSummary=true.

npr. (2010,1,10). Program Creates Computer-Generated Sports Stories. https://www.npr.org/templates/story/story.php?storyId=122424166

OECD (2001). *The definition and selection of key competencies executive summary*.

OECD (2005). *Selection of key competencies - Executive summary*. 〈핵심역량 정의 및 선정 프로젝트(DeSeCo Project) 요약〉. 의왕: 민주화운동기념사업회.

Ong, W. J., & Hartley, J. (2013). *Orality and literacy*. London: Routledge. 임명진 (역) (2018). 〈구술문화와 문자문화〉. 서울: 문예출판사.

Parks, R., & Haskins, J. (1999). *Rosa Parks: my story*. London: Penguin.

Pecchi, L., & Piga, G. (Eds.). (2010). *Revisiting Keynes: economic possibilities for our grandchildren*. Cambridge, MA: MIT Press. 김성아 (역) (2023). 〈다시, 케인스〉. 서울: FORESTBOOKS.

Peddiwell, A. J. (1939). *The saber-tooth curriculum*. New York, NY: McGraw-Hill. 김효남 (역) (2009). 〈원시대의 교육과정〉. 서울: 교육과학사.

Pfungst, O. (1911). *Clever Hans:(the horse of Mr. Von Osten.) a contribution to experimental animal and human psychology*. Cambridge, MA: Holt, Rinehart and Winston.

Phillips, K. A., Vaillant, G. E., & Schnurr, P. (1987). Some physiologic antecedents of adult mental health. *The American journal of psychiatry, 144*(8), 1009-1013.

Pink, D. H. (2006). *A whole new mind: Why right-brainers will rule the future*. New York, NY: Penguin.

Piketty, T. (2014). *Capital in the twenty-first century*. Cambridge, MA: Harvard University Press. 장경덕 (역) (2014). 〈21세기 자본〉. 서울: 글항아리.

Plato (2002). *Phaedrus* (R. Waterfield, Trans.). New York, NY: Oxford University Press. (Original work written circa 370 BCE).

Polanyi, M. (2009). *The tacit dimension*. Chicago: The University of Chicago Press. (Original work published 1966).

Reese, B. (2018). *The fourth age: Smart robots, conscious computers, and the future of humanity*. New York and London: Simon & Schuster. 이영래 (역) (2020). 〈제4의 시대〉. 서울: 쌤앤파커스.

Rizzolatti, G., & Sinigaglia, C. (2008). *Mirrors in the brain: How our minds share* actions and emotions. New York, NY: Oxford University Press.

Rose, T. (2016). *The end of average: How to succeed in a world that values sameness*. London: Penguin. 정미나 (역) (2018). 〈평균의 종말〉. 파주: 21세기북스.

Rose, T. (2022). *Collective illusions: Conformity, complicity, and the science of why we make bad decisions*. New York, NY: Hachette Go. 노정태 (역) (2023). 〈집단착각: 인간 본능이 빚어낸 집단사고의 오류와 광기에 대하여〉. 파주: 21세기북스.

Rosenstein, B., & Sheehan, A. (2018). *Open letter from Jana partners and Calstrs to Apple Inc*. Retrieved from https://thinkdifferentlyaboutkids.com/letter/

Russell, S. J., & Norvig, P. (2021). *Artificial intelligence: A modern approach* (4th ed.). Upper Saddle River, NJ: Prentice Hall.

Savage, M., Devine, F., Cunningham, N., Taylor, M., Li, Y., Hjellbrekke, J., ... & Miles, A. (2013). A new model of social class? Findings from the BBC's Great British Class Survey experiment. *Sociology, 47*(2), 219-250.

Schaeffer, J. (2008). *One jump ahead: Computer perfection at checkers*. Berlin, Germany: Springer Science & Business Media.

Schenker, J. (2017). *Jobs for Robots: Between Robocalypse and Robotopia*. Austin, TX: Prestige Professional Publishing. 유수진 (역) (2021). 〈로봇 시대 일자리의 미래〉. 고양: 다빈치하우스.

Sharp, L. (1952). Steel axes for stone-age Australians. *Human organization, 11*(2), 17-22.

Sontag, S. (2003). *Regarding the pain of others*. New York, NY: Macmillan. 이재원 (역) (2004). 〈타인의 고통〉. 서울: 이후.

Standing, G. (2011). *The precariat: The new dangerous class*. London, England: Bloomsbury Academic. 김태호 (역) (2014). 〈프레카리아트: 새로운 위험한 계급〉. 고양: 박종철출판사.

Stepens-Davidowitz, S. (2018). *Everybody lies: Big data, new data, and what the Internet can tell us about who we are*. New York, NY: Dey Street Books. 이영래 (역) (2022). 〈모두 거짓말을 한다: 구글 트렌드로 밝혀낸 충격적인 인간의 욕망〉. 서울: 더퀘스트.

Stiglitz, J. E. (2012). *The price of inequality: How today's divided society endangers our future*. New York, NY: W. W. Norton & Company. 이순희 (역) (2013). 〈불평등의 대가: 분열된 사회는 왜 위험한가〉. 파주: 열린책들.

Susskind, D. (2020). *A world without work: Technology, automation and how we should respond. London: Penguin. 김정아 (역) (2020). 〈노동의 시대는 끝났다: 기술 빅뱅이 뒤바꿀 일의 표준과 기회〉. 서울: 와이즈베리.

Susskind, R. E., & Susskind, D. (2015). *The future of the professions: How technology will transform the work of human experts*. New York, NY: Oxford University Press. 위대선 (역) (2016). 〈4차 산업혁명 시대, 전문직의 미래: 빅데이터, 인공지능, 기술혁신이 가져올 새로운 전문직 지형도〉. 서울: 와이즈베리.

Tavenner, D. (2021). Prepared: *What kids need for a fulfilled life*. New York, NY: Crown Currency.

Tegmark, M. (2017). *Life 3.0: Being human in the age of artificial intelligence*. New York, NY: Alfred A. Knopf. 백우진 (역) (2017). 〈(맥스 테그마크의) 라이프 3.0: 인공지능이 열어갈 인류와 생명의 미래〉. 서울: 동아시아.

Theoharis, J. (2015). *The Rebellious Life of Mrs. Rosa Parks*. Boston, MA: Beacon Press.

Tichenor, P. J., Donohue, G. A., & Olien, C. N. (1970). Mass media flow and differential growth in knowledge. *Public opinion quarterly, 34*(2), 159-170.

Toffler, A., & Alvin, T. (1979). *The third wave*. New York, NY: Bantam books. 이규행 (역) (2002). 〈제3물결〉. 서울: 한국경제신문사.

Topol, E. (2015). *The patient will see you now: The future of medicine is in your hands*. New York, NY: Basic Books. 김성훈 (역) (2015). 〈청진기가 사라진 이후: 환자 중심의 미래 의료 보고서〉. 서울: 청년의사.

Turkle, S. (2011). *Alone together: Why we expect more from technology and less from each other*. New York, NY: Basic Books. 이은주 (역) (2012). 〈외로워지는 사람들: 테크놀로지가 인간관계를 조정한다〉. 서울: 청림출판.

Twenge, J. M. (2017). *iGen: Why today's super-connected kids are growing up less rebellious, more tolerant, less happy - and completely unprepared for adulthood - and what that means for the rest of us*. New York and London: Simon & Schuster.

Weber, K. (Ed.). (2010). *Waiting for "SUPERMAN": How we can save America's failing public schools*. New York, NY: PublicAffairs.

Wolf, M. (2018). *Reader, come home: The reading brain in a digital world*. New York, NY: Harper. 전병근 (역) (2019). 〈다시, 책으로: 순간접속의 시대에 책을 읽는다는 것〉. 서울: 어크로스.

찾아보기

ㄱ

가상 진료(virtual medical visit) 99
가슴 없는 인간(Men Without Chests) 150
가이 스탠딩(Guy Standing) 82
강화 학습(reinforcement learning) 55
갤런의 예언(Galen's prophecy) 220
거울 뉴런(Mirror neuron) 236
검치호랑이(劍齒虎, Saber-toothed tiger) 108
게리 카스파로프(Garry Kasparov) 52
경제협력개발기구(Organisation for Economic Co-operation and Development, OECD) 130
경험생명표 23
고정 마인드셋(fixed mindset) 143
과학적 관리법(scientific management) 76
관찰자 기대 효과 59
괴테(Johann Wolfgang von Goethe) 154
교사 학습(supervised learning) 54
교육과정 134
교육과정 재설계 센터(Center for Curriculum Redesign, CCR) 129
구텐베르크(Johannes Gutenberg) 183
국민생명표 23
국민의 선택(The people's choice) 90
그레이트 벤드 터널(Great Bend Tunnel) 95
그릿(grit) 143
기 랄리베르테(Guy Laliberté) 141
기계 학습(machine learning) 53
길버트 다니엘스(Gilbert Daniels) 106

ㄴ

네오테니(neoteny) 34
네이탄 카츠먼(Natan Katzman) 198
노령 담론(narrative of aging) 31
노버트 위너(Nobert Wiener) 48
노예 해방 선언(emancipation proclamation) 157
눈덩이 효과(snowball effect) 208
니체(Friedrich Wilhelm Nietzsche) 179
니콜라스 네그로폰테(Nicholas Negroponte) 177
닐 플레밍(Neil Fleming) 118

ㄷ

다니엘 라마르(Daniel Lamarre) 140
다니엘 서스킨드(Daniel Susskind) 80
다이앤 태브너(Diane Tavenner) 116
다치바나 다카시(立花隆) 153
다트머스 회의(Dartmouth Conference) 48
달리(DALL-E) 170
대런 애쓰모글루(Daron Acemoglu) 140
더그 렌(Doug Wrenn) 237
데이비드 오터(David Autor) 65, 87
데이비드 크렌쇼(Dave Crenshaw) 222
데이비드 허블(David H. Hubel) 215
데이비스 구겐하임(Davis Guggenheim) 116
덴드럴(Dendral) 50
도로보군 224
듀오링고(Duolingo) 122
디미트리 크리스타키스(Dimitri Christakis) 185
디스토피아(dystopia, anti-utopia) 207

디팩 초프라(Deepak Chopra)	222
딘 포크(Dean Falk)	138
딥러닝(심층 학습, deep learning)	55
딥마인드(DeepMind)	53
딥 블루(Deep Blue)	49, 52
딥 소트(Deep Thought)	52

ㄹ

라이어슨 미디어 실험(Ryerson media experiment)	192
라이트 플라이어(Wright Flyer)	229
랄프 왈도 애머슨(Ralph Waldo Emerson)	233
래리 로젠(Larry Rosen)	221
래리 페이지(Larry Page)	25
러다이트(Luddite)	84
레베카 홀(Rebecca Hall)	68
로렌스 카츠(Lawrence F. Katz)	113
로리스톤 샤프(Lauriston Sharp)	168
로보칼립스(Robocalypse)	112
로이터저널리즘연구소(Reuters Institute for the Study of Journalism)	170
로자 팍스(Rosa Parks)	155
루이 파스퇴르(Louis Pasteur)	60
루이자 메이 올콧(Louisa May Alcott)	232
루치아(Luzia)	140
리비도(libido)	219
리차드 쿨(Richard Kool)	242
리처드 그린블라트(Richard D. Greenblatt)	52
리처드 닉슨(Richard Nixon)	165
리츨(F. W. Ritschl)	179
릴스(reels)	204

ㅁ

마르코니(Guglielmo Marconi)	165
마리엔탈(Marienthal)	88
마리오네트(Marionette)	228
마릴린 먼로(Marilyn Monroe)	146
마빈 민스키(Marvin Lee Minsky)	57
마셜 맥루한(Marshall McLuhan)	62, 165
마음 챙김(mindfulness)	129
마이신(Mycin)	50
마이클 오스본(Michael A. Osbone)	91
마이클 조던(Michael Jeffrey Jordan)	237
마찰적 기술 실업(frictional unemployment)	78
마크 안드리센(Marc Andreessen)	65
마틴 루터 킹 주니어(Martin Luther King Jr)	156
마틴 루터(Martin Luther)	185
맥스웰(James Maxwell)	164
맥스 테그마크(Max Tegmark)	14
맥핵(MacHack)	52
메리언 다이아몬드(Marian Diamond)	137
메리언 울프(Maryanne Wolf)	190
메타 인지(metacognition)	129
명시적 지식(explicit knowledge)	66
모방 게임(imitation game)	47
몰링 한센(Malling Hansen) 타자기	180
미드저니(Midjourney)	170
미셸 리(Michelle Rhee)	116
미셸 푸코(Paul-Michel Foucault)	154

ㅂ

바이런 리스(Byron Reese)	63
발터 벤야민(Walter Benjamin)	182
배양이론(Cultivation theory)	200
버트란드 러셀(Bertrand Russell)	252
벅 노화 연구소(Buck Institute for Research on Aging)	26
벌거숭이두더지쥐(naked mole rat)	25
벤저민 곰페르츠(Benjamin Gompertz)	26
뷰노(VUNO)	98

브래드 러터(Brad Rutter)	53
블루 오션(blue ocean)	141
빈 서판(Blank Slate; tabula rasa)	219
빌 & 멜린다 게이츠 재단(Bill & Melinda Gates Foundation)	116
빌 클린턴(Bill Clinton)	157
빌헬름 폰 오스텐(Wilhelm von Osten)	58

ㅅ

사이버네틱스(Cybernetics)	48
사회적 지능(social intelligence tasks)	92
새뮤얼 랭리(Samuel Langley)	230
새서미 스트리트(Sesame Street)	197
생비자(prosumer)	166
서밋 러닝 플랫폼(Summit Learning Platform)	115
서밋 퍼블릭 스쿨(Summit Public Schools)	115
성장 마인드셋(growth mindset)	143, 144
세계경제포럼(World Economic Forum, WEF)	130
세르게이 브린(Sergey Brin)	25
셰리 터클(Sherry Turkle)	187
소라(Sora)	170
쇼츠(shorts)	204
쇼펜하우어(Arthur Schopenhauer)	179
수전 손택(Susam Sontag)	147
수퍼맨을 기다리며(Waiting for Superman)	116
슈스왑(Shuswap)	242
스칼렛 요한슨(Scarlett Johansson)	67
스캇 넬슨(Scott Reynolds Nelson)	95
스탯몽키(StatsMonkey)	174, 195
스티븐 존슨(Steven Johnson)	195
스티븐스 다비도위츠(Seth Stepens-Davidowitz)	239
스파이크 존즈(Spike Jonze)	67
스페셜리스트(specialist)	152
슬리퍼(Sleeper)	194
슬리퍼 커브(Sleeper Curve)	195
시계 거꾸로 돌리기 연구(counterclockwise study)	28
시카고 도축장	74
신경교세포(neuroglial cell)	138
실비오 베를루스코니(Silvio Berlusconi)	82

ㅇ

아담 스미스(Adam Smith)	75
아라이 노리코(新井紀子)	224
아르킬로코스(Archilochus)	150
아모스 브론슨 올콧(Amos Bronson Alcott)	232
아바타(Avatar)	141
아홀로틀(Axolotl)	34
안젤리나 졸리(Angelina Jolie)	99
안젤리나 효과(Angelina effect)	99
알렌 뉴웰(Allen Newell)	48
알버트 아인슈타인(Albert Einstein)	34, 137
알파고(AlphaGo)	49, 53
암묵적 지식(tacit knowledge)	66
애브너 페디웰(Abner Pediwell)	109
앤드루 맥아피(Andrew McAfee)	43
앤디 워홀(Andy Warhol)	146
앤절라 더크워스(Angela Duckworth)	143, 144
앨런 튜링(Alan Turing)	47
에라스무스(Desiderius Erasmus)	151
에릭 브린욜프슨(Erik Brynjolfsson)	42, 166
에이지랩(AgeLab)	33
에즈라 잭 키츠(Ezra Jack Keats)	95
에코 체임버(反響室, echo chamber)	173
에피메테우스(Epimetheus)	46
엘렌 랭어(Ellen J. Langer)	28
엘리자(Eliza)	49, 57, 121

영리한 한스(Clever Hans)	57, 58		
오메가 팀(Omega Team)	14		
오이디푸스(Oedipus)	151		
오토 릴리엔탈(Otto Lilienthal)	230		
오토마타(Automata)	47		
온딘(Ondine)	39		
온딘의 저주(Ondine's curse)	40		
올더스 헉슬리(Aldous Huxley)	207		
왓슨 포 온콜로지(Watson for Oncology)	97		
왓슨(Watson)	53		
요론트(Yir Yorint) 부족	167		
우디 앨런(Woody Allen)	194		
우버(Uber)	77		
우버화(Uberization)	77		
월리 피스터(Wally Pfister)	68		
월터 버크 바브(Walter Burke Barbe)	118		
월터 옹(Walter Ong)	62		
웨이브(Waave, 舊 pooq)	166		
위버멘쉬(Übermensch)	179		
윌리엄 리(William Lee)	138		
윌버 라이트(Wilbur Wright)	230		
윌버 슈람(Wilbur Schramm)	90		
유발 하라리(Yuval Harari)	99		
유병 기간(有病期間, morbidity)	30		
유진 멜라무드(Eugene Melamud)	27		
유튜버(YouTuber)	128		
유형성숙(幼形成熟, juvenilization)	34		
이나다 도요시(稲田 豊史)	205		
이사야 벌린(Isaiah Berlin)	151		
인간 500세 프로젝트	25		
인간상	135, 137, 179		
인식과 조작 역량(perception and manipulation tasks)	92		
인재상(人材像)	152		
임계기(critical period)	216		

ㅈ

자율 학습(unsupervised learning)	55
자코모 리촐라티(Giacomo Rizzolati)	236
잔 루이즈 칼망(Jeanne Louise Calment)	24
적응형 학습 시스템(adaptive learning system)	114
전문가 시스템(expert system)	50
정성하	254
정지궤도(停止軌道, geostationary orbit)	251
제롬 케이건(Jerome Kagan)	218
제우스(Zeus)	46, 79
제이슨 셍커(Jason Schenker)	112
제임스 로빈슨(James Robinson)	140
제임스 카메론(James Cameron)	141
조너던 셰퍼(Jonathan Sheffer)	52
조니 뎁(Johnny Depp)	68
조세프 니엡스(Joseph Niépce)	164
조지 거브너(George Gerbner)	200
조지 고든 바이런(George Gordon Byron)	85
조지 베일런트(George Vaillant)	145
조지프 스티글리츠(Joseph E. Stiglitz)	43
조지프 와이젠바움(Joseph Weizenbaum)	49, 57
조지프 코글린(Joseph F. Coughlin)	32
존 F. 케네디(John Fitzgerald Kennedy)	165, 200
존 듀이(John Dewey)	110
존 매카시(John McCarthy)	48
존 메이너드 케인스(John Maynard Keynes)	78
존 스노(John Snow)	60
존 애시턴(John Aston)	139
존 플라벨(John Flavell)	130
존 헨리(John Henry)	94
주의 전환(attention shift)	223

지구촌(Global village) 165
지그문트 프로이트(Sigmund Freud) 90, 219
지식 격차 가설(knowledge gap hypothesis) 198
지식 베이스(knowledge base) 50
진노 겐키(神野 元基) 123
짐 크로 법(Jim Crow laws) 156

ㅊ

찰스 배비지(Charles Babbage) 74
창조 지능(creative intelligence tasks) 91
챈 저커버그 이니셔티브(Chan Zuckerberg Initiative, CZI) 116
챗GPT 56, 166, 169, 183, 206, 263
청동머리(bronze head) 47
추론 엔진(inference engine) 50
치누크(Chinook) 52
칙센트 미하이(Mihaly Csikszentmihalyi) 241

ㅋ

카를 슈툼프(Carl Stumpf) 58
카스넷(Casnet) 51
칼 융(Carl Gustav Jung) 219
칼 프레이(Carl Benedikt Frey) 91
칼리코(Calico) 26
캐롤 드웩(Carol Dweck) 143, 144
캠프(Camp) 147
케네스 콜비(Kenneth Colby) 50
켄 제닝스(Ken Jennings) 53
콜레라(Cholera) 60
콩도르세(Nicolas de Condorcet) 153
큐비나(Qubena) 123
클로바 챗봇(CLOVA Chatbot) 123
키치(Kitsch) 147
키티호크 모먼트(Kitty Hawk moment) 230

ㅌ

타르타로스(Tartaros) 79
타무스(Thamous) 61
탄탈로스(Tantalus) 79
태양의 서커스(Cirque du Soleil; Circus of the Sun) 140
테우트(Theuth) 61
테일러리즘(Taylorism) 76
토드 로즈(Todd Rose) 108, 249
토마 피케티(Thomas Piketty) 43
토머스 쿡(Thomas D. Cook) 197
토머스 하비(Thomas Harvey) 137
토스텐 위젤(Torsten Wiesel) 215
톨스토이(Leo Tolstoy) 151
튜링 테스트 47
트랜센던스(Transcendence) 68
특이점(singularity) 166

ㅍ

파이드로스(Phaedrus) 61
판도라(Pandora) 46
포드주의(Fordism) 76
폴 라자스펠드(Paul Lazarsfeld) 88, 90
폴라니의 역설(Polanyi's Paradox) 65
풍동 실험(wind tunnel test, 風洞實驗) 230
퓨 리서치 센터(Pew Research Center) 33
프랜시스 후쿠야마(Francis Yoshihiro Fukuyama) 27
프레더릭 테일러(Frederick Taylor) 76
프레카리아트(Precariat) 81, 82
프로메테우스(Prometheus) 15
프로메테우스(Prometheus) 46
필립 티치너(Philip J. Tichenor) 198
필터 버블(filter bubble) 173

ㅎ

학교 운영 계획	227
한국전자통신연구원(ETRI)	121
한스 모라벡(Hans Moravec)	63
해럴드 라스웰(Harold Laswell)	90
해석기관(解析機關, Analytical Engine)	75
해석학회(解析學會)	74
핵심 역량 정의 및 선정 프로젝트(Definition and Selection of Competencies, DeSeCo)	131
행정 업무 가상 자동화(Robotic Process Automation, RPA)	93
허브 사이먼(Herb Simon)	48
헌트 식물 도서관(Hunt Botanical Library)	107
헤르메스(Hermes)	46
헤르츠(Heinrich Hertz)	164
헤시오도스(Hesiodos)	46
헤파이스토스(Hephaestus)	46
헨리 데이비드 소로(Henry David Thoreau)	233
헨리 포드(Henry Ford)	76
헬렌 켈러(Helen Keller)	208
헬리오그래피(Heliography)	164
현금인출기(Automated Teller Machine, ATM)	72
호메로스(Homeros)	47
호아킨 피닉스(Joaquin Phoenix)	67
홀트브란트(Huldbrand)	39
휴버트 드레이퍼스(Hubert Dreyfus)	57

21세기 스킬 파트너십(Partnership for 21st Century Skills, P21)	129
2G폰	41, 263
4C(Critical thinking, Communication, Collaboration, Creativity)	130

AI 펭톡	122
ALM 가설	86, 87
C.S 루이스(Clive Staples Lewis)	149
CPB(Corporation for Public Broadcasting)	197
CT(Computed Tomography)	97
DEC(Digital Equipment Corporation)	51
EDT(EBS Diagnostic Evaluation & Treatment System) 검사	119
fMRI(functional Magnetic Resonance Imaging)	216
IBM 왓슨(IBM Watson)	93
IFF(Identification Friend or Foe)	249
MBTI(Myers-Briggs Type Indicator)	118
MRI(Magnetic Resonance Imaging)	97
NPR(National Public Radio)	174
OTT(Over The Top)	166
PBS(Public Broadcasting Service)	197
P21	130
RIFT(Revolutionary Independence From Technology)	68
VARK 모델	118
VOD(Video On Demand)	161, 193

저자 소개

신삼수
성균관대학교 미디어문화융합대학원 겸임교수
EBS 수신료정상화추진단장
한국항공대학교 공학사 (항공통신정보공학과)
고려대학교 교육학 석사 (교육정보 전공)
성균관대학교 미디어커뮤니케이션학 박사

주요 논문
〈OTT시대 공영방송의 책무와 재원구조에 대한 전문가 인식 연구〉(2022, 공동연구) 한국언론학보
〈TV수신료위원회 설치에 관한 전문가 인식 연구〉(2022, 공동연구) 입법과 정책
〈진학 성공사례 시청이 고교생의 동기고취와 실천에 미치는 영향〉(2021, 공동연구) 한국방송학보
〈공영방송 TV수신료 연구에 대한 메타분석〉(2019, 공동연구) 정치커뮤니케이션연구
외 다수

대표 저서
《디지털 미디어 문해력 이해와 실천》(2023, 공저) 도서출판 지금
《OTT시대 스포츠 보편적 시청권》(2023, 공저) 한울아카데미
《세계 공영방송과 디지털 혁신》(2021, 공저) 커뮤니케이션북스